아이의 세상을
확장하는 교육

신생명 교육의 방향

拓展生命长宽高：新生命教育论纲　朱永新 著

Copyright © 2022 by The Commercial Press
Korean copyright © 2025 by Minsokwon Korea
Korean edition is published by arrangement with The Commercial Press
ALL RIGHTS RESERVED

이 책의 한국어판 출판권은 The Commercial Press와의 독점 계약으로 한국 민속원에 있습니다.
저작권법에 의해 한국 내에서 보호를 받는 저작물이므로 민속원과 협의없이 무단전재와
무단복제를 금합니다.

아이의 세상을 확장하는 교육
신생명 교육의 방향

주융신朱永新 지음
왕미자王美子 옮김

중국학
총서
21

민속원

차례

서문 _ 6
머리말 _ 22

1. **신생명 교육의 내용과 특징** ··· 26
   1. 신교육의 생명 인식 ·· 27
   2. 신교육 관점에서 본 생명교육 ·· 37

2. **신생명 교육의 가치와 의미** ··· 58
   1. 생명의 길이 확장 - 인간 생명 연속성 강화의 핵심 기초 ················ 60
   2. 생명의 넓이 확장 - 인간 공동체 조화 실현을 위한 효과적 방안 ······ 69
   3. 생명의 높이 확장 - 인간 최고의 정신 세계 구축을 위한 근본적 방법 ··· 76

3. **신생명 교육의 이념 구축** ··· 84
   1. 신생명 교육의 이념 ·· 85
   2. 신생명 교육의 원칙 ·· 91

4. **신생명 교육의 융합형 교육과정** ··· 102
   1. 신체육 수업 ··· 104
   2. 매달 한 가지 실천 수업 ·· 108
   3. 아침 낭독, 점심 독서, 저녁 성찰 수업 ······························ 111
   4. 영화 감상 수업 ··· 112
   5. 학급 회의 수업 ··· 114
   6. 생일 교육 수업 ··· 115
   7. 생사관 교육 수업 ··· 117
   8. 생명 서사 수업 ··· 119

5. **신생명 교육의 전용 교육과정** ··· 124
   1. 생명교육 전용 교육과정 개발의 필요성 ···························· 125

    2. 신생명 교육 전용 교육과정의 이념 …………………………… 127
    3. 신생명 교육 전용 교육과정의 특징 …………………………… 130
    4. 신생명 교육 전용 교육과정의 목표 …………………………… 132
    5. 신생명 교육 전용 교육과정의 내용 설계 …………………… 137

6. 신생명 교육의 교육 원칙과 방법 ……………………………… 150
    1. 신생명 교육의 교육 원칙 ……………………………………… 151
    2. 신생명 교육의 교육 방법 ……………………………………… 154

7. 신생명 교육의 평가 방식 ………………………………………… 162
    1. 신생명 교육의 평가 방향 ……………………………………… 163
    2. 신생명 교육의 평가 원칙 ……………………………………… 168
    3. 신생명 교육 평가의 내용과 방법 ……………………………… 173

8. 신생명 교육의 교사 양성 ………………………………………… 178
    1. 교사의 생명 소양 강화 ………………………………………… 180
    2. 생명교육 교사의 양성 및 훈련 ………………………………… 183

맺음말 _ 190

부록 _ 194
    부록 1 신생명 교육 교육과정 개발의 탐색과 실천 성과 보고 …………… 195
    부록 2 신생명 교육 연구소 주요 저서 …………………………………… 221
    부록 3 신생명 교육 연구소 주요 학술지 논문 …………………………… 223
    부록 4 초 · 중등학교 생명 교육 추천 도서 목록 ………………………… 233

참고문헌 _ 271

후기 _ 292

서문

아동의 행복한 성장을 위한 첫걸음,
생명교육

우리는 오랫동안 아동들에게 관심을 두지 않았다. 인간 역사의 기록 속에서 아동들은 '보이지 않는' 존재였다.

최초의 아동 권리 헌장은 1923년 제정된 『아동권리헌장아동권리헌장 Declaration of the Rights of the Child』이다. 1959년 유엔 총회에서 채택된 『아동권리선언UN Declaration of the Rights of the Child』을 계기로, 비로소 20세기 중반부터 아동을 독립된 인격체로 인정하고 그 권리를 보장하기 시작하였다.

그러나 법적 권리 주체로서 아동의 지위가 본격적으로 인정된 것은 1980년대에 이르러서였다. 1989년 11월 20일 유엔 총회 제44차 회기에서는 결의안 25호로 『아동권리협약UN Convention on the Rights of the Child』을 채택하였으며, 현재 약 200개국이 비준한 이 협약에 중국은 1991년 12월 전국인민대표대회의 비준 절차를 거쳐 정식 체약국으로 가입하였다.

아동 권리의 중시는 문명화되고 진보된 사회와 국가의 핵심 지표이다. 국제사회에서 아동 최우선의 원칙이 공식적으로 제도화된 것은 불과 30여 년 전의 일이다. 1990년 개최된 세계 아동 정상회의에서는 "First Call For Children(모든 정책은 아동을 우선으로)"이라는 기본 원칙을 채택하였으며, 이는 다음과 같은 내용을 명시하고 있다. 모든 국가는 아동의 생존권과 발달권에 대한 기본적 보장을 의무화해야 하며, 사회적 자원 배분 과정에서 아동의 기본적 필요가 최우선적으로 충족되어야 한다. 이와 같은 원칙의 정당성은 명확하다. 아동은 인류사회의 지속가능한 발전을 담보하는 가장 근본적인 요소이기 때문이다.

1996년 유니세프와 유엔 해비타트는 공동으로 『아동친화도시계획Child-Friendly Cities Initiative, CFCI』을 수립하였다. 아동친화도시의 핵심 요소는 다음과 같은 세 가지 기본 원칙으로 구성된다. 첫째, 아동 권리 보장, 둘째, 아동의 기본적 필요 충족, 셋째, 아동 참여권의 실현이다.

왜 아동에게 관심을 가져야 하는가? 또 왜 아동을 우선시해야 하며 왜 아동 친화 사회를 만들어야 하는가? 아동 권리 보장의 필요성에 대한 학문적 논거는 다음과 같이 제시될 수 있다.

첫째, 성인 중심의 사회구조에서 아동은 구조적 약자에 속한다. 현행 사회규범의 제정 및 의사결정 과정은 성인 위주로 구성되어 있으며, 이에 따라 아동은 공식적인 발언권, 참정권, 의사결정권 등이 제도적으로 보장되지 않는 상황에 처해 있다. 더욱이 아동의 권리 주장을 대변할 수 있는 제도적 장치가 미비하고, 아동 자신도 권리 행사에 필요한 사회적 역량을 충분히 함양하지 못한 상태이다. 이러한 구조적 취약성은 만 18세에 이르러서야 비로소 시민권을 인정받는 현재의 법체계에서 더욱 심화되고 있다.

둘째, 아동기의 행복 경험은 개인의 전생애 발달에 결정적 영향을 미친다. 현 시점의 유아가 어떠한 성인으로 성장할지는 그들의 아동기 경험에 의해 크게 좌우된다. 이탈리아 교육학자 마리아 몬테소리Maria Montessori는 "인류는 아동의 미래에 대한 관심을 표명하지만 정작 아동의 현재적 존재에 대한 이해는 결여되어 있다"고 지적한 바 있으며, "성인의 행복 수준은 그가 경험한 아동기의 삶의 질과 유의미한 상관관계를 가진다"고 주장하였다. 오스트리아 심리학자 알프레드 아들러Alfred Adler는 "정신적으로 건강한 개인은 평생을 통해 아동기에 형성된 자아를 수용하는 반면, 정신적 어려움을 겪는 개인은 평생을 통해 아동기의 트라우마를 치유하는 과정을 거친다"고 설명하였다. 소련의 교육학자 수호믈린스키Sukhomlinsky는 "아동기는 인간 발달 과정에서 가장 중요한 결정적 시기로, 이 시기는 단순히 미래를 위한 준비 단계가 아니라 그 자체로 완결된 삶의 형태이며, 진정성과 고유성을 지닌 불가역적인 발달 단계이다"라고 강조하였다. 이와 같이 발달심리학 및 교육학 분야의 주요 학자들은 성인의 정신건강과 행복 수준이 아동기의 경험과 깊은 연관성을 가진다는 사실에 대해 학문적 합의를 이루고 있다.

그러나 우리 사회는 아동의 미래 행복을 위한 명목으로 아동의 현재 행복을 희생시키는 모순을 지니고 있다. 실제로 시간의 연속성이라는 관점에서 볼 때, 과거·현재·미래는 하나의 연속적인 강물과 같으며, 아동기의 행복 보장은 곧 전생애 발달의 기반을 마련하는 것임을 이해해야 한다. 현대 발달심리학 연구에 따르면, 성인의 정신건강 문제 상당수는 아동기 경험과 밀접한 관련이 있으며, 그 원인을 아동기의 발달 과정에서 찾을 수 있다는 것이 실증적으로 입증되었다. 따라서 어린 시절이 한 사람에게 미치는 영향은 정말로 매우 중요하다.

셋째, 아동기의 사회적 가치 구현 정도는 국가 발전 수준의 핵심 지표로 작용한다. 한 국가의 아동 권리 보장 수준은 해당 사회의 문명화 정도를 평가하는 중요한 기준이 된다. 아동는 다듬어지지 않고 오염되지 않은 개체로 비록 충분히 성숙하지는 않지만 매우 소중하다. 아동에게는 인류의 가장 소중한 특질이 보존되어 있다. 아동은 발달 과정 중의 순수성을 지닌 존재로서, 비록 성숙도가 충분히 달성되지 않은 상태이지만, 이는 오히려 인류의 본질적 가치가 가장 투명하게 보존된 상태라 할 수 있다.

제1의 특성은 호기심과 탐구심이다. 아동은 태어나면서부터 환경에 대한 인지적 호기심과 탐구 동기를 강하게 나타낸다. 이는 미지의 세계를 이해하고 적응하기 위한 필수적인 발달적 특성으로, 학습과 성장의 근간이 된다. 특히, 아동의 질문 행위는 인지적 성장의 핵심 기제로, 지식 습득과 문제 해결 능력을 키우는 결정적 역할을 한다.

제2의 특성은 순수성과 진정성이다. 아동은 도덕적 순수성과 심리적 진정성을 지닌 존재로, 성인 사회에서 나타나는 계산적 사고나 사회적 위선과 같은 복잡한 심리적 기제가 발달하지 않은 상태이다. 이러한 순수성은 창의성과 정직성의 원천이 되며, 교육학적 관점에서 인격 형성의 초기 조건으로 평가된다. 실제로, 어떤 개인이 "천진난만하다"거나 "순수하다"고 평가될 때, 이는 그가 아동기의 본질적 특성을 유지하고 있음을 의미한다.

제3의 특성은 아동기 특유의 무경계성이다. 아동은 세계에 대한 무방비적 개방성을 지니고 있다. 이 시기의 개인은 미래에 대한 불안이나 일상적 스트레스원에 대한 인지적 부담이 현저히 낮은 특징을 보인다. 아동의 정서적 안정성은 기본적 욕구 충족 메커니즘에 기인한다. 울음이라는 원초적 표현양식을 통해 즉각적인 요구 충족이 가능한 점이 아동기 행복의 핵심 요인으로 분석된다. 반면 성인의 경우 지속적인 우울감이나 불안장애 증상은 아동기의 정서적 순수성이 상실되었음을 시사하는 지표로 해석될 수 있다. 실제로 아동의 고통은 본질적 차원의 실존적 고통이 아니라 생리적·정서적 욕구 미충족에 따른 일시적 반응에 불과하다는 것이 발달학적 연구를 통해 입증되었다. 이러한 일시성이 아동 정서의 가장 두드러진 특징 중 하나이다.

제4의 특성은 아동기 고유의 활동성과 탐구 행동이다. 이는 아동의 인지 발달 과정에서 나타나는 호기심과 질문하기 행동과 상호연관성을 지닌다. 아동은 지속적인 환경 탐색을 통해 감각운동 능력을 발달시키는데, 이 과정에서 신체적 활동이 필수적 요소로 작용한다. 특히 아동의 운동 발달은 손과 다리 등 사지의 협응 운동을 통해 이루어지며, 이러한 신체적 에너지 발산은 정상적인 발달 과정의 필수 조건이다. 아동을 장시간 정적 자세로 수동적 학습에 참여시키는 것은 아동의 발달적 특성에 대한 근본적 오해로 볼 수 있다. 움직임은 아동의 본질적 표현이며, 자연 환경과의 상호작용이 아동 발달에 미치는 중요성을 다각도로 입증하고 있다. 따라서 교육 현장에서는 아동의 활동적 특성을 존중하는 교육 환경 조성이 필수적이며, 이는 신체 활동을 통한 탐구 학습과 자연 체험 교육 등의 형태로 구현되어야 한다.

제5의 특성은 아동의 비권위적 성향이다. 성인 사회의 위계적 구조와 달리, 아동의 세계에는 권위에 대한 선천적 순응성이 결여되어 있다. 이는 아동의 인지발달 단계에서 나타나는 평등성 인식과 밀접한 관련이 있으며, 사회적 관계에서의 수평적 상호작용을 선호하는 특징으로 설명될 수 있다. 아동이 성인과의 논쟁에서 고집을 부리는 행동은 단순한 반항이 아니라, 자율성 발달의 자연스러운 표현이다. 또한, 아동이 권위를 인정하기 시작할 때 이는 순수한 아동기의 정신적 자유가 점차 제도화된 규범에 적응해 가는 과도기적 현상으로 볼 수 있다.

이와 같은 다섯 가지 아동기 본질적 특성은 인류 공동체가 보존해야 할 핵심 가치로 간주된다. 성인의 발달 결과인 탐구적 용기, 진실성, 낙관성, 행동적 즐거움, 정서적 회복력 등은 아동기 해당 특성의 보존 정도와 유의미한 상관관계를 보인다. 인간의 사회화 과정에서 아동기의 정서적 순수성과 인지적 호기심은 점차 약화되는 것이 일반적이다. 따라서 개인이 성인기에 이르러서도 아동기의 본질적 특성을 보존하고 사회적 영향력을 발휘할 수 있다면, 이는 매우 의미 있는 현상으로 평가될 수 있다. 아동의 본질적 특성 보호는 단순한 윤리적 과제를 넘어, 한 사회의 문명 진보도를 측정하는 핵심 지표로 된다. 특히 아동권리 보장 수준과 아동기 경험의 질적 수준은 해당 국가의 교육체계 성숙도와 직접적인 연관성을 가진다.

교육의 본질적 회귀는 아동 중심적 패러다임의 정립에서 시작되어야 하며, 아동을 교육 생태계의 주체적 행위자로 위치시켜야 한다.

아동 중심의 교육 실천은 단순한 이념 차원을 넘어 구체적인 교육학적 실행 전략으로 구현되어야 한다. 다음과 같은 실제 교육 현장 사례를 통해 그 실천 가능성을 입증할 수 있다.

"꽃은 왜 피는 걸까?"

어느 날 유치원 교사가 아이들에게 질문을 던졌다.

첫 번째 아이가 대답했다.

"꽃이 잠에서 깨어나서 해님을 보려고요."

두 번째 아이가 말했다.

"꽃이 기지개를 켜면서 꽃봉오리를 밀어 올렸어요!"

세 번째 아이가 말했다.

"꽃이 누가 더 예쁜지 친구들이랑 겨루고 싶대요."

네 번째 아이가 말했다.

"꽃이 친구들이 자기를 좋아하는지 궁금해서요."

다섯 번째 아이가 말했다.

"꽃도 귀가 있어요. 친구들 노래를 듣고 싶어서요."

여섯 번째 아이가 교사를 향해 물었다.

"선생님은 어떻게 생각하세요?"

교사는 잠시 생각한 후 답했다. "꽃은 친구들이 모두 자기를 좋아한다는 걸 알아서 기쁜 마음에 웃음을 짓는 거예요."

아이들은 선생님의 답변에 환하게 웃었다. 그들의 웃음은 피어난 꽃보다 더 아름답게 빛났다. 원래 교사가 생각했던 답변은 "꽃이 피는 것은 봄이 왔기 때문이다"였다.

이 진정한 교육 현장이 제공하는 교훈은 심오하다. 아동들의 풍부한 상상력과 창의성, 정서적 색채를 담은 응답들과 교사가 사전에 준비한 고정된 교수 설계 및 표준화된 답변 사이의 대비는 교육학적으로 중대한 시사점을 제공한다. 효과적인 수업은 다음과 같은 교육학적 원칙을 구현해야 한다. 인지적 다양성 보장 원칙은 학습자가 다차원적 접근법, 다양한 관점, 상이한 출발점, 발달 단계, 원리 및 결과 예측을 통해 문제를 탐구할 수 있도록 지원해야 한다. 통찰력 계발 원칙은 학습자의 관찰력과 기존 지식 체계 간의 연계 능력을 함양하여야 하고, 현상 간 유사성, 특이성, 반복성에 대한 비교 분석 능력 배양해야 한다. 창의성 존중 원칙은 학습자의 주관적 사고 과정을 수용하면서 정서적 인식의 교육적 가치를 인정해 준다. 신경과학적 동기부여 원칙은 학습 흥분도의 선택적 강화를 촉진시켜 신경 연결의 비예측적 활성화를 유도한다. 이를 구현하기 위한 핵심 전제는 '아동 중심성' 교육철학의 수용에 있다. 즉, 교육 과정 전반에 걸쳐 아동을 교육적 실천의 주체로 위치시켜야 한다는 점이다.

물론 아동 중심의 교육 패러다임은 교실을 넘어 가정, 학교, 사회 등 아동 발달의 생태학적 체계 전반에 구현되어야 한다.

"아동의 발달을 최적화하고 행복한 성장을 촉진하는 교육의 조건은 무엇인가"라는 물음에 대해, 코로나19 팬데믹이라는 글로벌 위기 상황은 명확한 시사점을 제공하였다.

팬데믹 발생 이후 필자는 교육의 본질적 가치에 대한 성찰을 강조해왔다. "수업의 중단이 학습의 중단을 의미하지 않는다"는 명제도 중요하지만, 교육의 마지노선을 수호하고 교육의 본질에 대한 철학적 고찰이 더욱 요구되는 시점이다. 이 위기 상황을 통해 재난 상황에서의 교육 내용 구성 원칙, 팬데믹이라는 맥락을 교육적 자원으로 전환하는 가능성, 개인 방역 교육을 넘어서야 할 인지와 이념 교육의 차원 등과 같은 근본적 질문들을 제기한다.

최전방 의료진의 지속적인 헌신, 각 분야 종사자들의 이타적 봉사, 그리고 상호 연대 정신의 발현이다. 이러한 감동적 사례들은 교육적 자원으로서, 아동과 사회 구성원 모두에게 중요한 성찰의 기회를 제공한다. 생명 존중의 관점에서 개인, 집단, 정부 및 사회 전체의 '실천적 책임'에 대한 본질적 물음을 제기할 필요가 있다. 현재의 아동은 미래의 전문직 종사자, 의료인, 공공 서비스 제공자 등으로 성장할 것이며, 이들의 사회적 역할 수행 방식과 생명에 대한 인식은 생명교육의 핵심 과제라 할 수 있다.

생명과 교육은 본질적 통일성을 지니며, 교육의 존재론적 의의는 생명의 발전을 위한 것이다. 교육의 근본적 사명은 개체의 생명이 생물학적 존재에서 사회적 주체로의 전환을 안내하는 것이며, 생명의 길이, 넓이, 높이의 확장을 통해 보다 온전한 자기실현을 도모하는 것이다.

교육은 생명의 본질에 대한 철학적 성찰을 기반으로 하여, 내재적 차원에서는 생명의 고유 가치 회복을 촉진하고, 외재적 차원에서는 교육생태계를 구축함으로써 정신적 성장의 기반을 마련해야 한다.

현대 교육은 생명 본질에 대한 실존적 고려가 심각하게 결여되어 있다. 기술 합리성이 지배하는 현대사회에서 교육은 지나치게 인지적 발달에 편중되어, 학습자에게 '생존 기술' 전수에 집중함으로써, 궁극적으로 학습자를 '지식의 수용체'로 전락시키고 말았다. 이와 같은 교육 패러다임 하에서 생명의 본질적 가치는 체계적으로 간과되어 왔다. 팬데믹 사태는 이러한 생명교육의 구조적 결함을 노출시켰다. 아동의 생명권과 교육공동체 구성원의 신체와 정신 건강이 심각한 위협에 직면한 이 상황은, 비록 사회문화적 요인이 복합적으로 작용하였지만, 교육시스템 내 생명존중 의식의 부재가 근본적 원인 중 하나임을 명확히 입증하였다.

이에 따라 신교육은 미래 교육과정 연구에서 "신생명 교육" 프로그램을 특별히 개발하였으며, 이의 핵심 이념으로 '생명의 길이, 넓이, 높이'를 설정하였다.

생명교육의 기초 차원은 인간의 생물학적 생명에 대한 고려로, 이는 생명의 길이 차원에 해당한다. 인간의 신체는 생명의 물질적 기반으로서, 안전과 건강이라는 생명의 자연적 속성이 확보되지 않을 경우, 생명의 지속 발전은 근본적으로 저해될 수밖에 없다. 따라서 학교교육은 체계적인 안전교육의 사항을 우선적으로 이행해야 한다. 아동이 가정, 학교, 사회, 놀이, 운동, 교통, 야외 등 영역에서의 안전 상식을 함양하도록 해야 하며, 학교폭력, 감염병, 각종 사고에 대한 예방 및 대처 방법을 구축하도록 해야 한다. 교사와 학생들에게 생명 보전이 제일의 선택이라는 인식을 심어 줘야 한다. 국제생명교육계에서 공인된 보편적 접근법으로, 생명의 물리적 보전이 확보될 때만이 생명의 연속 확장이 가능하다는 기초적 명제에 입각한 것이다.

생명교육은 교사와 학습자의 신체적·정신적·성적 건강 증진을 포괄적으로 고려해야 하며, 이를 위해 필수적인 영양관리, 운동처방, 정서조절, 환경적응, 스트레스 대처 등 생애주기별 건강관리 역량을 체계적으로 함양시켜야 한다. 개체의 생명은 유한한 존재로서 인류 생명연쇄의 미소한 단위에 불과하나, 인류 생명은 수없이 미소한 단위로 구성된다. 교육은 생명의 물리적 연장과 질적 향상이라는 이중적 차원에서 접근함으로써 개체 수준의 생명기간 최적화를 도모해야 한다. 나아가 이러한 개체적 성과가 세대 간 축적되는 메커니즘을 통해 인류 생명연쇄의 지속가능한 발전이라는 거시적 목표에 기여할 수 있도록 교육적 개입을 설계해야 한다.

팬데믹 사태는 교육현장에서 학생들의 안전의식과 건강관리 능력 함양의 중요성을 재확인시켰다. 체계적인 위생교육(손 씻기, 마스크 착용 등)과 생명존중 의식 함양은 물론, 응급상황 대처능력과 과학적 생활습관(균형 잡힌 영양섭취, 규칙적 운동, 적정 휴식) 형성이 필수적이다. 이러한 기초생활역량은 생명유지의 물질적 토대를 공고히 하며, 재난 상황에서의 자기보호 및 타인구조 능력으로 직결된다. 2020년 11월 19일 일본에서 발생한 초등학생 52명 페리 침몰 사고 시 모든 학생이 무사히 구조된 사례는, 체계적인 재난대비교육이 실제 위기상황에서의 효과적인 대응으로 이어질 수 있음을 입증한다. 이는 유년기부터의 체계적 안전교육이 개인의 생명보존 능력을 결정적으로 향상시킨다는 교육학적 시사점을 제공한다.

생명교육은 인간의 사회적 존재 양상에 대한 고찰을 필수적으로 포함해야 하며, 이는 생명의 넓이 차원에 해당한다. 교육은 생명의 사회적 속성에 기반을 둬야 한다. 사람은 사회 속에서 살고 있으며 다른 사람들과 관계를 맺어야 하고, 이해하고, 관용을 베풀고, 다른 이를 존중하는 법을 배워 사랑받는 사람이 되어야 한다. 따라서 학생들이 삶을 사랑하도록 인도하고, 개방된 국제적 시야 아래에서 타인과 어울리는 법칙을 익히도록 해야 한다. 개인 생명의 공존성과 타인의 존재가 자신의 생명에 갖는 의미와 가치를 인식하고, 조화롭게 지내며, 서로 관심을 갖고, 함께 협력하고, 서로 존중하는 법을 배우고, 소통하며, 사회적 약자에 대한 배려, 대인관계 갈등에 적극적으로 대처하며, 관용 의식을 세우고, 사람들 간의 차이를 존중하는 법을 배우고, 건강한 대인관계를 발전시키며, 낙관성, 자기효능감, 자존감, 사회적 지지 체계를 조성함으로써 개인이 사회적 생명의 풍요로움을 실현할 수 있도록 교육적 접근을 모색해야 한다.

팬데믹이라는 사회적 위기 상황에서 나타난 이웃 간의 상호부조, 의료진의 헌신적 실천 등은 생명교육의 사회적 차원을 구현한 중요한 사례이다. 교육현장에서는 이러한 구체적 사례를 통해 아동이 타인에 대한 존중하는 법, 감사하는 법, 사랑을 베푸는 법을 함양할 수 있도록 체계적으로 이해하도록 하고, 사회적 책임의식을 함양할 수 있도록 접근해야 한다. 교육과정에 통합함으로써 생명의 넓이 확장을 실현하는 것이 생명교육의 핵심 과제이다.

생명교육은 정신적 차원의 성장을 필수적으로 고려해야 하며, 이는 생명의 높이를 구현하는 핵심 요소이다. 교육은 학생들의 생명에 대한 정신적 속성을 기반으로 돼야 하며, 학생들의 생명에 대한 철학적 성찰과 실존적 이해를 촉진해야 한다. 이를 통해 자기 및 타인 생명에 대한 감상능력 함양, 생명의 존재 가치, 생명의 미학적 체험, 생명의 본질적 의미를 종합적으로 발전시켜야 한다. 나아가 이러한 생명에 대한 배려와 사랑 인식이 확장되어 인류공동체에 대한 보편적 관심과 생태적 포용력으로 승화될 수 있도록 교육적 환경을 조성해야 한다.

인간은 본질적으로 가치 추구, 신앙과 정신적 성찰을 지향하는 상징적 존재이다. 인류 문명의 정수는 고전 저작에 내재된 지적 유산과 가치 체계에 응축되어 있으며, 이를 통해 개인의 정신적 성장을 도모할 수 있다. 특히 사회적 위기 상황에서 공공선을 위한 시민적 용기와 정의 실천의 중요성이 부각되는데, 팬데믹 기간 중 리원량李文亮 의사와 중난산鍾南山 원사의 헌신적 실천은 이러한 정신적 가치의 구체적 구현이라 할 수 있다.

아동의 행복한 성장을 위한 교육적 접근은 생명교육을 토대로 시작되어야 한다. 이는 '교육의 본질적 회귀'를 지향하는 것으로, 생명의 가치를 교육과정의 근원적 기초이자 궁극적 지향점으로 재정립해야 함을 의미한다. 생명교육은 교육학의 원천적 출발점이자 교육적 공감의 최상위로 구현할 수 있다.

신교육은 창립부터 생명존중의 가치관을 핵심 이념으로 천명해왔다. 2000년 출간된『나의 교육적 이상我的教育理想』에서 "전체를 위한 인간, 인간 전체를 위한 것"이라는 인본주의 철학을 체계화하였다. 이후 지속적으로 생명교육을 핵심과제로 발전시켰다. 신교육의 '탁월교육과정 개발研發卓越課程' 프로젝트에서는 생명교육을 교육과정 체계의 기반으로 삼았다. 2015년 제15회 전국신교육학술대회에서 발표된『생명의 길이, 넓이, 높이를 확장하는 법拓展生命的長寬高』보고서는 신교육 관점의 생명교육 이론체계와 실행방안을 구체화하였다. 이와 병행하여 신교육연구원과 산서교육출판사山西教育出版社의 협력으로 설립된 신생명 교육연구소新生命教育研究所는 교육과정 개발, 교재편찬, 교사연수, 생명교육 추진 등 체계적인 사업을 전개하였다. 2018년에는 초등학교부터 고중학교까지 전 학년을 아우르는 22권 총 144강의의『신생명 교육新生命教育』교재를 완성하여 전국적으로 좋은 평가를 받았다. 이와 관련된 연구과제『중초고교학생 생명교육 과정의 실천 탐색中小學生命教育課程的實踐探索』은 장쑤성江蘇省・광둥성廣東省 교육과학계획의 중요과제, 선전시深圳市 교육과학계획 중대성과 보급과제, 교육부 정책법규사 위탁과제 등으로 선정되었으며, 광둥성 기초교육 교학성과 특등상을 수상하였다.

생명은 자연계의 궁극적 신비로서 그 존재 자체가 기적적 가치를 지닌다. 각 생명체는 고유한 특이성으로 인해 본질적으로 귀한 존재이며, 이는 완전히 동일한 개체가 존재하지 않는 생태학적 진리에서 확인된다. 생명의 궁극적 지향점은 각자 최상의 자기로의 성장에 있으며, 이 과정에서 모든 생명은 대체 불가의 가치를 가지고 있으며, 자주성으로 인해 적극적으로 발전한다. 인간 생명은 자율적 주체성에 기반한 창의적 발전 능력을 지니는데, 이는 자기인식, 자기결정, 자기형성이라는 고유한 특성으로 구현된다. 생명의 완성도는 지속적인 자기초월을 통해 달성된다. 인간은 개체 가치 실현과 개성 발현의 과정에서 본질적 행복을 체득하며, 생명의 잠재력을 발휘하고 개성을 드러낼 때만 완전함을 말할 수 있다. 따라서 교육학적 실천은 생명의 본질적 가치를 중심축으로 재정립되어야 하며, 아동을 교육과정의 주체적 행위자로 위치시키는 것이 바로 '생명교육과 아동성장'의 근본적 과제이다.

2012년의 중국 공산당 제18차 전국인민대표대회에서 '인류운명공동체' 개념을 최초로 정식 제안하였으며, 2015년 시진핑習近平 총서기는 보아오포럼 연례회의를 통해 '인류운명공동체 구상'을 국제사회에 본격적으로 제시하였다. 이 개념은 중국 지도부가 인류문명 발전의 역사적 맥락과 현실적 과제에 대한 심층적 성찰을 바탕으로 도출한 전략적 비전이고, 글로벌 거버넌스 체계 개혁을 위한 '중국적 해법'이다.

교육학적 관점에서 이 '중국적 해법'의 실천 방향을 모색함에 있어, '생명교육과 아동성장'이라는 주제는 인간의 미래지향적 접근의 토대로 작용해야 한다. 인류운명공동체 구현을 위해서는 우선 아동과의 교육적 공동체 형성이 선행되어야 한다고 본다.

현재의 아동은 미래 사회의 주체적 시민으로, 오늘 아동의 모습이 국가의 미래 발전 양상을 결정한다. 아동은 미래 인류 세계의 계승자이자 인간 운명의 공동 창조자로서, 그들의 성장 환경과 교육의 질이 인류 공동체의 미래를 짓는다. 몬테소리의 경고대로 "아동기에 형성된 교육적 오류는 지울 수 없는 흔적을 남길 것이며, 개인과 사회 발전에 지속적인 부정적 영향을 미치게 되고, 특히 인성 형성의 결정적 시기에 이루어지는 교육적 개입이 인류 전체의 발전 궤적에까지 영향을 주는 중차대한 사안이다." 따라서 아동의 전인적 성장에 대한 관심은 궁극적으로 인류 문명의 지속 가능성을 확보하는 것이며, 아동 중심의 교육 환경 조성은 보다 평화롭고 발전적인 미래 사회 구축의 필수 조건이다.

모든 성인은 과거의 아동이며, 모든 아동은 미래의 사회 구성원으로 성장한다는 점에서 아동이나 생명체는 인류 미래와 밀접한 관계를 가진 본질적으로 세대 간 연속성을 지닌 운명공동체이다. 모든 아동의 손을 잡고 교육적 요구를 차별 없이 수용하며, 교육 기회의 공평한 접근을 보장함으로써 비로소 진정한 의미의 행복한 교육공동체 실현이 가능하다.

교육학적 실천은 생명중심의 가치관에 입각하여 재구성되어야 하며, 아동의 발달적 요구를 고려한 교육혁신을 통해 중화민족의 문화적 부흥과 인류운명공동체 구현이라는 역사적 사명을 완수해야 한다. 이를 위해 교육공동체는 다각적 협력 체계를 구축하고, 교육적 책무를 최우선으로 수행함으로써 미래사회 대비 교육 패러다임의 전환을 주도해야 할 것이다.

미래와 도전을 직면하여 생명중심의 교육 패러다임 재정립과 아동의 입장에서 힘을 모아, 교육자로서 최선을 다해 중화민족의 문화적 부흥과 인류운명공동체 구현에 기여할 사명이 있다.

주융신 朱永新

머리말

가장 근본적이며 핵심적인 요소일수록 인식의 맹점에 놓이기 마련이다. 인간 생존에 필수적인 공기의 경우, 심각한 대기오염이 발생해야 그 중요성이 인식되는 것처럼 생명의 가치 역시 동일한 양상을 보인다. 의심의 여지 없이 생명은 인간 존재의 절대적 전제조건이며, 이는 교육의 영역에서도 동일하게 적용된다. 교육의 본질적 사명은 인간 형성에 있으며, 이러한 인간 형성의 기반과 핵심은 생명에 기초한다. 따라서 생명은 교육 활동의 토대이며, 생명교육은 교육 실천의 근본적 과제로 이해되어야 한다.

신교육 실험은 20여 년 전 시작된 이래, 교사와 학생의 생명 성장 및 행복 추구를 핵심 가치로 삼아왔다. 2005년 쓰촨성四川省 우허우구武侯區 연례회의에서 '신생명 교육新生命敎育'과 '신공민교육新公民敎育'이라는 교육 이념을 공식화하였으며, 2008년 저장성浙江省 창난현蒼南縣 연례회의에서는 '지식, 생활, 생명의 공명'이라는 이상 교실을 제안했다. 2009년 장쑤성江蘇省 하이먼구海門區 연례회의에서는 '교사 생명 서사 작성' 프로젝트를, 2012년 산둥성山東省 린쯔구臨淄區 연례회의에서는 '신교육 도덕인격 발전 지표'를 각각 발표하였다. 2015년 청두시成都市 진탕구金堂區 연례회의에서는 '생명의 길이, 넓이와 높이를 확장하는 법'이라는 이론을 정립하며 지속적인 이론적 발전을 모색해왔다.

신교육의 핵심 이념은 '행복하고 완전한 교육생활의 구현'에 있으며, 이러한 이념적 기반 위에서 수년간의 이론적 연구와 실천적 검증을 통해 '신교육 탁월교육과정 체계'를 정립하였다. 해당 교육과정 체계는 신생명 교육을 토대로 3대 핵심 영역인 신도덕교육(선), 신예술교육(미), 신지식교육(진)을 주축으로 구성되었으며, '특성화 교육과정'을 통합적 보완요소로 채택하고 있다.

신생명 교육은 신교육의 이론적 프레임워크에 기반한 혁신적 생명교육 패러다임을 지칭한다. '신新'의 개념은 신교육의 '신'을 넘어, 새로운 시대 배경 속에서 기존의 개입 중심, 치료 중심의 생명교육을 넘어서는 새로운 관점이다. '행복하고 완전한 교육생활 구현'이라는 핵심 이념을 추구하며, 예방적·발전적 관점에서 인간 생명의 생물학적·사회적·정신적 차원을 종합적으로 촉진하는 전문교육 체계이다. 학습자로 하여금 생명의 본질적 가치를 인식·존중·발전시켜 생명의 길이, 넓이, 높이를 확장함으로써 유한한 생명이 최대의 가치와 최적의 가능성을 실현할 수 있도록 하는 것을 교육적 목표로 삼는다.

신생명 교육 과정은 신교육 과정 체계의 기초를 이루는 핵심 과정으로, 전문 교육과정과 융합 교육과정으로 구성된다. 이 과정은 마치 대지를 내려다보는 거목의 근원체계처럼 전체 교육 생태계에 지속적인 영양을 공급하는 동시에, 그 자체로 독자적인 학문적 탐구 대상으로서의 가치를 지닌다.

신생명 교육 과정이 신교육 과정 체계에서 불가결한 기반으로 자리매김한 이유와 신생명 교육의 과정 전개 방안을 이해하기 위해서는 먼저 신생명 교육의 인식부터 탐색해야 한다.

1

신생명 교육의 내용과 특징

1. 신교육의 생명 인식

1) 생명 개념의 규정

생명은 자연이 만든 가장 신비로운 창조물이며, 그 자체로 자연의 비밀이라 할 수 있다. 모든 생명체는 기적과 같은 존재로서, 인류의 지속적인 탐구와 이해의 대상이 되어 왔다. 미래 발전 가능성에 비추어 볼 때, 인공지능이 특정 수준에 도달하여 생명의 본질적 속성을 갖출 경우, 이는 생명의 범주에 포함될 수 있을 것이다. 여기에는 인간과 기계의 혼합 형태나 자유의지를 지닌 인공지능 로봇 등이 해당될 수 있다.

생명이란 무엇인가? 이는 인류가 직면한 가장 근본적인 물음 중 하나이다. 델포이 신전 문설주에 새겨진 "너 자신을 알라"라는 경구가 상징하듯, "생명이란 무엇인가"라는 질문은 궁극적으로 인류 자신에 대한 이해를 요구한다. 인류는 끊임없이 자기 자신을 탐구해 왔으며, 생명에 대한 통찰 역시 지속적으로 확장되어 왔다. 다만 생명에 대한 인식이 여전히 진화하는 과정에 있기 때문에, 현재까지 '생명'을 명확히 정의하는 보편적 기준이 정립되지 않았으며, 확정된 결론 또한 존재하지 않는다.

생명의 본질을 규명하려는 시도는 학문 분야의 전문화에 따라 다양한 양상으로 전개되었다. 생명과 관련된 각 학문 분야는 고유의 관점에서 생명을 정의하려 노력하였고, 이에 따라 생명에 대한 해석과 이해도 각기 다르게 형성되었다.

생물학적 관점에서 생명은 단백질을 기반으로 한 고분자 핵산 단백체와 기타 물질로 구성된 생물체의 존재 형태를 의미한다. 특히 단백질은 물질대

사를 통해 주변 환경과 지속적인 물질 교환을 수행하며, 이를 통해 생명체의 성장과 유지가 가능해진다.

사회학적 관점에서 생명은 인간이 자연적 존재에서 사회적 존재로의 전환 과정, 즉 사회화 현상을 핵심으로 다룬다. 여기서 사회성은 인간 생명을 타 생명체와 구분짓는 본질적 특성으로 작용한다. 마르크스주의 관점에서는 이를 "인간의 본질은 사회적 관계의 총체"라는 명제로 설명한다.

철학적 접근에서 생명은 의식·정신·영혼의 차원에서 해석된다. 다양한 철학 사상은 생명을 '이성적 동물', '상징적 동물', '문화적 동물', '놀이하는 존재' 등으로 정의하며, 쇼펜하우어Schopenhauer의 '생명의지', 니체Nietzsche의 '권력의지', 딜타이Dilthey의 '생명체험', 베르그송Bergson의 '생명창조적 진화' 등이 정신적 차원의 생명 이해를 대표한다.

심리학, 정치학, 경제학, 문화학, 윤리학 등 다양한 학문 영역에서는 생명에 대한 독자적인 정의를 제시한다. 이러한 다각적 접근은 각 학문의 고유한 시각에서 생명 현상을 규정함으로써, 인류의 생명 인식을 다층적으로 풍부화하고 체계화하는 데 기여하고 있다.

학제 간 생명 인식은 크게 세 가지 유형으로 체계화될 수 있다. 첫째, 생물학·생리학적 접근으로, 이는 생명체의 자연과학적 속성에 주목한다. 인간은 기본적 생리 기능에서 타 동물과 유사성을 보이지만, 진화적 특수성 또한 지닌다. 둘째, 사회학·경제학·정치학·윤리학적 접근으로, 정치, 경제, 도덕, 그리고 문화 생활 속의 인간으로 볼 때, 이는 인간을 '사회적 존재'로 규정하며 정치인, 경제인, 문화인, 도덕인 등의 개념으로 설명한다. 셋째, 심리학·철학·종교학·문학적 접근으로, 정신성을 핵심 특징으로 강조하며 정신, 이념, 의지를 본질적 특성으로 보고, 인간을 '의식적 존재'로 파악한다. 각 학문의 관점은 생명의 특정 차원을 조명하는 동시에 필연적인 인식론적 한계를 내포함으로써, 생명의 총체적 이해를 위해서는 학제 간 통합적 접근이 필요함을 시사한다.

현실적 존재로서의 인간은 생물학적 신체를 지닌 자연적 생명체이자, 사회적 관계 속에서 형성되는 사회적 존재이며, 동시에 가치와 이상을 추구하는 정신적 주체라는 삼중적 속성을 지닌다. 교육학에서 생명은 자발적 성장 잠재력을 지닌 유기체로 정의되며, 교육의 본질적 사명은 이러한 총체적 생명의 양육과 풍요화, 그리고 지속적 발전에 있다. 구체적으로 교육은 개체의 자생적 성장을 촉진하는 능동적 과정으로서, 인간 생명의 질적 풍요로움과 지속적 발전, 나아가 완성에의 접근을 가능하게 하는 실천적 활동이다. 이에 교육 현상은 생명 현상 그 자체에 뿌리를 두며, 교육학은 학생들의 생명 성장 과정을 체계적으로 연구하고 지원하는 학문적 영역으로 정립된다.

2) 생명의 특징

첫째, 생명은 그 독특성으로 인해 더욱 소중한 가치를 지닌다.

자연계에 완전히 동일한 잎사귀 두 개가 존재하지 않듯, 절대적으로 동일한 생명체도 존재하지 않는다. 각기 다른 유전적 구성, 상이한 사회적 경험, 독자적인 정신적 성찰은 세계에 완전히 동일한 인간이 존재할 수 없음을 결정짓는다. 이 세계는 다양한 꽃들이 함께 피어나는 정원과도 같아서, 그 다양성 속에 아름다움이 있으며, 각 생명은 고유한 아름다움을 지닌 독특한 꽃과도 같다.

생명의 독특성은 세계의 다양성과 풍부함을 창출하며, 이는 각 생명의 궁극적 목적이 자신의 최적 상태로 성장하는 데 있음을 시사한다. 우리는 각자 최고의 자기 자신이 될 수 있을 뿐, 서로를 대체할 수 없는 존재들이다. 생명의 이러한 고유성은 동시에 각 생명이 대체 불가의 존재이며, 그 소멸은 돌이킬 수 없는 손실임을 의미한다. 하나의 생명이 성장하는 것을 돕는 행위는 세계를 조금 더 완성시키는 일이며, 생명을 연장하는 노력은 세계의 경계를 확장하는 작업이다. 바로 이 지점에서 교육의 본질적 가치와 의미가 구현된다.

생명은 불가역적 유일성으로 인해 그 가치가 더욱 빛난다. 각 생명체는 단회적 존재로서 고유하며 재현이 불가능하다. 더욱이 생명의 성장과정은 비가역적 특성을 지니며, 시간의 일차원적 속성과 유사하게 재개될 수 없는 단선적 진행을 보인다. 이러한 특성은 생명의 가치를 더욱 특별하게 만든다. 따라서 진정한 교육의 이상은 모든 생명을 존중하고 보듬는 데 있으며, 교육은 인간으로 하여금 생명을 인식하고 이해하며, 더 나아가 보호하고 사랑하고 성취할 수 있는 능력을 함양해야 한다. 궁극적으로 각 개체가 고유한 특성을 발현하며, 존엄하게 생존하고, 행복을 추구하며, 의미 있는 삶을 영위할 수 있도록 이끄는 것이 교육의 사명이다.

둘째, 생명은 자율적 성장 본능을 지니고 있다.

광활한 우주 공간 속에서 각 생명체는 극히 미약하고 순간적인 존재에 불과하다. 모든 생명은 근본적인 제약 조건 하에 존재하며, 인간의 생명도 예외는 아니다. 생명의 존재는 시공간적 제약을 필연적으로 수반하며, 주변 환경의 영향을 깊이 받는다. 동시에 비가역적인 시간의 흐름에 의해 결정적인 제한을 받는다.

다른 생명체와 달리 인간은 고도의 자율성을 지니며, 생명의 발전 과정에서 외부 환경의 영향과 더불어 내재적 선택의지가 결정적 역할을 한다. 이는 인간이 지닌 자기인식 능력과 자율적 의지, 창조적 특성에서 기인한다. 인간은 생명 성장의 주체적 행위자로서, 지속적으로 기존 자아를 초월하고 새로운 자아를 창출함으로써 생명을 역동적인 생성 시스템으로 구축한다. 이러한 끊임없는 생성의 과정에서 새로운 생명의 가능성이 지속적으로 탄생한다. 『역경易經』의 '생생生生' 사상은 바로 이러한 생명의 생성적 본질을 함의한다. 베르그송의 주장대로 "의식 있는 존재에게 존재는 곧 변화이고, 변화는 곧 성숙이며, 성숙은 끝없는 자기창조의 과정"이라 할 수 있다.[1] 생명의 발전에는 긍정적 방향과 부정적 방향이라는 양가적 가능성이 내재해 있으며, 이를 위한 자각적 접근과 비자각적 접근이 존재한다. 이러한 생명의 발전적 특성은 교육이 교사와 학습자 모두가 자각적으로 긍정적 발전 방향을 추구할 수 있도록 지원해야 함을 요구한다. "날로 새롭고 또 새로워진다 苟日新, 日日新, 又日新"는 경구가 상징하듯, 교육은 생명 발전에 무한한 가능성을 열어주는 매개체이다. 따라서 모든 인간은 자신 생명의 주체적 창조자이며 형성자라 할 수 있다. 생명의 이러한 자율성은 신교육이 개개인으로 하여금 자기교육 능력을 함양하고, 모든 생명 주체가 자율적 성장을 이루며, 유한한 생명 과정 속에서 최적의 자아실현을 이룰 수 있도록 지원해야 함을 시사한다.

셋째, 생명은 초월적 속성을 지님으로써 행복과 완전성에 도달한다.

---

[1] 〔프랑스〕앙리 베르그송Henri Bergson 지음, 왕전리王珍麗, 위시광余習廣 옮김, 『창조적 진화』, 호남인민출판사, 1989년, 10~11쪽.

행복은 인류 보편의 지향점이며, 행복하고 완전한 교육생활의 구현은 신교육이 지향하는 핵심 가치이다. 인간은 오직 생명의 본질적 가치를 실현하고 생명의 아름다운 가능성을 현실화할 때에만 진정한 행복을 체험한다. 더 나아가 생명의 잠재력을 최대한 발현하고 고유한 개성을 완성해낼 때에만 완전성에 도달할 수 있다.

인간은 자신의 생명이 유한함을 깨달을 때, 이러한 유한성에 매여 머무르지 않으려는 본능적 충동을 지닌다. 미국 당대의 철학자 라인홀드 니버 Reinhold Niebuhr가 지적하듯, 생명의 초월성은 "자아의 지속적 개선과 생명 유한성의 돌파" 과정에서 발현된다.[2] 인간은 고유한 잠재력과 사명을 자각함으로써, 유한한 생명에 본질적 의미를 부여하고 현실의 제약을 넘어 자아 가치의 창조적 향상을 도모하며, 더 높은 차원의 가치 실현을 추구한다. 이것이 바로 인간이 생명의 유한한 존재를 초월하기 위해 노력하는 모습이다. 이러한 점에서 철학자 사르트르의 주장 "인간은 이미 존재하는 것이 아닌, 끊임없이 되어가는 존재"는 의미심장하다. 인간이 이미 획득한 현실적 '존재' 상태는 결코 최종적 만족의 대상이 될 수 없으며, 오히려 인간은 항상 '아직 존재하지 않는' 가능성의 세계를 지향한다. 바로 이러한 불만족과 지향성이 인간으로 하여금 현재 상태를 초월하고 지속적인 변화와 성장을 추구하도록 이끈다. 생명의 본질은 이러한 끊임없는 자기 초월과 발전의 과정 그 자체에 있으며, 생명의 지속 가능성은 바로 이와 같은 초월적 특성에 근거한다.

이러한 자기초월의 역동적 과정에서 인간은 두 차원의 행복을 창조하고

---

2 〔미국〕라인홀드 니부어Reinhold Niebuhr 지음, 장칭蔣慶 등 옮김, 『도덕적 인간과 비도덕적 사회』, 귀주인민출판사, 1998년, 2쪽.

체험한다. 하나는 현재 존재 자체에서 우러나는 즉각적 행복이며, 다른 하나는 지속적인 성장 과정에서 느끼는 발전적 행복이다. 이 양가적 행복의 통합을 통해 인간은 모순적이면서도 통일된 전체적 존재로서의 정체성을 인식하게 된다. 생명의 완전성은 이중적으로 구현되는데, 첫째는 성장 과정의 각 단계에서의 현실적 완결성으로, 둘째는 생명의 종착점에서 드러나는 개성의 성숙, 자아의 성취, 자아실현의 완성으로 나타난다.

생존에 대한 유한성의 인식은 초월 가능성의 전제조건이다. 인간은 지속적인 자기초월을 통해 진정한 자유로운 발전을 성취한다. 초월적 의지가 결여될 경우, 인간은 단순히 현실에 안주하는 수동적 존재로 머물며, 본능적 충동과 사회적 요구에 종속될 뿐이다. 생명의 초월성은 본질적 특성을 함의한다. 생명은 지속적 자기극복의 과정이며, 생명 발전의 동력은 바로 이 초월성에서 기원한다. 이는 인간이 본질적으로 초월적 존재임을 의미하며, 동시에 인간 발전의 주체적 권한이 자신에게 있음을 시사한다. 따라서 교육은 인간 생명의 초월적 본성을 자극해야 한다. 생명주체의 자발적 참여를 전제로 개인의 주체적 역량 개발을 최우선 과제로 삼을 것이다. 신교육의 사명은 교사와 학생으로 하여금 인류의 정신적 유산과 대화하게 하며, 현재의 자아를 지속적으로 초월하고 생명의 가능성 경계에 도전하도록 촉진하는 데 있다. 이를 통해 유한한 생명은 그 최대 가치를 실현하며, 존재의 행복과 완전성이라는 목적에 도달할 수 있을 것이다.

3) 생명의 속성

학계에서는 생명의 구성 차원에 대해 다양한 이론이 대립한다. 선행연구에서 언급된 바와 같이, 일부 학자들은 생명을 단일 차원적 존재로 파악하는 반면, 생명교육학계에서는 생명의 통합적 완전성을 강조한다. 이에 대한 논의는 더욱 심화되어 종적 생명種生命과 유적 생명類生命의 이분법적 접근, 자연·사회·초월의 삼원론적 모델, 혹은 진眞·선善·미美의 가치론적 관점 등 다양한 이론적 틀이 제시되고 있다.

신생명 교육론은 이러한 다학제적 연구 성과를 종합하여 생명 존재의 세 가지 근본적 양태를 제안한다. 첫째, 생물학적 탄생으로 대표되는 자연적 사실, 둘째, 사회적 관계 속에서 구현되는 상호작용적 사실, 셋째, 자의식의 각성으로 상징되는 정신적 사실이 그것이다. 이에 따라 신생명 교육은 신체·조직·기관의 생리적 시스템으로 구성된 자연적 생명, 타인·사회·자연과의 관계망에서 형성되는 사회적 생명, 감정·태도·사상·신념·영혼의 가치체계를 중추로 하는 정신적 생명이라는 삼중구조 모델을 정립한다. 이 세 차원은 상호 연동적이며 변증법적 통합을 통해 비로소 완전한 생명을 구성한다는 것이다.

자연적 생명은 사회적·정신적 생명의 물질적 토대로서, 이들의 존재 가능성을 규정하는 필수 조건이다. 생물학적 기반이 결여될 경우 사회적 관계나 정신적 활동의 지속은 근본적으로 불가능하며, 자연적 생명의 양적 연장은 질적 발전을 위한 물리적 보장을 제공한다. 그러나 이러한 자연적 생명은 생물학적 법칙에 종속되어 필연적인 유한성을 지닌다. 바로 이러한 유한성의 인식이 생명 가치에 대한 각성을 촉발시키며, 비가역적 특성은 생명의 단회적 의미를 부각시킨다.

사회적 생명은 인간 상호작용의 산물로서 주체적 의지와 타자적 관계의 변증법적 통합으로 이해된다. 마르크스의 주장대로 "개체의 발전은 그와 연계된 모든 타인의 발전과 상호의존적 관계"에 놓여 있다. 사회적 생명은 자연적 생명의 풍요로움을 규정하면서 동시에 정신적 성장의 방향성을 제약한다. 비록 자연적 생명이 존재론적 전제조건이지만, 인간의 생명은 사회적 관계망 속에서 비로소 그 본질을 획득한다. 동물적 생명과 구별되는 인간 자연적 생명의 특수성은 바로 이러한 사회적 표상과 속성의 내재화에 기인한다. 사회적 생명의 확장은 생물학적 한계를 초월하는 동시에, 자연적 생명에 대한 인식의 지평을 넓히고 정신적 생명의 질적 수준을 결정하는 매개 역할을 수행한다.

정신적 생명은 인간의 의식구조·의지체계·가치관으로 구성되며, 자연적·사회적 생명의 물리적 한계를 초월함으로써 인간 고유의 존재 가치를 실현한다. 이는 인간을 유일무이한 생명 존재로 승격시키는 결정적 요소이다. 자연적 생명이 생물학적 법칙에, 사회적 생명이 집단적 관계망에 의해 규정되는 반면, 정신적 생명은 자아주체성에 근간을 둔다. 인간은 생물학적 길이나 사회적 넓이의 범위를 선택할 수 없지만, 정신적 높이의 수준은 자율적으로 결정할 수 있다. 이러한 정신적 생명의 높이는 궁극적으로 자연적·사회적 생명의 질적 변화를 이루며, '인간됨'의 완성과 자아실현의 근원적 동력으로 작용한다. 마오쩌둥毛澤東은 일찍이 지적된 바와 같이, "인간은 정신적 존재로서만 참된 생명력을 유지할 수 있다"는 명제는 정신이 생명의 지속적 발전을 가능케 하는 원천임을 보여준다.

이 세 가지 생명 속성 중 사회적·정신적 차원이 인간의 본질적 특성을 구성한다. 만약 이 두 속성이 결여된다면, 인간의 자연적 생명은 단순한 생물학적 본능 수준으로 퇴행하여 더 이상 '인간적'이라 부를 수 없는 상태가 된다. 따라서 진정한 의미의 인간 형성을 위해서는 자연적 생명의 생리적 길이, 사회적 생명의 관계적 넓이, 정신적 생명의 가적 높이가 삼위일체적으로 조화를 이루어야 한다. 오직 이 삼중적 차원이 통합적으로 구현될 때 비로소 완전한 인간 생명이 실현된다고 볼 수 있다.

최종적으로 생명의 행복과 완전성은 세 가지 속성의 상호작용에 의해 결정된다. 자연적 생명의 '길이'는 생물학적 지속 가능성을, 사회적 생명의 '넓이'는 관계적 풍요로움을, 정신적 생명의 '높이'는 지속적 자기초월을 각각 상징한다. 인간 성장의 구조를 피라미드에 비유할 때, 자연적·사회적 생명이 기초를 이루며 그 기반이 견고할수록 정신적 생명은 보다 높은 차원의 실현이 가능해진다. 신생명 교육은 이러한 생명의 길이·넓이·높이 확장을 교육의 본질적 과제로 인식한다.

길이·넓이·높이의 세 가지 입체적 구성은 생명이라는 '존재의 용기容器'의 총체적 용량을 결정한다. 물리적 육신의 한계와 정신적 영혼의 무한한 가능성 사이에서, 인간은 반드시 이 세 차원의 통합적 발전을 추구해야 한다.

이상적 생명 구조는 생명의 길이·넓이·높이와 같은 삼차원의 균형적 확장을 지향하나, 생명의 유한성과 불확정성으로 인해 길이의 조절에는 한계가 따른다. 그러나 일부 생명은 비록 짧더라도 생명의 넓이과 높이를 극대화함으로써, 질적으로 충만한 생명 용량을 구현할 수 있으며, 이는 역사적 기념비적 가치를 창출하기에 충분하다.

현행 입시교육 체제를 생명의 삼차원적 관점에서 성찰해볼 때, 조기화·강화되는 입시훈련과 과도한 학업 부담은 생명의 길이를 훼손할 뿐 아니라, 사회적 경험의 넓이을 심각하게 위축시키고 정신적 성장의 높이를 저해함을 명확히 확인할 수 있다. 개체 생명이 이 세 가지 차원의 적정한 조화를 상실할 경우, 그가 발현할 수 있는 창의적 역량은 필연적으로 한계에 봉착하게 된다. 이는 바로 첸쉐선錢學森이 제기한 '창의적 인재 양성의 딜레마'가 지닌 본질적 문제점이라 할 수 있다.

이에 신생명 교육의 궁극적 가치는 생명을 교육의 근본적 출발점으로 설정함으로써, 모든 개인이 생명의 길이, 넓이, 높이라는 성장을 동시에 추구할 수 있도록 지원하는 데 있다. 이를 통해 지속적인 자기초월과 자아실현의 과정을 거쳐 개별 생명이 최적의 상태에 도달하도록 함은 물론, 인류 공동체가 더욱 숭고한 문명적 지향점을 향해 나아갈 수 있는 토대를 마련하는 것이 교육의 사명이라 하겠다.

2. 신교육 관점에서 본 생명교육

인류의 생명 인식은 역사적 발전 단계를 거치며 점진적으로 심화되어 왔으며, 이에 따라 교육적 생명 이해 역시 지속적으로 진화해 왔다.

1) 생명교육의 역사적 고찰[3]

생명교육에 대한 체계적인 탐구는 1920년대를 기점으로 본격화되었다. 20세기 영향력 있는 교육자 닐A. S. Neill은 1921년 영국 서퍽주에 서머힐 스쿨Summerhill School을 설립하면서 "각 생명체의 고유한 발달 과정과 특성에 기반한 맞춤형 교육을 통해 모든 개인이 자유롭고 충분한 성장을 이룰 수 있도록 한다"는 교육 원칙을 확립하였다. 그는 "학교가 학생에게 적응해야 하지, 학생이 학교에 맞추어서는 안 된다"는 혁신적 교육관을 제시함으로써 생명 존중 교육 이론을 체계화하고 실천하였다. 동시대 미국에서는 죽음교육을 통해 생명의 의미에 대한 탐구가 시작되었는데, 이는 인간으로 하여금 죽음을 직시하고 생명의 가치를 깨달으며, 유한한 생명 속에서 무한한 의미를 추구하도록 안내하는 생명교육에 대한 새로운 접근이었다.

생명교육이 본격적으로 주목받기 시작한 배경에는 현대사회 발전 과정에서 발생한 다양한 생명 위기 상황, 특히 청소년의 약물 남용, 자살, 폭력, 성적 위기 등 생명 훼손 문제의 지속적 증가가 있었다. 이에 서구 선진국들은 청소년의 생명 존중 의식을 함양하기 위한 체계적인 교육 연구와 실천을 점진적으로 추진하였다.

1968년 미국의 저명한 교육사상가 제이 도널드 월터스J. Donald Walters는 청소년의 생명 경시 현상에 대응해 최초로 '생명을 위한 교육Education for Life' 개념을 정립하였다. 그는 캘리포니아주에 아난다 생활지혜 학교Ananda

---

[3] 생명 교육의 역사적 고찰에 관해서는 펑젠쥔馬建軍 주편,『생명교육 교사 핸드북生命教育教師手冊』, 산시교육출판사, 2018년, 18~36쪽에 자세히 소개되어 있다.

Living Wisdom School를 설립하여 생명의 가치 존중과 의미 추구를 핵심으로 하는 교육 이론을 실천하였다. 이후 미국 전역에서는 생명교육 확산을 위한 다양한 기구가 설립되었으며, 1976년경에는 약 1,000여 개 학교에서 정규 생명교육 프로그램이 운영되었다. 20세기 말까지 미국의 생명교육은 초·중등 교육과정에 정착되었으며, 현재는 정서교육·인성교육·생명도전 대처교육 등을 포괄하는 종합적 체계를 구축하고 있다. 맥그로힐사의 『건강과 행복』 교과서는 이러한 미국 생명교육의 내용, 경로 및 방법을 잘 보여주는 사례이다.

1974년 호주의 테드 노프스Rev. Ted Noffs 목사는 청소년 약물중독 문제 해결을 위한 '생명교육Life Education' 주장을 제안하였다. 노프스는 호주에서 장기간 청소년 마약 중독 상담 사업을 전개하며, 그의 이론적 주장은 주로 청소년 약물 남용 문제의 근본적 해결을 통해 청소년들로 하여금 생명의 소중함을 인식하고 존중하는 태도를 함양하는 데 목적을 두었다. 그가 설립한 테드 노프 재단Ted Noffs Foundation에서는 1979년 시드니에 세계 최초의 생명교육센터Life Education Center, LEC를 설립하였으며, 이 기관은 국제적으로 공식 인정받은 최초의 생명교육 전문기관으로 기록되고 있다. 생명교육센터는 약물예방·폭력방지·에이즈예방을 주요 내용으로 하며, 현재는 국제적 기관이고 UN 산하 NGO로 발전하였다. 호주의 생명교육은 약물예방교육과 건강증진 프로그램을 통해 초·중등학생들이 안전한 삶을 영위할 수 있는 선택 능력을 함양하는 데 그 핵심이 있다. 호주 생명교육센터는 각 분야 전문가들과 협력하여 유치원부터 고등학교까지 연계성 있는 생명교육 프로그램을 개발하였으며, 이를 학교 정규 교육과정과 통합적으로 운영하기 위한 체계를 구축하였다.

영국의 찰스 왕세자Prince Charles는 호주 시찰 당시 현지 생명교육 모델을 높이 평가하며, 테드 노프스에게 영국 청소년의 약물남용 및 범죄 문제 해결을 위한 생명교육 도입을 제안하였다. 이에 힘입어 영국은 1986년 첫 생명교육센터를 설립한 뒤 '노숙방지연맹', '국제앰네스티Amnesty International', '지구의 벗Friends of the Earth' 등 생명존중 가치를 실천하는 시민단체들도 창설하였다. 정부 차원에서는 1990년 경제·건강·시민·환경·진로교육을 통합한 '융합교육과정'을 도입하였다. 융합 교육과정은 본질적으로 생명교육 과정으로 이의 개설은 생명교육이 영국 정부의 중시를 받기 시작했음을 의미한다. 1997년에는 자격증 및 교육과정청Qualifications and Curriculum Authority, QCA 설립을 통해 시민교육과 개인·사회·건강교육을 새로운 교육 과정으로 지정함으로써 생명교육을 국가 교육체제에 공식 정착시켰다.

1964년 일본 교육학자 다니구치 마사하루는 사회교육의 공리화로 인한 인간관계 악화를 우려하여 『생명의 진실』을 저술하며 생명교육의 중요성을 최초로 주창하였다. 그는 심리교육이 생명발달과 자아실현의 핵심 매개체임을 강조하였다. 일본 문부과학성은 이후 생명교육 관련 내용을 정책 문서에 공식 반영하였다. 1970년대에 접어들며 일본 사회에서 지속적으로 발생한 청소년 집단따돌림 및 학교폭력 문제에 대응하여, 일본 정부는 심령교육 정책을 도입하고 아동의 '풍요로운 정서 함양'과 '풍요로운 인성 형성'을 핵심 목표로 설정하였다. 1989년 개정된 신교육요강에서는 '생명에 대한 경외심'과 '인간 정신의 존중'을 공식 교육 방침으로 명문화하였다. 최근에 일본에서 빈번히 발생하는 청소년 자살 사건을 겨냥해, 청소년 정신건강 증진을 위해 구체적으로 청소년들의 좌절이나 스트레스 대처 능력 향상을 목표로, 생명

교육의 한 형태로 '여유교육餘裕教育'이라는 교육을 시행되고 있다.

중국 영토 내에서 대만은 생명교육을 비교적 조기에 도입한 지역이다. 1990년대 대만의 초·중등학교에서 잇따른 폭력사건과 자살사태가 발생하자, 학생들의 생명 경시 현상은 사회 전반의 우려를 불러일으켰다. 당시 대만 교육부 장관 천잉하오陳英豪는 학교 현장에서 생명교육을 즉각 실시해 학생들의 생명 존중 의식과 올바른 인생관 함양이 시급함을 강조하였다. 1997년 말 '생명교육보급센터' 설립을 시작으로, 중학교 생명교육 실시 계획을 발표해 1998년부터 중학교에서 시범운영하고, 1998년 2학기부터 고등학교와 전문학교에서 실범운영하였다. 1999년 9·21 대지진 이후 큰 인명 피해를 입어서 생명을 더욱 소중히 여기기 위해 생명교육을 전면 확대되었다. 2000년 '학교생명교육전담팀'과 '생명교육추진위원회' 발족과 2001년 '생명교육의 해' 선포를 거쳐 '생명교육중기 추진계획'을 발표하였다. 2004년 고등학교 선택과목 교육과정 요강 마련, 2006년 정규 선택과목 편성에 이르기까지 체계적으로 발전해왔다. 이와 같은 단계적 정책 추진을 통해 생명교육은 현재 대만 교육계에 뿌리내린 핵심 교과영역으로 자리매김하였다.

홍콩 특별행정구에서는 1995년 민간 자선단체가 청소년 약물남용 예방과 생활능력 향상을 목표로 '생명교육활동프로그램the Life Education Activity Programme, LEAP'을 최초로 시행하며 생명교육의 기반을 마련하였다. 1996년 홍콩 틴수이와이 십팔향향사위원회공익사중학교天水圍十八鄉鄉事委員會公益社中學가 교내 정규 '생명교육과정'을 도입함으로써 학교교육체제에 공식 편입되었으며, 1999년 천주교교육위원회는 '사랑과 생명교육' 시리즈를 개발하였다. 2001년 성공회종교교육센터는 '생명교육계획'을 수립하여 초등락교 1-6학년의 학생 대상으로 『성장열차成長列車』 생명성장 교재를 출간했고, 2004년

순도위리연합교회循道衛理聯合教會는 '우수생명교육발전계획'을 수립하였다. 2007년 설립된 홍콩생명교육기금회는 교사 연수를 통해 학생들의 신체적·정신적 조화발달을 지원하여 학생들이 자신과 생명의 가치를 올바르게 인식하도록 도와줬다. 2009년 홍콩중문대학교 '우수생명교육센터' 설립으로 지역사회와 학교의 연계 프로그램이 확대되었다. 이를 통해 홍콩은 학교, 매체와 비정부기관이 협력하는 삼차원적 생명교육 체계를 구축하였다.

중국 대륙에서는 1996년 장쑤성江蘇省 쓰훙현이泗洪縣이 '초등학생 생명교육 연구' 과제를 최초로 시행하며 생명교육 연구의 서막을 열었다. 해당 연구는 2002년 장쑤성 교육과학계획부에서 제10차 5개년 계획 중점과제로 선정되었으며, 2005년에는 『생명을 사랑하라熱愛生命—초등학교 생명교육의 실천과 탐구小學生命教育的實踐與探索』라는 교재가 출간되어 생명교육은 점차 학계와 교육행정기관의 주요 관심사로 부상하였다. 2004년 상하이시교육위원회가 발표한 『초·중등학교 생명교육 지도요강中小學生命教育指導綱要』은 주제수업·단체활동·사회실천 등 다채널 접근을 제시하였다. 2004년 랴오닝성遼寧省 교육청은 『초·중등학교 생명교육 특별 시행 방안中小學生命教育專項工作方案』을 발표하며 생명교육을 공식 도입하였고, 이어 2005년 헤이룽장성黑龍江省은 『헤이룽장성 초·중등학생 생명교육 지도지침黑龍江省中小學生命教育指導意見』을 제정해 사상도덕·심리건강 교과와 연계한 교육을 시행하였다. 같은 해 후난성湖南省은 『후난성 초중학생 생명·건강교육 요강湖南省中小學生命與健康教育指導綱要(시행試行)』을 통해 심리건강, 사춘기교육, 마약예방, 법제, 안전, 공중위생, 에이즈예방, 환경보호, 성교육, 국제이해교육 등 10개 핵심영역을 설정했다. 2008년 윈난성雲南省은 『생명교육生命教育, 생존교육生存教育, 생활교육生活教育 실시에 관한 결정』과 『생명교육生命教育, 생존교육生存教

育, 생활교육生活教育 실시 의견』을 발표하여 윈난성 전 지역 교육과정에 적용하였다. 교육행정부문의 추진 아래, 윈난성의 '삼생교육三生教育', 산시성山西省의 '안전교육', 후베이성湖北省의 '생명안전교육' 등은 지역별 대표적 사례로 자리매김하였다. 2009년을 기점으로 중국 내 다수의 대학 및 초·중등학교에서 생명교육 관련 교과과정 도입을 시도하기 시작하였다. 2010년 발표된『국가 중장기 교육개혁과 발전 계획요강國家中長期教育改革和發展規劃綱要(2010-2020년)』은 '생존능력 배양' 및 '생명교육 강화'를 전략적 과제로 명시함으로써, 생명교육이 국가적 차원의 정책적 지위를 획득하는 전환점이 되었다. 2016년 9월『중국 학생 발전 핵심 소양中國學生發展核心素養』에서는 '건강한 생활'을 6대 핵심소양 중 하나로 지정하였다. 건강한 생활은 주로 학생들이 자아인식·심신발전·인생계획 등 측면에서의 종합적 표현을 말하며, 이는 생명존중·인격형성·자기관리 등 구체적 영역을 포괄하는 것으로 생명교육 연구와 실천의 방향성을 제시하였다. 국내외 생명교육 학술회의, 포럼 및 세미나가 활발히 개최되는 가운데, 주샤오만朱小蔓, 펑젠쥔馮建軍, 리우티에팡劉鐵芳, 궈위안샹郭元祥, 샤오촨肖川, 리우지량劉濟良, 란나이얀冉乃彦, 정샤오장鄭曉江, 허런푸何仁富, 리우휘劉慧, 장원즈張文質, 왕딩궁王定功, 자오단니趙丹妮 등 중국 대표적인 학자들의 기초이론 연구가 이 분야의 학문적 토대를 공고히 하였다.

최근 생명교육은 교육계의 핵심 화두로 부상하며 필수 교육 영역의 상식과 공감 요소로 자리매김하였다. 2021년 교육부의『미성년자 학교보호 규정未成年人學校保護規定』을 시작으로 6월 개정된『중화인민공화국 미성년자 보호법中華人民共和國未成年人保護法』, 9월 국무원의『중국 아동발전 요강中國兒童發展綱要(2021-2030년)』에 이르기까지 일련의 정책에서 생명교육의 강화가 반복적으로 강조되었다. 같은 해 11월 교육부가 발표한『초·중등학교 생명안전·건강교육 교수학습지도안生命安全與健康教育進中小學課程教材指南』은 '생명우선·건강제일' 원칙 하에 학생들의 올바른 생명관·건강관·안전관 형성을 체계적으로 지원하기 위한 실천 방안을 제시하였다.

중국은 생명교육을 도입한 지 오래되지 않았으나, 그 발전 속도는 매우 빨랐다. 이는 각급 교육 행정 기관의 지원뿐만 아니라 학교, 가정, 사회의 생명교육에 대한 요구가 반영된 결과이다. 우리는 생명을 근본으로 삼고 생명의 의미를 탐구하며 생명의 가치를 고찰함으로써 교육의 본질을 이해하고 교육적 지지를 확보해야 한다. 이를 통해 전 사회적 차원에서 생명교육에 대한 협력 분위기를 조성하고, 생명교육의 지속적인 발전을 함께 추진해 나가야 할 것이다.

2) 신생명 교육의 의미

국내외 생명교육 이론과 실천의 발전 과정을 분석해보면, 시대적 배경과 국가별 특성, 학파에 따라 생명교육에 대한 접근 방식과 해석이 상이함을 알 수 있다. 이를 체계적으로 분류하면 크게 세 가지 유형으로 구분할 수 있다.

첫째는 미시적 차원의 생명교육으로, 생명과 직결된 중대한 위기 상황에 대응하는 교육을 의미한다. 구체적으로 자살 예방, 약물 남용 치료, 에이즈 예방, 생명안전교육, 재난대비교육, 죽음교육, 생명윤리교육 등이 이에 해당하며, 이는 대부분 현실 생활에서 심각한 생명 문제와 위기에 대응하는 것으로 자살 시도, 타인에 대한 폭력, 약물 오남용, 에이즈 감염, 각종 사고 등 구체적인 생명 위협 상황에 대한 치료적·예방적 접근을 취한다. 궁극적으로 이러한 교육은 학습자로 하여금 생명의 소중함을 인식하고 경외심을 갖도록 하는 것을 목표로 한다.

신교육에서 미시적 생명교육은 생명 문제를 가진 특정 집단에 집중하여 치료적이고 목표 지향적인 특성을 지닌다고 설명된다. 그러나 생명을 총체적으로 조망하고 모든 사람을 포괄하는 교육 철학적 관점은 상대적으로 미흡한 것으로 평가받는다. 그럼에도 불구하고, 이러한 집중적이고 구체적인 접근 방식은 생명교육의 효과를 보다 직접적이고 명확하게 나타내는 장점이 있다. 이는 마치 서양 의학이 특정 질병에 대한 표적 치료를 제공하는 것과 유사하다. 따라서 미시적 생명교육은 실제 교육 현장에서 핵심 사항에 집중하고 주요 문제를 정확히 파악하여 교육을 설계하는 데 중요한 시사점을 제공한다.

둘째는 광의적 생명교육이다. 이는 생명의 관점에서 교육 전반을 재해석하는 접근법으로, 교육을 통해 생명을 존중하고 함양하며 발전시키고 완성하는 것을 궁극적 목표로 삼는다. 일부 학자들은 이를 '생명화 교육'으로 명명하기도 한다. 이 접근법의 핵심은 '화化'의 과정, 즉 변화와 통합에 있다. 생명에 대한 관심과 그 완성을 교육의 각 단계에 자연스럽게 내재화하고, 교육의 출발점부터 인간 생명과 진정으로 마주하며, 교육 과정 전반에 걸쳐 생명의 본질을 존중하는 태도를 함양한다. 이를 통해 영혼을 풍요롭게 하고 생명의 의미와 가치를 발견하며 생명의 질을 제고하는 것을 추구한다.

신교육 실험에서의 광의적 생명교육은 교육철학 차원에서 교육 전 과정에 생명중심적 사고와 인문적 가치를 관통시키는 접근을 지향한다. 이는 교육의 인본주의 이념과 정합성을 지니고 있으나, 실천적 측면에서 과도한 포괄성과 추상성으로 인해 구체적인 실행방안 마련에 어려움을 겪는 이론적 한계를 노출한다. 그럼에도 불구하고 광의의 생명교육은 중요한 시사점을 제공한다. 즉, 교육은 "언제, 어디서, 무엇을 하든, 누구와 함께하든" 학습자의 생명존중을 전제로 해야 하며, 생명의 완성이 교육의 궁극적 지향점이 되어야 한다'는 핵심 원칙을 제시하였다. 학교 교육과정과 일상적 실천 전반에 생명교육이 체화되어야 할 당위성에 대한 중요한 시사점을 제공한다.

셋째는 일반적 의미의 생명교육으로, 인간의 총체적인 생명 발전 요구에 기반하여 생명교육을 체계적으로 설계함으로써 인간 중심의 교육을 실현하고자 한다. 이러한 생명교육은 단순히 생명의 중요성에 대한 인식과 존중을 가르치는 데 그치지 않고, 학생들로 하여금 생명의 본질을 깨닫고 생명의 의미를 이해하며, 생명을 보전하고 발전시키는 능력을 함양하도록 지원한다. 또한 교사와 학생이 보다 적극적으로 생명의 가치를 창출할 수 있도록 돕는다. 이는 모든 학습자를 위한 성장 지향적 교육으로, 개개인이 자신의 잠재력을 최대한 계발하여 보다 풍요롭고 의미 있는 삶을 영위할 수 있도록 이끈다. 많은 학자들이 이러한 관점에서 생명교육의 의미를 탐구하고 논의해 왔다.

신교육 역시 일반적 의미의 생명교육을 이해하고 연구하며 실천할 것을 강조한다. 이는 생명교육을 단순히 생명 문제 해결을 위한 치료적 접근으로 축소하지도 않으며, 반대로 지나치게 추상적인 생명화 교육의 관념으로 확대하지도 않는 균형 잡힌 접근법이다. 현대 교육은 협의, 광의, 일반적 의미의 세 가지 관점을 모두 수용하고, 생명의 다층적 속성에 대한 심층적 이해를 바탕으로 교육의 근본을 이루는 이 중요한 영역에서 신생명 교육의 독자적인 길을 모색하고 있다.

신생명 교육은 '행복하고 완전한 교육생활 구현'을 핵심 이념으로 삼으며, '완전한 생명'을 원점으로 하고, 자연적·사회적·정신적 생명의 삼원적 개념을 교육의 기초로 한다. 이는 학습자로 하여금 생명의 본질적 가치를 인식하고, 삶의 의미를 성취하며, 생명의 길이, 넓이, 높이를 종합적으로 확장함으로써 유한한 생명이 최적의 가치를 실현할 수 있고, 모든 생명이 최고의 자아가 되며, 모든 생명이 인생에서 빛날 기회를 갖도록 이끄는 총체적 교육체계이다.

신생명 교육은 완전한 생명교육이고, 모든 학습자를 대상으로 하는 긍정·발전적 생명교육 모델로서, 자연적 차원에서는 생명 존중과 체력 증진을 통해 생명의 길이를 확장하도록 한다. 사회적 차원에서는 관계 형성 능력과 사회 참여 의식을 함양하도록 한다. 정신적 차원에서는 가치관 정립과 자기 초월 실현을 인도하도록 한다. 이 세 가지 차원의 유기적 상호작용을 통해 교육의 완성도를 도모하는 것이 신생명 교육의 본질적 특징이다.

3) 신생명 교육의 목표

인간의 생명은 자연적 생명, 사회적 생명, 정신적 생명으로 구성되어 생명의 길이, 넓이, 높이를 형성하며, 이는 입체적이고 완전한 인간 존재를 이루고 있다. 이러한 인식에 기초하여 생명교육의 세 가지 목표를 설정할 수 있다. 바로 생명 존중, 생활 사랑, 인생 성취로서, 이는 각각 자연적 생명, 사회적 생명, 정신적 생명의 발전 요구에 부응한다. 생명의 세 가지 구성 요소는 상호 밀접하게 연계되어 있으며 서로 영향을 주고받는다. 마찬가지로 생명교육의 세 가지 과제도 긴밀하게 연결되어 상호작용한다. 인생이란 생명을 사랑하는 기초 위에서 생명의 가치를 추구하고, 생명의 아름다운 모습을 구현하며, 인생의 진정한 가치를 실현하는 과정이라 할 수 있다.

(1) 생명을 존중하기

생명과 건강은 인류 생존과 발전의 기본 요구이자 영원한 과제이다. 만약 개인이 생명을 잃거나 건강하지 못하다면(생리적 건강, 심리적 건강, 사회·가정적 건강 포함), 다른 모든 것은 무의미해지거나 최소한 객관적인 물질적 토대를 상실하게 된다. 생명이 없는 상태에서 교육을 논하는 것 자체가 불가능하다. 생명은 교육의 출발점이자 전제조건이다. 따라서 교육은 무엇보다도 인간 생명을 보호하고 사람들로 하여금 생명을 소중히 여기며 건강하게 살아가도록 해야 한다. 교육은 결코 생명을 훼손하거나 생명의 상실을 초래해서는 안 된다.

생명을 존중하는 교육은 '왜 사는가'라는 존재론적 물음을 탐구하며 생명의 본질적 가치를 규명한다. 왜 생명을 소중히 여기고 아끼는가? 생명이 우리에게 어떤 의미가 있는가? 생명의 소중함은 건강할 때는 잘 인식되지 않으나, 위기 상황에서 비로소 그 중요성이 절실히 드러난다. 생명은 뿌리(자연적 생명), 줄기(사회적 생명), 가지(정신적 생명)로 구성된 유기체와 같아, 생물학적 기반이 무너지면 전체가 붕괴된다. 따라서 '생명우선·건강제일' 원칙 하에 자기 생명의 보존은 물론 타인의 생명이나 타생명체에 대한 존중이 필수적이다. 생명은 모든 가치의 근원으로, 그 존재 자체가 무한한 가능성을 내포한다. 생명이 없다면 생존을 잃게 되고 모든 것을 잃게 된다.

생명의 고유 가치는 그 희소성과 비가역성에서 기인한다. 인간 탄생은 잉태의 측면에서 볼 때 부모 유전자의 우연한 한순간의 결합이다. 두 사람이 우리의 부모로 된 것도 극히 낮은 수학적 확률의 사건으로, 통계적으로 기적에 가까운 과정을 거친다. 이처럼 획득하기 어려운 생명은 일단 상실되면 복원이 불가능하며, 출생 시의 환호와 사망 시의 비통 모두가 생명의 절대적 가치를 증명한다. 따라서 이 희귀한 기회를 최대한 존중하고 발전시켜야 할 윤리적 의무가 있다.

생명의 소중함을 깨닫는다면 우리는 진심으로 생명을 존중하고 귀히 여겨야 한다. 자신의 현실적 생명을 소중히 여기면서도 타인의 생명 역시 존중해야 한다. 생명에는 우열이나 귀천이 존재하지 않으며, 모든 인간의 생명은 동등하게 가치 있다. 생명교육은 사람들로 하여금 생명의 소중함을 인식하고, 건강한 발전을 위해 생명을 훼손해서는 안 된다는 점을 깨우치게 하는 것이다. 따라서 생명 존중을 교육의 핵심으로 삼아 자살 예방, 폭력 예방, 마약 예방, 에이즈 예방, 생명 안전 등에 관한 교육을 체계적으로 실시해야 한다.

아무리 생명을 소중히 여긴다 해도 생명은 필연적으로 종말을 맞이하게 마련이며, 이는 피할 수 없는 자연의 법칙이고 막을 수 없다. 따라서 생명을 존중한다는 것은 오늘의 생명만을 위한 것이 아니라 내일의 생명을 위한 태도이기도 하다. 내일의 생명에는 자연스러운 죽음뿐 아니라 질병과 재난 등으로 인한 생명의 덧없음과 불확실성도 포함된다. 어떤 면에서 우리는 매일을 생명의 마지막 날처럼 살아가야 한다. 왜냐하면 생명에는 너무나 많은 예측 불가능한 요소들이 존재하기 때문이다. 생명의 유한성과 불확실성 앞에서 우리는 체념하며 죽음을 기다릴 것이 아니라, 오히려 적극적으로 하루하루를 충실히 살아가야 한다. 죽음을 직시하며 사는 태도야말로 진정한 삶의 동력과 긴박감을 부여하기 때문이다.

(2) 생활을 사랑하기

생명과 생활은 역동적 관계 속에서 상호작용한다. 생명의 발전 과정은 곧 생활 그 자체이며, 이 둘은 불가분의 관계에 있다. 생명은 생활을 통해 표현되고 생활은 생명으로 인해 충실해진다. 생명은 생활의 응집이고, 생활은 생명의 전개이다. 생명은 생활을 통해 그 가치가 구현되고, 생활은 생명의 존재로 인해 의미를 획득한다. 즉, 생명교육은 생활교육이라 할 수 있고, 생활은 생명의 비옥한 토양으로, 생명은 생활을 떠나 성장할 수 없다. 타오싱즈陶行知가 주장한 바와 같이 "생활과 단절된 교육은 무의미하다"는 명제는 교육이 생활 속에서, 생활을 위해, 생활을 통해서 이루어져야 함을 보여준다. 생활의 질은 생명의 상태를 결정하는 핵심 지표이며, 동시에 생명의 가치관이 생활 방식에 영향을 미친다. 한 사람이 생명을 포기하는 이유는 바로 생활의 의미를 잃었기 때문이다. 반대로, 지진, 광산 사고, 전염병 등 자연 재해를 겪은 사람들이 극한 상황에서 개인이 보이는 강인한 생명력은 생활에 대한 애정과 미래에 대한 기대로 설명될 수 있으며, 이는 정신적 생명의 활성화로 이어지는 내적 동력으로 작용한다.

생명교육이 사람들로 하여금 생명을 사랑하도록 이끌기 위해서는 반드시 생활을 사랑하는 태도를 함양시켜야 한다. 생활을 사랑한다는 것은 '어떻게 살 것인가'라는 문제를 해결하고 생활의 목표를 확립하며, 사회적 기반 위에서 생명을 발전시키는 것을 의미한다. 인간이 생존하기 위해서는 우선 생존에 필요한 기술을 습득해야 한다. 생존은 생활의 기본 수단이자 필수 요건으로, 이 요건이 충족되지 못하고 생존 능력이 부족할 경우 생명의 지속 역시 어려워진다. 생명을 사랑하는 교육이 '왜 사는가'라는 문제를 다룬다면, 생활교육은 '어떻게 살 것인가'에 대한 구체적인 기술과 능력 함양에 주력해야 한다. 통계에 따르면 중국에서는 매년 약 1만 6천 명의 초·중등학생이 비정상적으로 사망하며, 이는 하루 평균 40명 이상이 식중독, 익사, 교통사고 등의 안전사고로 목숨을 잃는 수치이다. 이 중 예측 불가능한 자연재해나 불가항력적인 사고를 제외하면 약 80%의 사망사고는 적절한 예방 조치와 응급처치로 막을 수 있었다. 그럼에도 불구하고 이를 예방하지 못한 중요한 원인 중 하나는 생존교육의 부재이다. 최근 빈발하는 각종 안전사고 중에 초등학생의 학교 안전사고부터 대학생의 통신사기 피해에 이르기까지는 학생들의 생존기술 결핍을 여실히 드러내고 있다. 이는 수기능력, 적응능력, 좌절극복능력, 야외생존능력, 안전예방능력, 자기구조능력 등의 부족을 포함한다. 따라서 생존교육은 사람들로 하여금 생존지식을 학습하고, 생존기술을 습득하며, 생존환경을 보호하고, 생존의지를 강화하고, 생존법칙을 이해함으로써 생존적응능력, 발전능력, 창조능력을 제고할 수 있도록 도와야 한다.

　사회적 존재로서의 인간은 관계 속에서 그 본질을 구현한다. 마르크스주의적 관점에서 인간의 본성은 사회적 관계의 총체로 이해되며, 이에 따라 관계 형성 능력은 삶의 핵심 역량으로 간주된다. '함께 살아가는 법'을 배우는 것은 인류와 개인이 직면한 가장 중요한 과제이다. 인간은 원자처럼 고립된 존재가 아니라, 반드시 타인과 함께 생활해야 한다. 그러므로 어떻게 함께 살아갈 것인가는 인류 생활이 반드시 직면해야 하는 문제이자 교육이 학생들에게 가르쳐야 할 중요한 기술 중 하나가 된다. 유네스코『교육: 내재된 보물』보고서에서는 '공존 학습'을 교육의 기초 기둥으로 이를 현대 사회에서 가장 주목이 필요한 목표로 설정하였다. 인류 사회의 관계 범위는 넓어서, 개인과 국가, 민족, 사회의 관계뿐만 아니라 개인과 개인의 관계도 포함한다. 세계화 시대에는 이러한 관계가 국가를 초월하여 세계로 향하고 있다. 유네스코 제41차 총회에서 발표한 『공동으로 재구상하는 우리의 미래: 새로운 교육 사회계약』 보고서는 "교육을 하나의 사회적 계약으로 규정할 수 있다"고 명시하며, "이는 공동의 이익을 위해 사회 구성원들이 협력하여 형성한 암묵적 합의"라고 설명한다. 유네스코는 새로운 교육 사회계약이 인류를 통합하고 집단적 노력을 통해 필요한 지식과 혁신을 제공함으로써 모든 인류를 위한 지속가능하고 평화로운 미래를 구축하며, 사회적·경제적·환경적 정의를 실현해야 한다고 강조한다. 따라서 공존의 방식을 학습한다는 것은 개방적인 국제적 시각에서 타인과 조화를 이루는 원리를 터득하는 과정이다. 이는 생명의 상호의존성과 타인의 존재가 개인 삶에 부여하는 의미와 가치를 깨닫게 하고, 인간관계의 조화, 상호 배려, 협력, 존중을 배우며, 효과적인 소통 능력을 기르고, 약자에 대한 연민을 갖추며, 대인관계 갈등에 적극적으로 대처하고, 관용의 정신을 함양하는 것을 의미한다. 나아가 개인 간 차이를 존중하며 건강한 인간관계를 형성하는 능력을 키우는 것이다. 따라서 생명교육은 대인관계 교육, 규범 교육, 존중 교육, 이해 교육, 협력 교육, 지속가능발전 교육 등을 통해 인간 관계의 규칙을 파악하고, 개인과 개인, 인간과 자연, 개인과 사회의 관계를 올바르게 조정하는 방법을 체계적으로 가르쳐야 한다.

 생존과 소통은 단지 삶의 도구적 차원에 머무는 것이고, 삶의 진정한 본질은 그 의미와 우리의 인식 태도에 있다고 볼 수 있다. 다양한 생명의 어려움을 안고 살아가는 이들 중에도 삶에 대한 무기력함과 공허함을 느끼며 진정한 행복을 누리지 못하는 경우가 많다. 신생명 교육은 긍정심리학의 연구성과를 수용하여 적극적이고 낙관적인 삶의 자세를 강조한다. 대부분의 경우 삶 자체에 선악이 있는 것이 아니라, 우리가 삶을 대하는 태도가 그것을 긍정적이거나 부정적으로 만든다. 결국 삶의 환경보다 중요한 것은 그 환경을 대하는 우리의 마음가짐인 것이다. 혁명기라는 극한적인 환경 속에서도 혁명가들은 좌절하지 않고 공산주의 이념을 위해 수많은 역경을 극복하며 승리를 이끌어냈다. 이처럼 어려운 상황 속에서도 희망과 미래를 발견할 수 있으며, 이를 통해 낙관적이고 의지적인 마음을 가질 수 있다. 오늘날 물질적으로 풍요로운 시대임에도 불구하고 많은 이들이 행복을 느끼지 못하는 근본적 이유는 물질적 풍요에 갇혀 정신적 자유를 상실했기 때문이다.

긍정심리학은 적극적인 삶의 방식을 제시하며, 세 가지 차원에서 행복감 증진을 도모한다. 첫째는 긍정적 정서의 체험으로, 일상에서 기쁨을 발견하고 활기찬 적극적인 감정을 증진시키며 부정적 감정을 줄여나가는 것이다. 둘째는 몰입의 체험으로, 자신이 수행하는 활동에 완전히 집중하는 '몰입 상태'를 경험함으로써 깊은 만족감을 얻는 것이다. 셋째는 의미 추구로, 일상의 다양한 경험 속에서 삶의 의미와 가치를 발견하는 것이다. 적극적인 삶의 태도는 자신의 삶을 주체적으로 설계하고 관리하며, 명확한 목표를 세워 꾸준히 실천해 나가는 것을 의미한다. 여기에는 낙관성, 자신감, 자아존중감, 사회적 지지 체계 등이 중요하게 작용한다. 수동적으로 상황에 반응하기보다는 적극적인 태도를 가진 이들은 스스로 활동과 기회를 창출해 나간다. 이러한 적극적인 삶에서 목표의식은 필수적이며, 이것이 인간 발전의 지속적 동력이 된다. 이는 궁극적으로 정신적 성숙의 필요성에서 비롯되는 것으로, 정신적 차원이 생명의 고차원적 가치를 결정하며 생명교육의 핵심을 이룬다. 일부 학자들은 이를 '마음의 계발'이라고 표현하기도 한다.

(3) 인생 성취하기

인간과 동물은 생물학적 생명을 공유하지만, 인간은 동물과 차별화된 정신적 차원의 생명을 지닌다. 동물의 생존 방식이 본능에 의해 규정되는 반면, 인간은 자의식과 미래 지향성을 바탕으로 자신의 생명을 능동적으로 형성해간다는 점에서 근본적 차이가 있다. 동물에게는 이상, 추구, 내일, 미래가 없는 반면에, 인간은 이상, 추구, 내일, 미래 등 정신적 활동에 기반한다. 그렇지 않을 경우 인간은 단순한 생물학적 존재로 전락하여 일상이 기계적인 생존 유지에 그치고 말 것이다.

정신적 생명은 인간 존재의 질적 고도를 결정한다. 생물학적 생존이 전제조건이지만, 단순 생리적 유지에 그치는 삶은 진정한 의미의 생명이라 할 수 없다. 다만 자연적 생명과 정신적 생명을 대립적으로 파악하는 이원론적 시각도, 생물학적 생명을 희생하면서까지 정신적 가치를 과도하게 강조하는 이원론적 시각도 지양해야 한다. 그러나 단순한 생리적 유지로서의 삶은 인간 존재의 본질적 의미를 구현하기에 충분하지 않다. 신생명 교육이 추구하는 '인생 성취'의 핵심은 개인이 고유한 삶의 의미를 탐구하고 가치를 창출해가는 능동적 자기실현 과정에 존재한다. 이는 궁극적으로 '삶의 의미 구성'이라는 실존적 과제에 대한 교육적 해답을 제시한다.

자연적 생명은 정신적 생명의 물질적 토대이지만, 동시에 우리의 통제를 벗어난 불확실성과 취약성을 내포하고 있다. 어떤 이들은 자연적 생명의 길이가 짧음에도 불구하고 정신적 생명의 위대함으로 인해 생명의 진정한 의미가 퇴색되지 않는 경우를 볼 수 있다. 정신적 생명은 자연적 생명의 '길이'나 사회적 생명의 '넓이'와는 차별되는 '높이'를 지니는데, 이는 정신적 가치와 정신적 추구를 상징한다. 이러한 가치와 추구가 있을 때 인간은 발전의 동력을 얻으며, 적극적인 자세로 인간과 자연, 인간과 사회, 인간과 인간의 관계를 조화롭게 이끌어 행복한 삶을 영위할 수 있다. 따라서 인간의 정신적 생명은 개인이 인생의 성취를 이루고 생명의 아름다움을 구현하도록 이끄는 근원적 힘이 된다.

북경대학교 학생심리건강교육상담센터 부주임 쉬카이원徐凱文의 연구에 따르면, 해당 대학 신입생의 30.4%가 학습 동기 상실을 보이는 현상의 근본 원인은 '공심병空心病'으로 진단된다. 이는 삶의 의미와 존재 가치에 대한 인식 부재로 인해 발생하며, 경증 경우 무기력증을, 중증 경우 자살 충동으로 이어질 수 있는 심각한 정신적 위기 상태이다. 이 같은 현상은 교육 현장에 경종을 울리며, 생명교육에서의 가치관 형성 교육이 시급함을 보여준다. 신생명 교육은 이상교육, 가치관교육, 신념교육을 통해 학습자로 하여금 생명의 심미적 가치와 존재론적 의미를 깨닫도록 유도한다. 나아가 이러한 인식이 타인과 자연에 대한 인문적 관심으로 확장되어, 보편적 인류애와 생태적 포용력을 함양하는 것을 목표로 한다. 궁극적으로 정신적 생명의 성숙은 개인적 차원을 넘어 '인류운명공동체' 의식으로 발전해야 한다. 따라서 정신적 생명의 성숙은 개인적 자아(소아小我)를 초월하여 보편적 자아(대아大我)와의 통합을 이루어야 하며, 이를 통해 인류애·세계평화·생태적 조화라는 보편적 가치관을 정립해야 한다. 이러한 교육적 접근은 학습자로 하여금 중국적 정체성과 글로벌 시민의식을 조화롭게 함양하고, 궁극적으로 인류와 자연의 공생을 실현할 수 있는 세계시민으로 성장하도록 지원한다.

어떤 인생이 진정으로 추구할 가치가 있는 것인가? 이에 대한 답은 다양하지만, 행복은 중요한 선택 중 하나이며 동시에 대다수 사람들의 공통된 선택이기도 하다. 아리스토텔레스Aristotle는 "인간은 언제나 행복 그 자체를 위해 행복을 선택하며, 결코 다른 수단적 목적을 위해서가 아니다. 명예, 쾌락, 지성, 모든 덕성 역시 그것들 자체를 위해 선택되지만, 동시에 우리의 행복을 위한 것이기도 하다. 이러한 것들의 유용성을 고려할 때 우리는 비로소 행복해진다"고 설파하였다.[4]

포이어바흐Feuerbach 또한 "삶과 행복은 본질적으로 동일한 것이다. 모든 인간의 추구, 적어도 모든 건전한 추구는 궁극적으로 행복을 위한 것"이라고 주장하였다.[5] 엥겔스는 행복 추구를 "논증의 여지가 없으며 부정할 수 없는 기본 원리"로 보았다. 행복은 단순한 즐거움과 구별된다. 즐거움이 일시적인 감각적 자극에서 비롯되는 순간적 감정이라면, 행복은 인간의 근본적 욕구 충족에서 오는 지속적이며 안정적인 정서적 상태이다. 진정한 행복의 실현을 위해서는 반드시 명확한 인생의 이상과 지향점이 필요하며, 이를 위해 지속적으로 노력하는 과정 속에서만 참다운 행복을 체험할 수 있다. 따라서 신생명 교육은 학생들이 고매한 이상과 확고한 신념을 수립할 수 있도록 지원하며, 이를 통해 생명의 활력을 충분히 발현하고 자신의 잠재력을 최대한 계발하여 행복한 인생을 영위할 수 있도록 돕는다.

4　〔고대 그리스〕아리스토텔레스 지음, 왕쉬펑王旭鳳, 천샤오쉬陳曉旭 옮김, 『니코마코스 윤리학 尼各馬可倫理學』, 중국사회과학출판사, 2007년, 19쪽.
5　〔독일〕루트비히 포이어바흐Ludwig Feuerbach 지음, 롱전화榮震華, 리진산李金山 역, 『포이어바흐 철학 선집費爾巴哈哲學著作選集』, 상무인서관, 1984년, 543쪽.

2

신생명 교육의
가치와 의미

20세기 이후 글로벌 교육개혁 동향을 분석한 결과, 두 가지 핵심 패러다임이 확인된다. 첫째는 국가발전 및 사회공헌을 위한 교육의 기능적 접근이며, 둘째는 인간 생명의 활력 제고와 성장 지원을 위한 본질적 접근이다. 현대 교육학계에서는 후자에 대한 논의가 점차 확대되는 추세로, 이는 개체의 질적 성장이 집단의 진정한 번영을 견인한다는 인식에 기반한다. 개인적 차원에서의 도덕적 인격 형성 결여는 민족문화의 급속한 퇴행으로 이어질 수 있다는 점에서, 생명중심적 교육관의 정립이 시급한 과제로 대두되고 있다.

미국의 과학자 허버트 애런 하우프트만은 다음과 같이 경고한 바 있다. "우리는 지금 불확실성으로 가득한 미래를 위협할 정도의 속도로 향해 달려가고 있다… 한편으로는 번개처럼 빠르게 진보하는 과학기술이 있고, 다른 한편으로는 빙하처럼 더딘 속도로 변화하는 인간의 정신적 태도와 행동 방식이 존재한다. 세기 단위로 관찰할 때, 과학과 양심, 기술과 도덕적 실천 사이의 이러한 불균형과 갈등은 이미 심각한 위기 수준에 도달했다. 만약 강력한 조치를 서둘러 취하지 않는다면, 비록 지구 자체를 파괴하지는 않을지라도 인류 문명의 존속 자체를 위태롭게 할 것이다."[1]

전 세계적으로 살펴보면, 해외와 중국을 막론하고 학교와 가정 현장에서, 교사와 학생을 구분하지 않고 생명을 경시하거나 훼손하는 극단적 사례가 지속적으로 발생하고 있다. 더욱이 인생의 본질적 의미를 망각하고 생명의 가치를 흐릿하게 만드는 현상도 광범위하게 확산되고 있다. 안전과 건강에 대한 무관심에서 비롯된 각종 생명 위협 요인들은 우리 주변에 끊임없이

---

[1] 〔미국〕보울 커르츠Paul Kurtz 지음, 샤오펑肖峰 옮김, 『21세기 인도주의21世紀的人道主義』, 둥팡출판사東方出版社, 1998년, 2~3쪽.

도사리고 있다. 이와 같은 문제의식 속에서 세계 각국은 생명교육의 중요성을 깊이 인식하기 시작했으며, 교육 개혁의 핵심 과제로 생명교육을 적극 도입하고 있다. 구체적으로는 생명교육 전담 기구 설립, 전문 교재 개발, 체계적인 교육과정 마련 등 다각적인 노력을 기울이고 있다.

1. 생명의 길이 확장 – 인간 생명 연속성 강화의 핵심 기초

생명의 길이는 자연적 생명의 지속 기간을 가리키는 것이다.

앞서 논의한 대로, 생명의 길이는 생명 유지의 필수적 조건이다. 개미와 같은 하등 생물조차 생명 유지에 본능적 노력을 기울이는 사실에서 알 수 있듯, 생명의 연장은 모든 생명체의 가장 기본적인 욕구에 해당한다. 역사적으로도 2000여 년 전 중국 봉건 시대의 황제들이 '불로장생不老長生'을 추구한 사례나, 도가 사상에서 연단술을 통해 양생을 실천하려 했던 노력들은 이러한 생명 연장에 대한 인간의 근원적 갈망을 잘 보여준다.

최근 100년간 사회 생산력의 발달과 의료·위생 환경의 개선으로 인류 평균 수명은 괄목할 만한 증가세를 보여왔다. 19세기 중반 유럽의 평균 수명이 40세를 상회하기 시작했으며, 20세기 말에는 선진국을 중심으로 남성 71.1세, 여성 78.7세에 이르는 기대수명을 기록하였다. 그러나 이는 인류 수명의 잠재적 한계와는 여전히 거리가 있다. 국제 기준에 따르면, 종의 성숙기 연령의 5~7배에 해당하는 수명을 장수로 정의할 때, 이론적으로 인간의 수명은 100세에서 175세까지 가능한 것으로 추정된다. 현재 평균 수명

기준 세계 최상위 국가는 일본으로, 2021년 기준 일본 여성의 평균 수명은 87.6세에 달한다. 중국의 경우 2021년 12월 국가통계국이 발표한『중국 여성 발전 강요中國婦女發展綱要(2011-2020년)』최종 모니터링 보고서에 따르면, 여성 평균 기대수명이 80세를 초과하였다. 이는 일본과의 격차가 존재함을 보여주는 동시에, 중국 주민의 전반적인 건강 수준이 지속적으로 개선되고 있음을 입증하는 지표라 할 수 있다.

현대 중국 교육이 생명의 존엄성과 연장 가능성에 대한 충분한 고려를 소홀히 하고 있다는 점은 심각하게 성찰되어야 할 문제이다. 과학기술과 합리성이 지배하는 현대사회에서, 오늘날의 교육은 지나치게 인지적 능력의 계발에 편중되어 있으며, 단순한 생계 유지 기술 전수에 집중하는 경향을 보인다. 이로 인해 학습자는 단순한 지식 수용의 매개체로 전락하고, 생명 그 자체의 가치는 교육의 주변부로 밀려나는 현상이 초래되고 있다. 교육 현장에서 우리는 다음과 같은 우려스러운 상황을 빈번히 관찰하게 된다. 수많은 생명체들이 입시 중심 교육 시스템 속에서 점차 고유의 생명력을 상실해가며, 존재의 의미와 삶의 가치에 대한 인식이 희미해져 가고 있다. 더욱 우려되는 것은 일부 개체들이 오히려 생명의 본질과 상반되는 방향으로 퇴행하는 현상까지 나타나고 있다는 점이다.

청소년 생명 경시 현상은 지속적으로 재생산되고 있는 심각한 사회문제이다. 2008년 선전시 질병통제예방센터深圳市疾病預防控制中心의『선전시 청소년 정신건강 문제조사』에 따르면 응답자의 12.1%가 자살을 고려한 경험이 있으며, 2.2%는 실제 시도한 바 있다. 베이징대학교 아동청소년건강연구소北京大學兒童靑少年衛生硏究所에서는 3년을 거쳐 전국 13개 성 1만 5천 명 학생을 연구 대상으로, 2007년에『중학생 자살 현상 조사 분석 보고서』를 발표하였다. 분석 결과에 따르면 중학생 20%가 자살을 생각했고 6.5%는 구체적 계획을 수립한 것으로 나타났다. 영국 『이코노미스트』 잡지 통계에 의하면 자살은 전 세계 15~29세 연령층의 제2위 사망 원인이다. 최근 몇 년간, 청소년의 살인 사건도 언론에 자주 등장하고 있으며, 그 충격은 더욱 크다. 최근 마자쥐에李加爵 사건, 장먀오張妙 살해 사건, 복단대학교復旦大學 독극물 사건, 베이징대학교 우셰위吳謝宇 모친 살해 사건 등 충격적인 청소년 범죄 사건들은 청춘의 생명이 비극적으로 소멸하는 사건으로 사회에 깊은 경종을 울렸으며, 현대 교육 체계에 대한 근본적인 성찰을 요구하고 있다. 물론 대학생에 의한 살인 사건과 같은 극단적 사례만으로 생명교육의 결핍을 모두 설명할 수는 없다. 그러나 일상에서 빈번히 발생하는 생명 경시 현상과 생명권 침해 사례들은 우리에게 충분한 경고를 보내고 있다. 최근 몇 년간 학교 폭력 및 동물 학대 사건들이 언론과 영상 매체를 통해 지속적으로 보도되면서 사회적 논란을 일으키고 있으며, 그 가해 방식의 잔인성과 동기부여의 터무니없음은 심각한 우려를 자아낸다. 생명 존중 의식의 부재와 안전 대책의 미비는 청소년들의 생명을 지속적인 위험에 노출시키고 있는 실정이다.

둘째, 삶에 대해 소극적 태도를 보이며 생명의 가치를 제대로 인식하지 못하는 청년층이 지속적으로 증가하고 있다. 2014년부터 중국 전역 74개 대학을 대상으로 실시된 대학생 사상정치교육 연례 조사 결과에 따르면[2], 2016년부터 2018년까지 '쾌락주의'적 인생관에 동의하는 응답률이 각

---

2 리옌페이李艶飛, 「현대 대학생의 인생관 현황 분석과 교육적 대응當代大學生人生觀的現狀分析與教育對策」, 『사상이론교육思想理論教育』, 2021년 제12호.

각 33.4%, 33.9%, 31.1%로 30%대를 유지했다. 그러나 최근 들어 이 부정적 인생관에 명확히 동의한다는 응답률이 40%를 상회하며, 2019년 44.1%, 2020년 42.4%를 기록했다. 또한 동의 응답률이 반대 응답률보다 각각 2019년의 9.5%포인트, 2020년의 6.7%포인트 높게 나타났다. '기회주의'적 인생관 역시 약 40%의 대학생이 명확히 수용하는 것으로 조사되었으며, 2019년 39.8%에서 2020년에는 1.7%포인트 증가했다. 특히 20세 이하 저연령층 대학생이 21~24세 중연령층이나 25세 이상 고연령층에 비해 이러한 부정적 인생관을 수용하는 비율이 현저히 높은 것으로 나타나, 이에 대한 심층적 분석과 대책 마련이 시급한 상황이다.

정리하자면, 생명에 대한 혼란과 생명 관련 장애 문제가 심각한 수준에 도달했다고 볼 수 있다. 중국 내 17세 이하 아동 및 청소년 중 약 3,000만 명이 다양한 정서 장애 및 행동 문제를 경험하고 있는 것으로 조사되었다. 특히 이 중 약 30%는 성인기로 이행하면서 주의력결핍 과잉행동장애ADHD로 발전할 위험이 있으며, 이 경우 성인 초기 범죄, 알코올 의존, 약물 남용, 반사회적 인격 장애 발생률이 일반 인구 집단보다 5~10배 높아질 것으로 추정된다.

재난 대응 및 위기관리 역량 부족은 지속적인 교육적 과제로 대두되고 있다. 중국은 지진·홍수 등 자연재해 다발 국가로서, 2008년 쓰촨성 원촨汶川 대지진과 2021년 정저우시鄭州市 292명 사명한 기록적 폭우, 간쑤성甘肅省 산악마라톤 21명 사망한 기상재난 등은 충분한 예방 조치가 있었더라면 피해를 최소화할 수 있었던 사례들이다. 특히 2019년부터 지속된 코로나19 팬데믹은 공중보건 위기 대처 능력의 중요성을 다시 한번 각인시켰다. 이와 같은 재난 및 위기 상황에서 발생한 대다수의 인명 피해는 사전 예방 시스템의 구축과 효과적인 대응 체계 마련을 통해 상당 부분 방지할 수 있었던 사안들이다. 생존 기술 교육과 위기 상황 대응 훈련이 학교 교육과정에 체계적으로 편성되어야 할 필요성을 시사한다.

생명 문제의 발생에는 문화적·사회적 요인을 포함한 다양한 원인이 존재하지만, 교육적 차원에서 생명 가치에 대한 충분한 고려가 이루어지지 못한 점도 중요한 요인으로 지적된다. 신생명 교육은 안전과 건강을 생명의 지속 가능성을 결정하는 두 가지 핵심 요소로 규정하며, 이들이 자연적 생명의 연장을 위한 기초 조건임을 강조한다. 안전의 결여나 건강 상태의 악화는 생명의 완전한 길이를 저해하는 결정적 요인으로 작용한다.

이에 따라 신생명 교육은 학교 교육과정 내에서 예방, 대피, 위기 회피, 구조 등과 관련된 체계적인 안전 교육의 실시를 주장한다. 특히 아동들이 일상생활 속에서 생명 보호를 최우선 가치로 인식하도록 교육해야 하며, 이는 국제적으로 통용되는 생명교육의 기본 원칙이다. 이러한 접근의 이면에는 단순명료한 논리가 자리한다면 생명의 물리적 보존이 확보되어야만 비로소 생명의 다른 차원의 가치들이 구현될 수 있다는 사실이다.

신생명 교육은 생명의 길이 확장을 위해 체육의 근본적 가치를 중시한다. 근대 교육사상가 존 로크가 '건강한 신체에 건강한 정신이 깃든다'고 주장한 바와 같이, 신체는 인간 발달의 물질적 토대이다. 1917년 청년 마오쩌둥毛澤東의 『체육지연구體育之研究』는 이 분야의 선구적 저작으로, "정신의 문명화를 위해선 신체의 강건함이 전제되어야 한다"는 명제를 제시하였다. 해당 저작에서는 "체육이 학문·도덕 수련의 기초가 됨"을 강조하며, '지속적 운동'과 '전력투구 자세'를 핵심 원칙으로 제안했다. 더 나아가 "국가의 쇠약은 민족 체질의 약화로 이어진다"며 체육의 국가적 의의를 역설한 점에서 주목할 만하다.

중국 근대 체육의 개척자 장보링張伯苓은 '극동올림픽운동회' 창설 및 중화전국체육협진회 설립을 주도한 인물로, 중국 선수의 올림픽 정식종목 첫 참가를 성사시켰다. 그는 체육·지육·덕육의 '삼육병행三育幷行' 원칙을 제창하며 "체육을 이해하지 못한 자는 교장직을 맡아서는 안 된다"는 혁신적 주장을 펼쳤다. 이는 체육을 단순한 신체 단련을 넘어 전인교육의 핵심 요소로 인식해야 한다는 선구적 관점을 보여준다.

현대 신교육학자들이 신체교육을 재조명하는 이유는 현행 교육체제 내에서 신체가 여전히 제대로 된 위상을 확보하지 못한 현실에 기인한다. 신체는 교육적 관심의 영역에서 소외되었을 뿐만 아니라 그 본질적 가치 역시 제대로 평가받지 못하고 있다. 우리는 신체교육이 체계적으로 설계된 신체활동을 통해 인간의 전인적 성장을 도모해야 한다고 주장한다. 교육학적 차원에서 신체의 의미를 재고하고 신체교육의 교육적 가치를 재발견할 필요가 있다. 이를 토대로 학생들이 과학적인 신체활동 지식을 습득하고 운동 기능을 숙달하며 지속적으로 개선해 나가도록 해야 한다. 아울러 건강 증진을 위한 운동 실천을 통해 최적의 건강 상태를 유지할 수 있도록 지도해야 하며, 이를 바탕으로 체육에 대한 긍정적 인식을 함양하고 평생스포츠로 이어질 수 있는 운동 습관을 정착시켜야 한다. 지그 지글러의 말대로, "우리는 출생부터 생을 마감하는 순간까지 모두를 위한 평생운동 실현에 책임을 다해야 한다."[3]

---

3 〔미국〕데보라 A. 웨스트Deborah A. West 지음, 류웨이둥劉衛東 옮김, 『체육 기초體育基礎: 교학敎學 단련鍛鍊 경기競技』, 장쑤교육출판사江蘇教育出版社, 2007년, 8쪽.

체육은 단순한 신체 훈련을 넘어 생명 유지의 물질적 기반이자 교육 과정의 핵심 요소로서 다층적 가치를 지닌다. 신체 건강 증진이라는 기본 기능 외에도 인지능력 개발, 인격 형성, 미적 감각 함양, 국가 경쟁력 강화 등 종합적 발전을 견인한다는 점에서 현대 교육학적 중요성이 입증되었다. 실증연구를 통해 체육의 독보적 교육적 효능이 과학적으로 검증된 바와 같이, 이는 신생명 교육이 추구하는 전인적 성장의 토대로서 필수적 역할을 수행한다.

(1) 체육과 건강 증진

생명의 활력은 운동을 통해 구현된다. 강건한 신체는 '사용성퇴화'의 생리학적 법칙에 따라 발달한다. 지역적 특성과 환경에 적합한 다양한 운동 및 건강 활동을 통해 체계적으로 신체를 단련할 경우, 신체의 대사 기능이 활성화되고 체력이 증진되며, 외부 환경 변화에 대한 적응 능력이 향상된다. 이는 성장 발달을 촉진하고 생명력을 고양시키며, 생명의 질을 제고하는 가장 근본적이면서도 효과적인 방법이다.

(2) 체육과 인지능력 발달

생명체는 통합적 시스템으로, 신체적 건강과 인지 기능은 상호 연계되어 발전한다. 신체 활동의 증가는 뇌 기능 최적화를 촉진하며 잠재적 인지 능력의 발현을 용이하게 한다. 이를 입증하는 대표적 사례는 체육활동과 학업성취도 간의 정적 상관관계를 규명한 다수의 실증연구들이다. 영국 스포츠 의학 저널 웹사이트에 게재된 연구에 따르면, 잉글랜드, 스코틀랜드, 미국의 연구진이 5,000명의 11세 아동을 연구 대상으로, 규칙적인 고강도 체육활동을 한 학생군, 특히 여학생은 13세와 16세 시점에서 영어·수학·과학 교과

성적이 대조군에 비해 유의미하게 높았다. 이는 체육이 학업 성취도 향상에 기여하는 인과관계를 입증하는 대표적 사례이다.

(3) 체육과 인격 형성

체육이 추구하는 "더 높이, 더 빠르게, 더 강하게"의 올림픽 정신은 경쟁과 협력의 동적 균형을 통해 자아실현을 이루는 과정이다. 이는 규범 준수 속에서 공정성을 추구하고, 지속적인 자기극복을 통해 정신적 성숙을 도모하는 교육적 장치로 작용한다. 체육활동은 학생의 민첩성, 유연성, 지구력과 용기, 끈기, 의지력을 통합적으로 개발하며, 특히 경기 규칙 준수, 상호 존중, 품위 있는 승패 수용 등 사회적 덕목을 체화시키는 효과적 매체이다. 팀 경험을 통해 함양되는 협동심과 집단적 책임감은 현대 사회가 요구하는 시민적 역량의 기초를 형성한다. 더 나아가 체육은 도덕적 판단력을 행동으로 전환하는 실천적 교육의 장으로서, 인격의 통합적 성장을 촉진한다.

(4) 체육과 심리 강화

체육의 인간적 영향은 생리적 차원에서 심리적 차원으로 연속적으로 확장된다. 미국 학자 데보라 A. 웨스트Deborah A. West 등은 체육이 심리 발달에 미치는 11가지 긍정적 효과를 체계적으로 제시하였는데, 구체적으로 기분 전환, 우울 및 불안 감소, 스트레스 해소, 사회적 유대감 강화, 학습·노동 리듬 조절, 도전의식과 성취감 고취, 예술적 감수성과 창의성 증진, 자기효능감 제고, '운동 몰입' 체험 기회 제공, 삶의 질 향상 등을 포함한다. 인간의 심리와 생리는 불가분의 유기적 통합체를 이루며 상호 촉진적 관계에 있다. 체육 활동은 다양한 운동 과정을 통해 부정적 정서의 배출 통로를 제공하며, 몰입 상태를 유도함으로써 정신적 성장을 자연스럽게 도모한다. 운동 상황에서 형성되는 환경은 참여자의 자발적이며 긍정적인 정서 반응을 유발하고, 정신 건강 증진에 기여한다. 강건한 신체는 강인한 정신을 낳으며, 이는 조화로운 인간 발달을 촉진하는 핵심 동력으로 작용한다.

(5) 체육과 미적 체험

건강과 미적 가치는 상호보완적 관계에 있으며, 체조, 무용, 무술, 육상, 수영, 구기 등 다양한 체육 활동은 신체의 유연성과 운동의 조화로움을 통해 미적 체험을 제공한다. 이러한 활동들은 동작의 정밀성과 자세의 우아함에서 비롯되는 생리적 건강미를 구현하며, 이는 왜곡된 미적 기준이 아닌 생명력 있는 진정한 아름다움이다. 체육은 신체적 건강과 미적 감각의 통합적 발달을 촉진함으로써 교육적 가치를 극대화하는 데 긍정적인 역할을 한다.

(6) 체육의 국가적 가치

체육은 개인적 차원에서 전인적 성장을 도모하는 동시에, 국가적 차원에서는 국민 건강수준을 객관적으로 반영하는 핵심 지표로서 기능한다. 국민의 신체적 활력은 국가 경쟁력의 물적 기반이자 민족 생명력의 구체적 표현으로, 이는 단순한 개인 건강 문제를 넘어 국가 발전 전략의 필수 요소로 인식된다. 시진핑 주석은 체육을 종합국력과 사회문명 발전 정도를 측정하는 핵심 지표로 규정하며, '체육강국 건설'을 '중국몽中國夢' 실현의 필수 구성요소로 강조해왔다. 2017년 8월 27일 톈진시天津市에서 전국 대중체육 선진 부문 및 개인 대표를 만나, 연설에서 그는 체육의 강성은 국가 번영과 민족 부흥의 기초이며, 이는 상호 선순환적 관계에 있다고 천명한 바 있다. 국민 건강 수준은 국가 발전 성과의 객관적 지표이자 민족 문화의 역동성과 진취성을 결정하는 핵심 요소로 작용한다. 2019년2월 1일 베이징 동계올림픽 및 동계패럴림픽 준비 현장 시찰 시에는 그는 체육 발전이 중화민족 부흥에 제공하는 정신적 동력을 재차 강조하며, 국민 건강이 국가 경쟁력의 물적 토대이자 문화적 활력의 원천임을 분명히 하였다. 이와 같은 언급들은 체육이 단순한 신체 활동을 넘어 국가전략적 차원에서 갖는 다각적 가치를 보여준다.

이 모든 논의의 토대는 생명의 길이에 놓여 있다. 각 개인의 생명은 유한한 존재로서 인류 생명사의 미시적 연결고리에 불과하나, 바로 이러한 무수한 개별 고리들이 모여 인류 생명의 거대한 연쇄를 구성한다. 각 고리의 지속 가능성은 전체 생명체계에 직접적인 영향을 미친다. 신생명 교육은 안전과 건강이라는 두 가지 핵심 축을 통해 개체의 자연적 생명의 길이를 연장하고자 하며, 사회적 지속가능성과 인류 생명의 세대 간 계승이라는 거시적 차원에서 개별 생명체의 미시적 가치가 집합적으로 인류 생명의 연속성을 증진시키는 선순환 구조를 구현하고자 함이다.

2. 생명의 넓이 확장 – 인간 공동체 조화 실현을 위한 효과적 방안

마르크스의 "인간은 사회적 관계의 총체"라는 명제에 근거할 때, 생명의 넓이는 사회적 관계망의 질적 확장을 의미한다. 이는 인간, 자연, 사회 시스템 내에서의 조화로운 상호작용을 추구하는 동시에, 지식정보화 시대의 네트워크 확장이 초래하는 관계적 모순과 분열 양상을 동시에 고려해야 하는 복합적 과제이다. 현대 사회에서 개체의 생명은 물리적 공간을 넘어 디지털 관계망까지 확장되면서 그 존재론적 차원이 재구성되고 있다.

첫째, 현대 사회에서 지식의 기하급수적 증가는 인간과 지식의 괴리를 심화시키는 양가적 현상을 낳았다. 과학기술의 전문화가 가속화되면서 지식 체계는 점차 분절화되어, 특정 영역에 대한 심화된 이해가 전체적 관점의 상실이라는 대가를 수반하고 있다. 현대 사회에서 전문화된 분업 체계는 점차 미세한 단위로 세분화되고 있다. 그러나 이러한 과학기술 발전의 전문화 과정은 종종 사물의 총체성을 분절시키고 존재론적 맥락을 상실하는 결과를 초래한다. 지식은 특정 학문 분야나 연구 주제에 국한된 편협한 형태로 변모하며, 지식이 정교화되고 전문화될수록 각 영역 간의 분열은 심화되어 상호 연결 및 통합이 점점 더 어려워지는 양상을 보인다. 이처럼 분화된 지식 구조 속에서 학습자는 다양한 지식 요소를 통합적으로 재구성해야만 실제 생활에 적용 가능한 능력을 함양할 수 있다. 이러한 지식의 과도한 전문화는 다수의 개인에게 인간과 지식 간의 심각한 소외 현상을 초래하였다.

1980년대 말 이전까지 각국의 교육과정 표준은 내용 중심적 성격을 지니고 있었으며, 교과서 편찬 역시 학문적 지식 체계에 의거하여 진행되었다. 이 시기의 교육은 지식의 완결성, 체계성, 포괄성에 주안점을 두었으며, 지식 습득이 교육의 궁극적 목표로 인식되었다. 과학 지식이 인간 의식 속에서 차지하는 비중이 점차 확대되면서, 개인의 존재론적 의미는 점차 퇴색되었고, 이는 결국 과학 지식이 인간 생명에 대한 일종의 지배력을 행사하는 결과를 초래하였다. 미국 철학자 폴 틸리히는 "통제적 지식은 실재의 모든 측면을 지배하려는 속성을 지닌다. 인간은 결국 통제적 인식에 의해 그가 되어야 할 것으로 규정되며, 이는 곧 모든 존재 중 하나로, 주도적인 생산과 소비 시스템의 구성 요소로, 비인간적 억압의 대상으로, 표준화된 대중 커뮤니케이션의 수동적 수용자로 전락함을 의미한다. 인식의 비인간화는 필연적으로 현실의 비인간화를 야기한다"고 지적한 바 있다.[4]

이러한 교육 패러다임은 본질적으로 개별 생명의 성장을 도모하기보다, 오히려 인간 간의 인지적 격차를 체계적으로 확대하는 결과를 낳는다. '통제적 지식'을 장악한 집단은 해당 지식 체계에 대한 접근이 제한된 집단에 대해 지배적 위치를 점하게 되며, 이 과정에서 지식은 권력의 도구로 전락한다. 교육 현장에서 교사와 학습자의 관계가 지배와 피지배의 구조로 고정되고, 이는 사회적 관계 전반으로 확대 재생산된다. 결과적으로 이는 인간 관계의 단절을 초래하며, 생명의 소외가 심화될수록 공동체 생활은 점차 분열되고 해체된다. 마치 생산 라인이 효율성을 추구하는 과정에서 생산자를 단순한 기계의 부속품으로 전락시키듯, 현대적 경관 사회가 물질적 편의를 제공하는 한편, 인간과 자연의 유기적 연결을 단절시킨다. 결국 인간은 콘크리트 구조물로 구성된 인공적 공간에 갇혀 자연과의 본질적 교감을 상실하게 된다.

둘째, 현대 인류사회는 초연결성과 상호의존성의 '지구촌' 시대에 진입했다. 2021년 11월 10일 유네스코 오드레 아줄레Audrey Azoulay 사무총장은 『공동으로 재구상하는 우리의 미래: 새로운 교육 사회계약』 보고서를 통해 "인류를 결집시키는 핵심 요소는 바로 우리가 공유하는 취약성과 미래불확

---

[4] 〔미국〕P. 틸리히Paul Tillich 지음, 허광후何光滬 선집 편저, 『틸리히 선집下』, 상하이삼련서점 上海三聯書店, 1999년, 1001쪽.

실성에 대한 집단적 인식"이라고 역설한 바 있다. 이 선언은 팬데믹, 기후위기, 환경 위기, 자연 재해, 전쟁, 디지털 격차 등 전 지구적 과제들이 세계를 변화시키며 인류에게 큰 영향을 미치고 있다. 현대사회에서 교통 및 정보통신 기술의 비약적 발전은 인간 상호간의 연결을 물리적으로 용이하게 만들었다. 지구상 어느 위치에 있든 필요한 대상과 실시간으로 접촉할 수 있는 기술적 환경이 조성되었음에도 불구하고, 역설적으로 인간관계의 질적 개선은 이루어지지 않고 있다. 오히려 정서적 유대감과 심층적 소통의 기회는 점차 감소하는 추세이며, 개인은 심화된 고립감과 사회적 고독감에 직면하고 있다. 이는 현대인이 일상적으로 경험하는 '낯선 친밀성'의 역설적 상황으로, 기술적 연결성과 정서적 단절이 공존하는 특이한 사회적 현상이라 할 수 있다.

최근 교육계에 널리 회자되는 한 유대인 생존자의 이야기가 있다. 제2차 세계대전 중 나치 수용소를 겪고 생존한 이 인물은 이후 미국 중학교 교장으로 재직하며 매년 신규 교사들에게 다음과 같은 서신을 보냈다. "친애하는 선생님, 저는 나치 강제 수용소의 생존자입니다. 인간성을 보장할 수 없다는 사실을 수용소에서 목격했습니다. 기술자들은 가스실을 설계했고, 의사들은 어린이를 독살했으며, 훈련 받은 간호사들은 유아를 살해했고, 교육 받은 군인들은 여자와 아이를 학살했습니다. 이 경험은 교육의 본질적 목표가 인성 함양에 있어야 함을 절실히 일깨워줍니다. 진정한 교육은 인간적 가치를 갖춘 인격체를 양성하는 데 그 목적이 있어야 합니다. 교육의 최종 목적은 단순한 지식과 기술의 전수가 아니라, 인성과 도덕성을 갖춘 전인적 인간의 양성에 있어야 합니다. 우리의 교육 노력은 결코 위의 결과를 낳아서는 안 됩니다. 아이들이 진정한 인간성을 갖출 때, 비로소 읽기·쓰기·계산과 같은 기초 능력이 그 참된 가치를 발현할 수 있습니다." 이 사례는 인간 소외와 공감 능력 상실이 초래할 수 있는 문명적 비극을 예리하게 드러내며, 현대 교육이 직면한 근본적 위기를 조명한다. 교육이 생명의 본질적 가치와 단절될 경우, 생명은 그 존재론적 의미를 상실하게 되며, 교육 그 자체는 오히려 체계적 폭력을 정당화하는 도구로 전락할 위험성을 내포한다.

　인간은 만물 가운데 가장 지혜롭고 영적인 존재로 여겨진다. 그러나 두 차례에 걸친 세계 대전의 교훈은 우리에게 다음과 같은 사실을 명확히 보여주었다. 그 어떤 생물도 인간처럼 다른 생명체의 생명을 해치고 빼앗을 뿐만 아니라, 동족을 더 잔인하게 살해하는 존재는 없다는 것이다. 오늘날 전쟁은 역사의 한 페이지가 되었지만, 지역 분쟁은 결코 사라지지 않고 있다. 앞서 언급한 교육적 위기는 여전히 다양한 형태로 우리 주변에 잠복해 있으며, '독고다이' 방식의 테러 공격이나 대량 살상 무기를 이용한 단독 범죄, 테러 조직과 불법 무장 세력이 치밀하게 계획한 비극적 사건들이 그 대표적 사례이다. 특히 특정 이념이나 신념에 사로잡혀 타인에게 칼을 겨누는 이들이 바로 그러한 경우에 해당한다. 이러한 사건들이 발생하는 원인은 복합적이지만, 한 가지 분명한 사실은 이들이 사회적 조화에 막대한 파괴력과 치명적인 영향을 미친다는 점이다. 이들은 직접적이든 간접적이든 우리의 생명 안전을 위협하고 있다.

　셋째, 인간과 자연의 관계를 살펴보면 점점 더 심각해지는 환경 문제로 인해 생명체들은 전례 없는 위협을 받고 있다. 유엔의 『세계 자연 헌장』에서는 다음과 같이 명시하고 있다. "생명의 모든 형태는 독특하며, 인간에게 어떤 가치를 지니든 간에 모든 생명은 존중받아야 마땅하다. 다른 생명체들이 이러한 존중을 받을 수 있도록 하기 위해서는 인간의 행동이 도덕적 기준에 의해 규율되어야 한다." 인간은 세상에서 고립된 존재가 아니다. 오히려 다양한 생물 종들이 형성하는 생태계의 고리이고, 덕분에 인간은 이 지구상에 존재하고 번성할 수 있게 된 것이다.

하지만 현재 전 세계 생물종은 놀라운 속도로 멸종하고 있다. 2015년 6월 영국『가디언』의 보도에 따르면, 과학자들은 20세기 동안의 생물종 멸종 속도가 인간 활동 이전보다 최대 100배에 달한다고 경고했으며, 현대 세계가 "여섯 번째 대멸종" 사태를 겪고 있다고 진단하였다. 과거 유사한 대멸종 사건은 공룡 시대의 종말을 초래한 바 있다. 이러한 상황이 발생한 원인은 복합적이지만, 그중 하나는 인간이 수많은 생명체를 생명으로 인식하지 못하고 함부로 학대하며 살해하는 행위를 일상적으로 저지르고 있기 때문이다. 점차 심각해지는 자연재해와 환경 위기, 팬데믹의 발생은 인류에게 자연이 인간의 지배 대상이 아니라 인간의 어머니임을 끊임없이 경고하고 있다. 자연은 인간 없이도 존재할 수 있지만, 인간은 자연 없이는 생존할 수 없다. 인간은 자연과 생명공동체로서의 관계를 형성해야 하며, 자연을 공경하고 소중히 여기며 보호함으로써 인간과 자연이 조화롭게 공존할 수 있는 길을 모색해야 한다.

일반적으로 생명의 넓이는 '자기 수양'과 '사회적 관계 형성'을 통해 확장된다. 즉, 개인의 내적 성장과 사회적 상호작용이라는 이중적 차원에서 사회적 생명을 형성해 나가는 과정을 통해 생명의 범위를 넓힐 수 있다. 교육의 중요한 책임 중 하나는 개인이 이러한 사회적 생명 공간을 능동적으로 확장할 수 있도록 돕는 데 있다.

이에 따라 개인의 사회적 생명 성장에 대한 요구와 현실적 과제, 그리고 인류 사회가 직면한 위기를 고려할 때, 신생명 교육을 통해 지식과 생명의 괴리, 인간관계의 단절을 회복해야 할 필요성이 대두된다. 우리는 '생명과 수양', '생명과 소통'이라는 두 가지 핵심 축을 바탕으로 개인 생명의 넓이를 공동으로 확장해 나가고자 한다.

매슬로우의 욕구 이론에 따르면, 자발적 수양과 적극적 소통은 개인의 생리적 욕구, 안전 욕구, 소속 욕구, 존중 욕구, 자아실현 욕구를 충족시키는 핵심적 방안이다. 실천적 관점에서 볼 때, 자기 수양을 통해 형성된 도덕적 상호인식은 사회적 관계의 전제조건으로 작용한다. 이러한 인식이 결여될 경우, 결국 인간의 상호작용은 순수히 도구적이고 목적지향적인 공리주의적 관계로 퇴보하며, 개방적인 사회적 관계로 발전하기 어려울 뿐만 아니라 생명 넓이의 확장에도 한계가 발생한다. 동시에 사회적 소통은 자기 수양의 통로이자 궁극적 목표이기도 하다. 개인의 자기 수양은 구체적인 사회적 상호작용을 토대로 이루어지며, 이는 개인적 욕구와 사회적 규범의 통합 과정이라 할 수 있다. 신생명 교육은 '매달 한 가지 실천 수업'이라는 체계적 프로그램을 통해 학생들의 바람직한 행동 습관을 점진적으로 함양하고, 대인관계에 필요한 지식과 기술을 습득케 함으로써 긍정적인 인간관계 형성을 도모한다. 궁극적으로 학생들이 "자기가 원하지 않는 바를 남에게 하지 말라(己所不欲勿施於人)"와 "자기가 서고자 하면 먼저 남을 세워 주고, 자기가 이루고자 하면 먼저 남을 이루게 하라(己欲立而立人己欲達而達人)"의 삶의 철학을 체화하여, 타인으로부터 환대와 존중을 받는 인격체로 성장할 수 있도록 이끌고 있다.

이와 같이 개인은 자기 수양과 사회적 교류를 통해 사회적 생명을 확장해 나갈 수 있다. 개인의 사회적 생명 확장 과정은 본질적으로 개인의 사회화 과정이기도 하다. 우리는 사회가 결국 '인간의 사회'임을 강조하며, 개인을 변화하고 재형성하는 것이 사회 변화의 핵심 동력이 된다고 본다. 신생명 교육은 파편화된 지식을 통합된 지혜로 연결하고, 지식과 삶, 생명이 깊이 공명할 수 있도록 하며, 개인의 생명 넓이를 확장하는 데 기여하고자 한다. 이를 통해 생명이 생명에게 영향을 주고, 생명이 생명을 깨우며, 생명이 생명을 이끄는 선순환 구조가 형성될 수 있다. 수양과 교류가 개인의 삶에서 자연스럽고 능동적인 요소로 자리 잡으며, 교육 활동이 사회 생활의 본질적 부분이 되도록 하는 것이다. 이처럼 성공적으로 사회화된 개인들이 형성하는 유기적 연대는 사회의 안정과 조화를 실현하며, 개인의 온전한 행복과 사회의 지속 가능한 발전을 견고히 뒷받침하게 된다.

3. 생명의 높이 확장 –
인간 최고의 정신 세계 구축을 위한 근본적 방법

생명의 높이는 실질적으로 생명의 정신적 경지를 의미한다. 일반적으로 인간의 정신적 생명은 주로 가치관과 신념 등을 통해 구현된다. 가치관과 신념의 궁극적 목표는 정신적 지평을 확장하고, 행복하며 온전한 삶을 추구하는 데 있다. 가치관은 사물에 대한 판단과 선택의 기준을 말하며, 직업 선택이나 생명의 가치 인식 등이 대표적인 예에 해당한다. 신념은 생명의 근본적 문제에 대한 입장을 의미하는데, 생사관이나 행복관 등이 여기에 포함된다. 이처럼 가치관과 신념은 개인 정신 생명을 구성하는 두 가지 핵심 축으로서, 개인 생명의 고도를 결정하는 결정적 요인이라 할 수 있다.

현재 세계 경제의 글로벌화와 문화 다원화라는 시대적 흐름 속에서 현대 과학기술과 정보기술의 급속한 발전은 다양한 민족과 문화 간의 교류와 협력을 위한 토대를 마련해 주고 있다. 이는 사람들에게 정보를 습득하고 시야를 확장하며 기술을 연마할 수 있는 광범위한 기회를 제공하고 있다. 그러나 이러한 발전과 함께 부작용도 나타나고 있어, 사회의 도덕의식과 행동양식에 일정한 영향을 미치고 있다. 쾌락주의, 물질만능주의, 극단적 개인주의 등이 일부 계층에서 유행하면서 청소년들에게 부정적인 영향을 끼치고 있다. 그 결과 일부 학생들은 가치관의 혼란을 겪거나 신념의 부재 상태에 빠지기도 한다. 특히 가치 다원화 시대에 진위와 선악을 분별하지 못하는 사례가 빈번히 발생하고 있다. 현실적으로 청소년들의 경우 연예인에 대한 선호도가 과학자나 근로자에 대한 존경심보다 월등히 높은 편이며, 오히려 노동을 경시하는 태도를 보이기도 한다. 이는 청소년 가치관의 심각한 문제점을 드러내는 현상이다. 시진핑 주석은 국민에게 신념이 있어야 국가에 힘이 생기고 민족에게 희망이 있다고 역설한 바 있다. 이상적 신념은 정신적 '칼슘'에 비유될 수 있다. 신념이 없으면 정신적 골다공증에 걸린 것처럼 연약해지고 병들게 마련이다. 국민의 신념은 청소년 시절부터 체계적인 신념 교육과 가치관 교육을 통해 형성되어야 한다.

실제로 물질문명의 고도성장은 정신문명의 발전과 같이하지 못했다. 인간의 정신적 생명력은 오히려 강화되기보다 약화되는 양상을 보였다. 개인의 가치지향이 왜곡되고, 도덕적 이성이 결핍되며, 사회적 책임의식이 희박해지는 등 다양한 문제가 표출되면서, 인류사회는 가치관과 신념체계의 붕괴로 인한 위기를 맞이하고 있다. 교육은 생명의 성장을 위한 새로운 돌파구를 모색하며 인류의 미래를 제시하고자 한다. 신교육 실험 역시 이러한 맥락에서 진행되고 있다.

2006년 신교육 실험은 "행복하고 완전한 교육생활을 구현하는 것"을 핵심 가치로 명확히 천명하였다. 이는 신생명 교육의 근본 이념과도 맥을 같이한다. 영어 'life'가 생명과 생활의 이중적 의미를 지니듯, 이 둘은 동전의 양면과도 같은 관계에 있다. 생활의 다층적 양상은 생명의 다양한 측면을 구현하며, 동시에 생활 그 자체가 생명 성장의 토양이 된다. 생명은 완전한 생활의 정수이며, 생명의 주체적 선택은 생활의 질적 변화를 이끈다.

행복의 추구는 인류라는 종족의 궁극적 목표라 할 수 있다. 바로 이러한 궁극적 목표가 인류로 하여금 세계를 변화시키려는 무한한 열정을 갖게 하며, 인류 사회가 저차원적 단계에서 고차원적 단계로 발전할 수 있는 원동력이 된다. 아리스토텔레스는 "행복은 분명히 궁극적이며 자족적인 것으로, 모든 현존하는 것과 가능한 것들의 궁극적 목적이다"라고 언급한 바 있다.[5] 따라서 교육의 중요한 목적 중 하나는 학생들이 일상적인 학습 생활 속에서 행복을 체험하고 이를 추구할 수 있도록 돕는 데 있어야 한다.

소련의 교육학자 수호믈린스키는 "교육학에서 진정한 인도주의 정신은 아이들이 누릴 권리를 가진 즐거움과 행복을 소중히 여기는 데 있다"고 주장하였다.[6] 이러한 철학적 기반 위에, 신생명 교육은 생명의 활력 발현과 잠재력 계발, 그리고 행복한 삶의 실현에 교육적 초점을 맞추고 있다.

행복한 생명은 결과이자 동시에 지속적인 과정이다. 올바른 가치관과 굳

5　〔고대 그리스〕아리스토텔레스 지음, 왕서평王旭鳳, 천샤오셴陳曉旭 옮김, 『니코마코스 윤리학 尼各馬可倫理學』, 중국 사회 과학 출판사中國社會科學出版社, 2007년, 21쪽.
6　〔소련〕B. A. 수호믈린스키 지음, 채팅蔡汀 옮김, 『진정한 사람을 어떻게 기를 것인가怎樣培養眞正的人』, 교육과학출판사, 1992년, 5~6쪽.

건한 신념은 진정한 행복의 필수 전제조건이다. 행복은 생명을 매개로 구현되며, 행복에 대한 본질적 이해는 인간 존재, 생명의 의미, 생활의 방식이라는 근원적 질문으로 회귀해야 한다. 생명의 유한성은 인간으로 하여금 행복을 단순한 궁극적 목표로 삼는 것을 넘어, 생활 전반에 걸쳐 지속적으로 체화할 것을 요구한다. 인간은 행복한 생활을 지향할 뿐 아니라 생활의 매순간에서 행복을 성찰하고 실천해야 한다. 이에 신생명 교육은 교사와 학생으로 하여금 생명의 본질적 의미와 가치를 깨닫게 하고, 주체적 인격과 자유로운 정신을 함양하도록 이끈다. 나아가 교사와 학생이 인생을 체계적으로 설계하며, 고매한 이상과 명확한 목표를 지향하도록 지원한다. 또한 교사와 학생의 생명 잠재력을 고양시켜 삶과 죽음이라는 근원적 문제에 직면할 수 있는 안목을 키우고, 죽음을 초월하여 생명의 존엄성과 위대함을 추구할 수 있도록 한다. 궁극적으로 교육을 통해 교사와 학생은 '소아小我'의 한계를 넘어 국가와 사회, 인류 전체에 대한 책임의식을 함양하며, 중국적 정신과 세계적 시야를 겸비한 인재로 성장하게 된다.

이 모든 교육의 핵심에는 '직업'이라는 개념이 자리잡고 있다. 루소는 "직업 선택은 인생의 중대한 전환점이며, 직업이 한 개인의 미래를 결정한다"고 강조한 바 있다.[7] 현대는 선택의 자유가 보장된 시대이다. 신생명 교육은 진로교육을 핵심 과제로 삼아, 학생들이 사회의 다양한 직업 분화를 이해하고, 각 직업이 요구하는 업무 내용과 책임, 필요한 자질을 파악하며, 미래 진로를 체계적으로 설계할 수 있는 능력을 기르는 것을 목표로 한다. 이를 통해 학생들이 건전한 직업 가치관을 정립하고, 합리적인 의사결정 능력과 자

---

7   짱원푸江文富 주편, 『생명문화교육론生命文化教育導論』, 고등교육출판사, 2013년, 122쪽.

기계발 역량을 함양하여 자신에게 적합한 직업을 발견할 수 있도록 지원한다. 궁극적으로 개인의 인생과 직업이 조화를 이루며 생명의 가치를 극대화할 수 있도록 이끈다. 신생명 교육이 추구하는 근본적 방향은 명확하다. 직업 활동에서 생명의 궁극적 목적은 단순한 물질적 이익 추구에 있지 않으며, 사회 발전에 기여하는 데 있다. 또한 일시적인 개인적 흥미 충족에 그치는 것이 아니라 생명의 장기적 이상을 실현하는 데 있다. 비록 개인이 선택하는 직업의 분야는 다양할지라도, 모든 생명 개체는 가치, 존엄, 정신적 측면에서 동등한 위상을 지닌다.

'행복한 인생'을 핵심 방향으로 삼는 신생명 교육은 인생관과 가치관 교육을 융합하여, 교사와 학생이 함께 인생의 직업적 비전과 삶의 신념을 정립함으로써 '생명의 넓이'를 추구하고자 한다.

이러한 교육 목표 실현을 위해 신생명 교육은 교사와 학생의 정신세계 구축에 있어 공동 독서, 공동 저술, 공동 생활을 핵심 요소로 삼는다. 고전 읽기를 통해 인류의 숭고한 정신과 지속적으로 소통하며, 이러한 과정 속에서 교사와 학생은 공통의 언어 코드를 형성하고, 문화적 생활양식을 공유하며, 정신적 공동체를 함께 조성해나감으로써 지속적인 자기초월을 추구하게 된다.

따라서 한 학교에서든, 한 교실에서든 신생명 교육의 과정은 진정한 인간을 양성하는 과정이며, 교사와 학생이 끊임없이 숭고함을 추구해가는 여정이다. 이 과정에서 교사는 먼저 세 차원의 생명 확장을 실천해야 한다. 첫째, 생명의 길이 측면에서는 건강 관리를 철저히 하고, 둘째, 생명의 넓이 측면에서는 시야와 포용력을 확장하며, 셋째, 생명의 높이 측면에서는 생명의 본질적 의미를 재발견해야 한다. 교사가 자신의 직업을 단순한 생계 수단으로 인식하지 않게 될 때, 비로소 학생을 대립적 존재로 보지 않게 된다. 이

때 교육의 날실과 생활의 씨실, 교사의 자아와 학생의 생명이 유기적으로 결합되어 생명의 아름다운 비단을 창조해낸다. 이러한 교육적 실천 속에서 교사는 자아성장을 이루고, 교직의 존엄을 체득하며, 교육생활의 진정한 행복을 누리게 되는 것이다.

신생명 교육은 학생들에게 단순히 기초 학력을 다지고 건강한 신체를 기르는 데 그치는 교육이 아니다. 이는 다양한 교과에 분산된 지식을 교사의 생명적 해석과 학생 스스로의 깨달음 및 실천을 통해 통합하여, 분리 불가능한 총체적 지성으로 형성해 가는 과정이다. 학생이 '배움과 실천의 선순환'을 이루어낼 때, 학습 과정은 정체된 지식이 아니라 생명력 넘치는 샘물처럼 마음을 적시는 활기찬 성장의 흐름이 된다. 이를 통해 학생들은 학문적 기쁨 속에서 삶의 의미를 성찰하고, 학습 과정에서 진정한 행복을 발견하며, 궁극적으로 완성된 인생을 구현하게 될 것이다.

교사든 학생이든, 성인이든 아동이든, 이러한 행복을 온전히 체득하고 존재의 가치를 창조해낼 때에 비로소 삶을 진정으로 사랑하게 된다. 이때 진실된 갈망과 탐구의 열정이 싹트며, 생명은 지속적으로 자기초월을 이루어나가는 것이다.

신교육 실험에서 추구하는 '행복하고 온전한 교육 생활'은 교육의 긍정적 인도를 통해 삶의 활력을 고양하고, 인생의 행복한 완성을 지향하며, 궁극적으로 생명의 온전한 행복을 실현하려는 것이다. 이 과정에서 신생명 교육은 결정적 역할을 수행한다. 세 가지 생명에 대한 균형 있는 관심을 기울일 때 교육은 온전해질 수 있으며, 이 세 차원의 조화로운 성장을 통해 진정한 인생의 행복이 실현된다. 이러한 토대 위에서만 삶은 가치 있는 통합적 전체로 재구성될 수 있다. 나아가 이를 통해 유한한 개체는 무한한 초월의 경지로 나아갈 수 있다.

이러한 인식 속에서 우리는 교육의 본질을 깨닫게 된다. 교육은 인간을 인간답게 형성하며, 더 높은 존재로 승화시키는 과정이다. 지식의 전파와 과학기술의 발전이 가속화되는 현대사회에서도 인격의 함양과 가치의 형성은 오직 인간 간의 깊은 교류를 통해서만 가능하다. 야스퍼스가 지적했듯이, "교육은 인간 정신의 공명이며", "주체적 영혼들의 상호 소통 활동이고", "인간 영혼의 계발 과정"이다.[8] 교육은 나와 너의 진정한 대화이자 서로를 비추는 거울인 것이다.

신생명 교육은 거시적 의미의 생명교육과 차별성을 가지며, 구체적 실천 방안에 중점을 둠으로써 교육의 이념적 측면에 실질적 토대를 마련한다. 또한 미시적 차원의 생명교육을 넘어서, 인간 생명에 대한 총체적 사랑을 교육 현장에서 구현하는 것을 지향한다.

―― 자연적 생명의 토대가 확립되지 않는다면, 그 어떤 고귀한 이념도 공허한 유토피아에 불과할 뿐이다.

―― 사회적 생명의 상호작용이 단절될 때, 인간은 고립된 섬처럼 서로 분리되어 시간의 거센 파도 속에서 점차 그 존재 의미를 상실하게 된다.

―― 정신적 생명의 기반이 확립되지 않는다면, 인류 세대는 희망을 싣고 출항했으나 등대를 잃은 배와도 같다. 방향을 상실한 채 끝없는 삶의 바다에서 표류하며, 서로의 암초가 되어 충돌하는 비극을 반복할 뿐이다.

생명을 교육의 근간으로 삼아 교육 철학적 차원에서뿐만 아니라 교육 방

---

[8] 〔독일〕야스퍼스 지음, 런진鄰進 옮김, 『교육이란 무엇인가什麼是教育』, 생활生活·독서讀書·신지新知 삼련서점三聯書店, 1991년, 2~4쪽.

법론적 차원에서도 구현할 때, 비로소 인류는 생명의 존재론적 의미와 과학의 발전을 진정으로 결합시킬 수 있을 것이다. 과학은 인류 발전의 추진력이 될 뿐, 결코 장애물이 되어서는 안 된다.

신생명 교육이 주목하는 것은 개별 생명체의 생동감에만 머무르지 않는다. 이는 교사와 학생이 공동으로 생명의 서사를 창조해가는 과정이자, 동시에 민족의 미래와 인류 문명의 전망을 아우르는 포괄적인 시각이다. "신교육의 끝에는 무엇이 있는가?"라는 질문에 우리는 이렇게 답한다. "성장한 아이들이다. 그 아이들 안에서 우리는 분명히 목격한다. 정치가 이상을 품고, 부가 정당한 노동의 결실이며, 과학이 인본주의 정신을 함유하고, 향유가 윤리적 책임을 지니는 모습을 볼 수 있다."

오늘 우리는 모든 생명이 길이, 넓이, 높이를 갖추고 조화롭게 공존하는 문명이야말로, 신교육이 지향하는 궁극적 비전이자 인류에게 약속하는 가장 숭고한 미래상임을 확실하게 선언한다.

3

신생명 교육의
이념 구축

신생명 교육의 실천 방안을 모색함에 있어, 우리는 몇 가지 핵심 과제를 직면하고 있다. 첫째, 학교 교육 체계 내에서 생명교육을 위한 독립적인 교육과정의 필요성 여부를 검토해야 한다. 둘째, 생명교육과정이 기존의 체육, 심리건강교육, 생명과학, 도덕 및 법교육 등과 어떠한 연계성을 가져야 할지 고민해야 한다. 셋째, 생명교육과 연계한 체험 중심의 활동 수업 운영 방안을 마련해야 한다. 특히 그림책 활용 수업, 독서 교육 프로그램, 영화 감상 교육, 생명 서사 수업 등 다양한 교수학습 방법을 통해 생명교육을 어떻게 효과적으로 구현할 것인가 하는 점이 중요하다. 이와 같은 과제들은 교육 현장에서 체계적으로 연구하고 실천적으로 해결해 나가야 할 시급한 교육적 화두라 할 수 있다.

1. 신생명 교육의 이념

신생명 교육은 '행복하고 완전한 교육생활의 구현'을 근본 이념으로 정립하며, 생명을 기반으로 삶을 토대로 하여 학생들이 행복하고 충실한 삶을 영위할 수 있는 역량을 함양하도록 지도한다. 신교육의 근본 이념 아래, 신생명 교육은 다음과 같은 핵심적 이념을 추구하고 있다.

1) 온전한 생명을 기반으로 한 개별적 성장 모색

생명교육은 새로운 개념이 아니다. 20세기 중후반 서구 국가들에서 생명교육이 도입된 배경은 청소년 발달 과정에서 발생한 다양한 문제 상황에 대응하기 위함이었다. 구체적으로 마약 중독, 에이즈 확산, 자살률 증가, 폭력 범죄 등 생명과 직결된 사회 문제들이 그 동기가 되었다. 이 시기의 생명교육은 주로 생명 관련 문제에 대한 치료적 접근에 집중하였으며, 자연적 생명의 건강과 안전 보호에 국한된 교육적 노력이었다. 대만의 생명교육은 서구와 차별화된 접근을 보였는데, 물질적 풍요 속에서 발생한 정신적 공허감과 윤리적 해이 현상을 해결하기 위해 생명교육과 윤리교육을 결합시켰다. 이를 통해 생명교육의 윤리적 지향성을 확립한 것이다. 생명교육은 건강 지향형, 윤리 지향형 외에도 시민성 함양형, 종교적 접근형 등 다양한 유형으로 발전해왔다. 이러한 유형들은 각각 상이한 측면을 강조하지만, 공통적으로 생명의 본질적 특성에서 비롯된 결핍을 보완하려는 목적을 지닌다. 기존 생명교육은 주로 생명 발달 과정에서 발생하는 문제 상황을 해결하는 치료적 성격이 강해, '소를 잃고 외양간을 고친다는' 후발적 대응의 특성을 보였다. 이는 마치 심리적 문제가 있는 개인만이 상담을 받는 것과 유사하여, 문제가 없는 경우 생명교육의 필요성을 인식하기 어려운 한계가 있었다. 그러나 신생명 교육은 이러한 치료 중심의 접근을 넘어, 건강한 생명 개체까지 그 범위를 확장하였다. 신생명 교육은 건강한 생명을 출발점으로 삼아 모든 개인의 생명 발달을 촉진하는 예방적이고 발전적인 교육 패러다임을 지향한다.

신생명 교육은 통합적 생명관을 기반으로 자연적 생명, 사회적 생명, 정신적 생명의 발전적 요구에 주목하며, 이 세 차원의 유기적 통합과 조화로운 성장을 궁극적 목표로 삼는다. 이를 통해 자연 생명의 보전, 사회 생명의 완성, 정신 생명의 풍요를 동시에 추구함으로써 생명의 총체적이고 균형 잡힌 발전을 실현하고자 한다. 따라서 신생명 교육은 인간 중심의 생명교육이면서도 개별 생명체의 특성에 부합하는 맞춤형 교육 체계라고 할 수 있다.

인간은 신체적 자연 생명, 관계적 사회 생명, 정신적 가치 추구라는 세 차원의 생명을 통합적으로 지닌 존재이다. 생명의 이러한 다차원적 특성에 비추어 볼 때, 교육 역시 단일 차원에 국한될 수 없다. 삼중 생명론이든, 신체·이성·감정의 통합이든, 현대 교육학이 강조하는 도덕성, 지적 능력, 신체 발달, 미적 감성 및 노동 의식 등 다섯 가지 핵심 역량이든, 이 모두는 인간의 통합적 성장을 지향한다. 진정한 교육은 이러한 전인적 성장을 도모할 때만이 조화로운 발전을 이룰 수 있다. 그러나 현행 학교 교육은 지적 영양에 편중되어 신체적·정서적·사회적 발달이 상대적으로 소외되고 있는 실정이다. 최근 시행된 '쌍감雙減' 정책은 이러한 불균형을 해소하고 전인적 성장의 기반을 마련하고자 하는 교육적 노력이다. 이 정책은 교내외 학업 부담을 경감하고 그 여유를 체육, 예술, 사회 체험 및 가족 소통 등에 재배치함으로써 학생들의 신체적·정신적·사회적 조화를 꾀하고 있다.

모든 인간의 생명은 본질적으로 전인적소人的 성격을 지니지만, 이러한 보편성이 개별 생명의 동질성을 의미하는 것은 아니다. 각 개체의 생명은 고유한 특성과 독창성을 내재하며, 나름대로의 존재 양식으로 발현된다. 개인의 생명은 그 자체로 주체적 가치를 지니며, 모든 인간은 자신 생명의 주체자로서 독특한 정체성을 구성해 나간다. 신생명 교육은 생명의 전인적 특성을 근거로 획일화를 지향하는 것이 아니라, 각 생명이 지닌 고유성과 창의성을 최대한 존중함으로써 '진정한 자기 자신으로의 성장'을 궁극적 목표로 삼는다. 교육의 본질은 표준화된 인간 형성이 아니라, 개인의 잠재력 계발과 특성 함양을 통해 '가장 완성도 높은 자기 실현'을 도모하는 데 있다.

2) 생명 존중을 기반으로 한 교육과정의 자유와 행복 추구

교육의 장에서 '사랑'은 오랜 기간 핵심 가치로 강조되어 왔다. 교육자 샤쭌夏丏尊이 "사랑 없는 교육은 물 없는 연못과 같다"고 지적했듯이, 사랑은 교육의 필수 요소이다. 그러나 진정한 교육적 사랑에는 반드시 '존중'이 내재되어야 한다. 안타깝게도 교육 현장에서는 사랑의 이름으로 과도하게 간섭하거나 생명의 자연스러운 성장을 억제하는 경우가 빈번히 관찰된다. 이에 우리는 교육적 사랑의 본질적 요소로서 '존중'을 특히 강조한다. 사랑이 없는 교육은 물 없는 연못이라면, 존중이 없는 교육은 아예 연못이 존재하지 않는 상황과 동일하다고 할 수 있다.

진정한 사랑은 사랑스러운 면모를 기리는 동시에 사랑스럽지 않은 측면까지 포괄적으로 수용하는 것이다. 여기서 말하는 포용은 옳고 그름에 대한 명확한 가치 판단을 바탕으로, 비록 자신의 관점이 도덕적으로 옳음이 확인되더라도 더 높은 차원의 인격적 성숙을 발휘하여 상대를 이해하고 받아들이는 고차원적 실천을 의미한다.

생명에서 사랑은 분명히 중요한 요소이다. 그러나 생명에 대한 '존중'이 결여된 사랑은 방향성을 상실하고 무분별한 감정에 그칠 뿐만 아니라, 경우에 따라 역기능적 과보호로 이어질 위험성을 내포한다.

진정한 존중은 생명의 역동적 특성을 이해하는 데서 비롯된다. 생명이 지닌 지속적인 변화와 성장의 가능성을 존중한다는 것은 개체 내재의 무한한 잠재력과 발전 가능성을 인정하는 것을 의미한다. 더 나아가 존중은 이질적 가치에 대한 포용적 태도를 요구하는데, 이는 상반된 의견을 수용할 수 있는 개방성과 차이를 두려움 없이 대하는 정신적 성숙을 전제로 한다. 이러한 존중의 철학은 "자신이 원하지 않는 바를 남에게 하지 말라(己所不欲勿施於人)"의 수준을 넘어, "자신이 원하는 바조차 남에게 강요하지 말라(己所欲亦勿施於人)"라는 보다 고차원적인 윤리적 실천을 요구한다.

존중은 진정한 경외심의 토대가 된다. 교사가 생명의 본질을 존중할 때, 비로소 생명에 대한 경외심을 갖게 되며 학생들의 순수한 가능성을 진정으로 이해하게 된다. 이러한 인식은 교사의 전문적 성숙으로 이어지고, 교육 주체 간의 본질적 평등 관계를 구축하는 계기가 된다. 학생이 생명의 가치를 존중할 때, 자기 성찰의 능력을 기르고 스승의 가르침을 진정으로 소화할 수 있으며, 이를 통해 교육의 참된 의미를 체득하며 성장할 수 있다. 이와 같이 상호 존중에 기반한 평등 의식은 모든 생명이 조화를 이루며 공존하는 교육 공동체의 핵심적 기반이라 할 수 있다.

특히 주목할 점은 신생명 교육이 신체 건강 증진을 위한 체계적인 내용을 포괄하고 있다는 사실이다. 이는 교무실부터 기숙사, 보건실, 경비실에 이르기까지 모든 학교 구성원이 생명교육의 실천 주체임을 의미하며, 이러한 물리적 공간들 또한 신생명 교육의 핵심적 실천 장으로 기능한다는 점을 시사한다. 존중이라는 기본 원리가 결여될 경우, 신생명 교육의 실효성 그 자체가 의문시될 수밖에 없다.

신생명 교육은 교육의 '과정적 가치'를 중시한다. 비록 행복한 교육생활을 궁극적 목표로 삼고 있지만, 이러한 행복은 단순한 결과 차원에 머무는 것이 아니라 교육 과정 전반에 내재되어야 하는 본질적 요소이다. 과정 속에서 체험하는 행복과 충실함은 그 자체로 완성된 가치이며, 이른바 결과적 행복 역시 각 단계에서 축적된 과정적 행복의 총화라고 볼 수 있다. 행복이 인류 보편의 궁극적 추구 대상인 만큼, 신생명 교육은 자율성과 개별화된 경험을 강조함으로써 모든 교육 주체가 각자의 행복을 창조해나갈 수 있도록 지원한다. 행복 추구 과정 그 자체가 이미 행복의 실현이며, 과정과 결과의 이분법을 넘어 과정 없는 행복은 결코 진정한 의미의 결과로 도달할 수 없음을 강조한다.

3) 신체와 정신의 조화를 통한 생명 리듬의 구현 및 개성 존중 성장

우리 모두는 다음과 같은 경험을 공유한다. 신체적·정신적 긴장이나 불안 상황에서는 수동적으로 움츠러들기 쉽고, 반면 무제약적인 환경에서는 방종에 빠지기 쉽다. 그러나 이 두 가지 상태 모두 생명의 이상적 상태로 보기 어렵다. 여기서 논하는 '이완'은 생명의 최적 상태를 표현하는 개념적 틀로서, 체계적인 교육적 안내를 통해 자유와 절제, 활동과 안정 사이의 균형을 이루며 유연하게 자기실현을 달성해가는 상태를 의미한다.

생명의 이완은 억압적 통제와도, 무책임한 방임과도 구별된다. 전자는 생명의 잠재력을 위축시키며, 후자는 생명의 무질서한 확산을 초래하는 것으로, 이는 본질적으로 교육적 책무의 포기에 해당한다. 신생명 교육이 추구하는 이완의 원리는 체계적 수련과 성찰을 통해 각 생명체가 고유한 아름다움을 발현하고 개성적 잠재력을 최적화하며 성장하도록 하는 것이다. 이는 특정 생명이 타 생명을 억압하거나, 사회적 우월성이 차별적 지배로 이어지는 것을 방지하는 교육철학적 기반을 마련한다.

자연계에 사계절의 순환이 존재하고 하루에도 아침·낮·저녁의 흐름이 있듯이, 신생명 교육 역시 고유한 생명 리듬을 존중해야 한다. 교육내용 측면에서 이는 교과 간의 과학적 균형과 인지발달 단계에 부합하는 점진적 접근을 의미한다. 교육방법론적으로는 학습심리학적 원리에 기초하여 적정한 학습 밀도와 진도를 유지해야 하며, 학생들의 일상적 리듬 속에서 신체적 활동과 휴식, 정신적 긴장과 이완 사이의 균형을 도모한다. 신생명 교육이 신체교육을 중시하고 신교육이 예술교육을 강조하는 것도 이러한 생명리듬에 대한 이해에서 비롯된다.

생명의 리듬에 따른 발달은 다양한 꽃들이 제각기의 개화 시기를 갖는 것처럼, 각 개인이 고유한 성장 주기에 맞춰 점진적으로 잠재력을 꽃피울 수 있도록 한다. 이때 적시에 제공되는 교육적 개입은 마치 알맞은 시기에 주어지는 물과 영양분과 같아, 진정한 의미의 개성화된 인격체로 성장할 수 있는 토대를 마련해준다.

2. 신생명 교육의 원칙

신생명 교육은 행복하고 완전한 삶의 실현을 궁극적 가치로 정립하며, 생명의 완전성을 존중함과 동시에 생명의 발전을 근본적 사명으로 삼는다. 신생명 교육은 인간 육성의 교육으로서, 도덕성과 지적 능력, 신체 발달, 미적 감각, 노동 의식 등이 생명의 다차원적 측면에서 통합적으로 구현되는 교육 패러다임이다. 인간 교육의 본질적 원리에 입각하여 생명 고유의 특성을 반영한 신생명 교육은 다음과 같은 핵심 원칙을 추구한다.

1) 생활을 기반으로 한 삶의 원칙

앞서 생명과 생활의 상관성에 대해 논의한 바 있다. 량수밍梁漱溟은 "생명과 생활은 본질적으로 동일한 개념으로, 전자는 본체를 후자는 작용을 나타낼 뿐이다. '생生'과 '활活'이라는 두 한자는 동의어로서, 생은 활이요 활은 생이다. 생명이란 바로 살아 있음의 지속적 과정 그 자체다"라고 설명하였다.[1] 우리는 삶이라는 환경 속에 존재하면서 동시에 능동적으로 삶을 창조해나가는 주체이다. '삶 속에 존재한다'는 수동적 적응의 개념과 '삶을 살아간다'는 능동적 창조의 개념은 본질적 차이를 지닌다. 전자가 기존 삶 체계에의 순응을 의미한다면, 후자는 지속적인 자기 초월을 통한 새로운 삶의 구축을 뜻한다. 삶은 타인이 부여하는 것이 아니라 주체적으로 창조해나가는 과정 그 자체이다. 우리가 삶 속에서 삶을 구축해간다는 것은 기존의 삶을 토대로 새로운 삶을 지속적으로 재창조하는 행위이며, 이러한 창조적 순환이 바로 생명의 본질적 속성인 지속적 초월과 진화적 성장을 실현하는 길이다. 이러한 창조적 행위의 궁극적 목적은 보다 풍요롭고 행복한 삶의 실

---

1 량수밍梁漱溟 지음, 마추판馬秋帆 옮김, 『량수밍 교육론저선梁漱溟教育論著選』, 인민교육출판사, 1994년, 263쪽.

현에 있으며, 이는 세 가지 차원으로 해석될 수 있다. 첫째, 주어진 삶 환경 내에서의 생존이며, 둘째, 통합적 삶의 실천이고, 셋째, 이상적 삶을 향한 지속적 성장인 것이다.

첫째, 신생명 교육은 우선 삶과의 연계성을 핵심 원리로 삼는다. 모든 인간은 구체적인 삶의 맥락 속에 존재하며, 이 현실적 삶은 생명 존재의 토대이자 동시에 생명교육의 근원이다. 생명교육은 단순한 지식 전달을 넘어서는 차원으로, 지식 중심 교육이 삶과 유리되어 생명력을 상실한 반면, 생명교육은 인간 본연의 성장을 위한 교육이다. 이는 생명 관련 지식이나 생존 기술 습득에 그치지 않고 생명에 대한 감수성 함양과 생명의 본질적 의미 체험을 중시한다. 신생명 교육은 지식과 기술보다 정서적 태도와 가치관 형성을 우선시하며, 지식을 삶의 실천으로 전환하는 매개체로 활용한다. 생활 원칙에 기반한 생명교육은 교육 내용이 삶에서 발원하여 삶 속에서 재구성되고 다시 삶에 기여하는 선순환 구조를 지향한다. 특히 각 발달 단계 아동의 생명적 요구를 중심으로, 개인적 삶, 대인관계, 가족 및 사회적 관계 등 생활 전반의 요소들을 교육 내용으로 체계화함으로써 교육과 생활의 유기적 통합을 실현한다.

둘째, 신생명 교육은 삶의 실천적 구현을 핵심으로 강조한다. 철학적 관점에서 삶은 인간의 주체적 창조 활동 그 자체이며, 선험적으로 주어진 삶은 존재하지 않는다. 모든 삶은 개인 내면에 내재된 창조적 역량의 발현이자, 주체적으로 형성해나가는 과정이다. 이에 '삶 속에서'라는 개념은 능동적인 '삶의 실천'을 의미하며, 여기서 삶은 동적인 과정으로 이해된다. 존 듀이는 스펜서의 '미래 삶을 위한 준비론'을 비판하며, 현재의 삶과 미래의 삶의 연속성을 강조하였다. 그의 교육철학에 따르면 교육은 삶 그 자체이며, 교육

과정은 곧 삶의 과정이다. 신생명 교육은 이러한 관점을 수용하여 학생들에게 삶에 대한 지식을 단순히 주입하는 것을 넘어, 행복하고 온전한 교육적 삶을 실천하도록 이끈다. 즉, 학생들이 삶의 과정 속에서 성장하고, 생명의 잠재력을 실현해나가는 것이 신생명 교육의 본질적 목표라 할 수 있다.

셋째, 신생명 교육은 보다 나은 삶의 지속적 창조를 궁극적 목표로 한다. 삶은 현실성과 가능성의 이중적 속성을 지니는데, 현실의 삶은 현재적 실재이며 미래의 삶은 창조 가능한 새로운 지평이다. 인간은 현실에 뿌리내리되 현상유지에 머물지 않고, 지속적인 초월을 통해 새로운 삶의 차원을 열어간다. 삶의 궁극적 지향점은 보다 풍요롭고 의미 있는 삶의 실현에 있으며, 이러한 현재로부터 미래를 향한 진화적 여정이 바로 생명의 자기초월적 본성을 구현하는 과정이다. 초월성은 인간 생명의 본질적 특성이자 발전의 근원적 동력으로, 신생명 교육은 이를 통해 생명의 고양을 도모한다. 즉 생명의 초월적 속성을 각성시켜 숭고한 이상과 포부를 정립하게 하고, 지속적 완성을 향한 상승적 발전을 촉진함으로써 생명의 무한한 성장 가능성을 실현하고자 하는 것이다.

신생명 교육은 생명을 현실에 토대하게 하며 생명의 정체성을 확립하도록 돕는다. 이때 생명의 성장 과정은 삶의 과정 그 자체로, 삶이란 현재성을 기반으로 미래를 지향하는 동시에 기존의 삶을 초월하려는 역동적 발전 과정이다. 이러한 과정은 단순한 생존의 연속이 아닌 새로운 생명 가치를 창조해가는 창의적 활동이다. 따라서 '삶 속에서', '삶을 통해', '삶을 위하여'라는 세 차원은 유기적으로 연결된 통합적 체계를 형성한다.

2) 실천 활동을 기반으로 한 체험 원칙

생명은 지식과 정서, 의지, 행위가 유기적으로 통합된 총체적 실체이다. 생명교육은 단순히 생명 관련 지식과 생존 기술의 전수를 넘어, 학생들로 하여금 생명의 본질을 이해하고 사랑하며 그 의미와 가치를 삶 속에서 구현할 수 있도록 해야 한다. 이에 생명교육의 실행은 지식·기술 습득과 더불어 정서적 태도와 가치관의 형성을 종합적으로 고려해야 한다. 지식 교육 차원에서는 생명과학적 지식과 실용적 기술을 체계적으로 전달하며, 정서·가치 교육 차원에서는 생명에 대한 체험적 깨달음을 유도해야 한다. 이 모든 요소들은 실천 활동과 불가분의 관계에 있으며, 체계적인 생명실천 프로그램을 통해 학생들은 '놀이로 배우고, 실천으로 익히며, 성찰로 깨닫고, 공유로 확장하는' 통합적 학습 과정을 경험하게 된다. 실천을 매개로 생명을 인식하고 체험하며 깨달음에 이르는 과정은 생명가치의 내면화와 승화를 가능하게 한다. 따라서 생명교육은 지식 전달에 그치는 것이 아니라 생활 현장과의 접점을 마련하여, 학생들이 지식·정서·의지·행위의 통합을 이루며 풍부한 생명체험을 축적하고 건강한 삶의 방식을 정립할 수 있도록 지원해야 한다.

신생명 교육은 생명안전교육과 본질적으로 차별화된다. 생명안전교육이 생존 지식과 기술 습득에 주안점을 두며 실천적 훈련을 강조하는 반면, 신생명 교육은 생명의식, 생명가치관, 생명정신 등의 함양을 핵심으로 삼는다. 이러한 정서적 태도와 가치관은 단순한 지식 전수나 기계적 훈련으로 획득될 수 없는 영역으로, 반드시 실제 생활 맥락에서의 체험적 실천을 통해 내면화되어야 한다. 체험은 활동을 매개로 발생하지만 모든 활동이 체험을 보장하지는 않는다. 진정한 체험활동은 복합적인 생활 상황 속에서 이성적 사고와 선택이 동반된 총체적 경험을 의미하며, 이 과정에서 형성되는 생명에 대한 감정, 태도, 가치관은 단순한 충동이 아니라 이성적 성찰의 산물이다. 단순한 충동은 진정한 감정이라 할 수 없으며, 일시적인 반응에 그칠 뿐 지속적인 내면화가 이루어지지 않는다. 생명에 대한 사랑과 존중, 타인에 대한 관용과 배려와 같은 깊은 가치의식은 단순한 이론 교육만으로는 함양되기 어렵다. 이를 위해 교육자는 의도적으로 교육적 체험 상황을 설계하여, 학생들로 하여금 직접 생명의 의미를 체득하고 그 가치를 성찰할 수 있도록 유도해야 한다. 신생명 교육은 단순한 지식 전달을 넘어 학습자의 정서적 각성을 촉진해야 하며, 마음의 깊은 곳에서 공명할 수 있는 감성적 교육이 되어야 한다. 이러한 교육의 효과적인 실현을 위해서는 반드시 체험 중심의 학습 환경이 조성되어야 한다.

3) 생명 존중과 배려의 인간 중심 원칙

생명교육은 단순히 결과 지향적인 교육이 아니라 과정 중심의 교육이다. 생명교육의 성과를 달성하기 위해서는 교육 전 과정에서 생명의 발전 원리를 준수해야 하며, 생명을 존중하고 배려하는 태도를 견지해야 한다. 또한 생명과 자신의 상호작용이 효과적으로 이루어져야 비로소 생명교육의 참된 목적을 실현할 수 있다. 따라서 생명교육은 어떠한 상황에서도 생명을 억압하거나 훼손하는 방식으로 시행되어서는 안 된다.

생명은 그 자체로 존재하는 실체이며, 교육의 접근 방식에 따라 그에 대한 태도가 결정된다. 『중용中庸』의 개장開章은 "천명天命을 성性이라 하고, 성性을 따르는 것을 도道라 하며, 도道를 닦는 것을 교敎라 한다"고 천명한다. 교육이 도道를 구현하기 위해서는 생명의 본질적 속성을 존중해야 하며, 이는 생명의 자연스러운 본능을 인정하고 발달적 요구를 충족시키는 것을 포괄한다. 생명은 자생적 조직화 능력을 지닌 주체로서 내재적 성장 동력을 갖추고 있다. 외부의 강제적 간섭은 오히려 이러한 내적 메커니즘을 훼손할 우려가 있다. 코메니우스는 "교육은 외부에서 무언가를 주입하는 것이 아니라, 개인 내부에 잠재된 가능성을 계발하고 각 요소에 균형 잡힌 관심을 기울이는 과정"이라고 주장한 바 있다.[2] 이러한 '자연에 순응하는 교육' 원리는 생명교육의 근본 원칙으로, 생명의 자연성은 그 본질적 특성임을 인정해야 한다. 따라서 생명교육은 생명의 자연적 발달 궤적을 존중해야 하며, 이를 저해하는 모든 시도는 생명 본연의 성장을 저해하는 행위임을 명심해야 한다.

생명은 자연적 속성을 지니지만, 인간의 생명은 단순한 본능적 존재를 넘어 지속적인 자기 초월과 성장을 지향하는 본질적 특성을 지닌다. 즉 인간 생명은 자율적 발전을 추구하는 내재적 동력을 보유하고 있다. 이에 생명교육은 외부의 강압이나 통제가 아니라 생명 스스로 성장할 수 있는 최적의 조건을 조성해야 하며, 생명의 자발적 발전을 촉진하는 환경을 마련해야 한다. 생명 존중의 진정한 의미는 생명의 발달적 요구에 부응하는 것이며, 사랑이라는 명분으로 성장 가능성을 제한해서는 안 된다. 온실과 같은 과보호 환경이 오히려 생명의 성장을 저해할 수 있으며, 역경과 도전은 생명의

---

[2] 〔체코〕콤렌스 지음, 푸런간傅任敢 옮김, 『대교수학大敎學論』, 인민교육출판사, 1984년, 30쪽.

회복탄력성을 강화시킬 수 있다. 따라서 교육자는 모든 생명체의 자율성을 신뢰하고, 그 내재된 잠재력을 최대한 발현할 수 있도록 지원해야 한다.

생명교육은 생명이 생명에게 영향을 미치는 상호작용이다. 교사가 학생을 대하는 방식은 학생의 생명 발달에 직접적인 영향을 준다. 생명교육의 과정에서 교사와 학생은 대립적 관계가 아닌, 주체 간의 평등한 대화를 통해 소통한다. 야스퍼스가 언급한 "인간과 인간 사이에서 이루어지는 주체적 영혼과 육체의 교류 활동"이[3] 이를 잘 설명해준다. 이러한 교류는 정서적 공감이 깃들어 있고 온정이 느껴지는 특성을 지닌다. 생명교육은 온정이 배어 있는 교육이며, 사랑이 스며든 교육이다. 사랑이 결여된 교육은 존재 의미가 없으며, 사랑이 없는 교육은 생명교육이라 할 수 없다. 따라서 생명교육은 사랑이라는 매개체를 통해 생명에 긍정적 영향을 미치는 과정이다. 생명은 오직 자유와 사랑이라는 환경 속에서만 건강하게 성장할 수 있다.

4) 가정, 학교, 지역사회 협력을 통한 공동교육 원칙

신생명 교육은 모든 생명 주체가 각자의 최상의 자아로 성장할 것을 궁극적 목표로 설정한다. 여기서 '모든 생명 주체'란 학생에 국한되지 않고 교사와 부모를 포괄하는 개념이다. 교육과정에서 교사와 학생, 부모와 자녀는 본질적으로 상호의존적인 생명 공동체로서, 동반 성장하는 관계에 있다. 이

3　[독일]야스퍼스 지음, 저우진鄒進 옮김, 『교육이란 무엇인가什麼是教育』, 생활生活·독서讀書·신지新知 삼련서점三聯書店, 1991년, 3쪽.

들 삼자의 관계는 대립적 구도가 아닌 통합적 연대를 지향한다. 아이의 출현 없이는 부모의 정체성이 성립되지 않으며, 교사의 존재 없이는 학생의 역할이 형성되지 않고, 학생의 부재 시 교사의 정체성 또한 무의미해진다. 교육이라는 장場에서 이 세 주체는 불가분의 생명 네트워크를 구성하며, 평등한 협력 관계 아래서만 생명 간의 창의적 긴장, 효과적 소통, 상호발전이 가능해져 각자가 최적의 자아실현을 향해 나아갈 수 있다. 따라서 교사와 부모는 일차적으로 적극적인 학습자로서 최상의 자기를 구현하기 위해 노력해야 하며, 이러한 자기완성을 통해 진정한 신생명 교육을 실천할 수 있다. 동시에 인간의 불완전성을 인정할 때, '최고'의 상태는 지속적인 성장 과정의 이상향임을 이해해야 한다. 교사와 부모가 아이와 상호 존중과 평등의 원칙 아래 서로에게 긍정적 영향을 주며 공동 성장한다면, 이는 이미 훌륭한 교육적 실천으로 평가될 수 있다.

아동, 교사, 학부모를 넘어 더 확장된 시각에서 접근할 때, 세상의 모든 인간은 각각 독특한 개체이면서 동시에 인류라는 운명공동체의 일원이다. 개별 생명을 전체와 분리하여 인식하는 것은 숲을 보지 않고 한 그루의 나무만 바라보는 편협한 시각과 같다. 이러한 인류 공동체는 단순히 현대적 세계화 시대의 생존 위기 대응 차원에서 새롭게 형성된 개념이 아니라, 마치 영원히 흐르는 강과 같이 역사적으로 계승되어온 '거대한 생명 연속체' 그 자체이다. 우리 각 개인과 차세대 아이들은 모두 이 생명의 흐름 속에 녹아있는 하나의 물결이다.

교육 현장에서 교사, 학생, 학부모로 구성된 생명공동체가 형성될 경우, 가정과 학교의 협력은 유기적으로 이루어진다. 교육과정에서 가정과 학교가 협력하면 1+1이 2를 넘어선 시너지 효과를 창출할 수 있다. 신생명 교육에서 가정과 학교의 협력교육은 핵심적인 기반 역할을 수행한다. 생명의 통합적 특성에 비추어 볼 때, 신생명 교육은 교육 전 과정에서 이러한 통합성을 구현할 때 최적의 효과를 발휘한다. 이에 따라 신생명 교육은 일반 교과와 달리 학부모의 적극적인 지지가 필수적이며, 학교와 가정에서 동시다발적으로 진행되어 상호 보완적 관계를 형성해야 한다. 학교, 가정, 지역사회의 교육자원을 체계적으로 통합·활용함으로써 학교교육의 강점을 극대화하는 동시에 가정과 사회의 교육적 역량을 결집시켜 종합적 교육 효과를 도모해야 한다. 또한 '신부모 교육 프로그램' 및 '가정와 학교 협의체' 운영 등을 통해 신생명 교육의 실행 영역을 가정으로 확장하고, 가정에서 실천 가능한 다양한 교육 모델을 개발해야 한다.

사회체계는 학교와 가정을 포괄하는 외부환경으로서, 그 내부의 정치 경제 제도와 문화적 특성, 사회적 분위기 등이 개인의 성장 방향성과 교육방식에 직간접적 영향을 미친다. 생명교육은 학교, 가정, 사회의 삼위일체적 협력 원칙에 입각해야 하며, 학교 교육과정과 통합적 실천활동을 통해 생명교육을 구현함과 동시에 가정, 학교, 지역사회의 다각적 활동 경로를 활용해야 한다. 이를 통해 가정과 사회가 적극적으로 연계되도록 유도하며, 학생들로 하여금 건강한 생활습관과 대인조화능력, 긍정적 인생관을 함양할 수 있도록 지원해야 한다. 따라서 생명교육은 학교교육의 선도적 역할을 강화하는 한편, 가정과 사회의 잠재적 교육자원을 체계적으로 개발·활용해야 한다.

# 4

신생명 교육의 융합형 교육과정

신교육 교육과정 체계의 기초가 되는 교과목으로서, 신생명 교육은 모든 연령대에서 반드시 배워야 할 중요한 내용이다. 그러나 연령대에 따라 학생들의 발달 요구는 서로 다르다. 따라서 구체적인 학습 내용은 각 연령대 청소년의 신체적 정신적 발달 기본 법칙에 따라, 청소년의 실제 삶과 성장 과정에서 필요한 내용을 적절한 형식으로 구성하여 과학적이고 체계적으로 조직해야 한다. 아울러 서로 연계성을 갖고 점진적으로 발전해 나가는 신교육의 하위 교육과정 체계를 형성해야 한다.

2004년 당시 이미 '신新6대 실천 행동'(신부모 교육, 신시민 교육, 신생명 교육, 신직업교육, 신교사 교육, 신농촌 교육)을 제안하면서 '신생명 교육'을 연구 분야로 포함시켰으며, 신생명 교육의 다섯 가지 차원과 3단계 목표를 제시한 바 있다. 같은 해 중국 송경령宋慶齡 기금회와 공동으로 전국 최초의 중화 청소년 생명교육 교사 고급 연수과정을 개최하였다. 당시 연구팀 소속 위안웨이싱袁衛星, 쉬신하이許新海, 천궈안陳國安 등은 『생명 수업』, 『생명교육』, 『생명과 안전』, 『학급 회의 18과』 등의 교재와 독본을 잇달아 집필하고 출판하였으며, 일부 학교에서 일부 교사들이 이를 활용하였다.

지난 10년 동안 신생명 교육에 대한 탐구는 멈추지 않았다. 학교에 아직 전용 교과목이 개설되지 않았음에도 불구하고, 신교육 실천가들은 다양한 방식으로, 특히 다채로운 교육과정을 통해 신생명 교육의 실천 방안을 적극적으로 모색해왔다.

다양한 교육과정에서 신생명 교육을 탐구하고 있는데, 활동 중심 교육과정에서는 체육 수업, 아침 낭독, 점심 독서, 저녁 성찰 시간, 영화 감상 수업, 학급 회의 등을 포함하며, 주제 중심 교육과정에서는 매달 한 가지 실천 수업 수업, 생일 수업, 생사관 교육 수업, 생명 서사 수업 등이 진행된다. 또한 타 교과와 연계한 융합형 수업 역시 신생명 교육의 한 방식으로 시행되고 있다.

전용 교육과정과 융합형 교육과정은 각각 고유한 장점과 한계를 지닌다. 전용 교육과정은 집중도와 목표의식이 명확하다는 장점이 있으며, 융합형 교육과정은 확산력과 다양성이 우수하다는 강점을 보인다. 비록 생명교육을 위한 전용 교육과정의 중요성을 강조할지라도, 신생명 교육은 단순히 전용 교육과정에만 국한되지 않으며, 이 두 방식이 유기적으로 결합되어 상호 보완적으로 추진되어야 한다.

본고에서는 지금까지 시행된 신생명 교육의 융합형 교육과정 사례를 소개하고자 한다.

1. 신체육 수업

'체육'이라는 단어를 문자 그대로 해석하면 '몸을 기르는 교육'이라는 의미를 지닌다. 그러나 현실에서 체육교육은 입시 위주의 실용주의적 관점에 훼손되어 신체 훈련의 단순화로 변질되었으며, 체육이 내포하는 풍부한 교육적 가치는 제대로 인식되지 못하고 있다. 특히 교육 개혁의 흐름 속에서 체육이 종종 주변화되는 현실을 고려할 때, 미국 카네기 위원회가 발표한 『고등학교High School』 보고서의 주장은 중요한 시사점을 제공한다. 해당 보고서는 "건강에 관한 지식보다 더 중요한 지식은 없다. 건강이 없으면 인생의 어떤 목표도 성공적으로 달성할 수 없다"고 강조하면서 모든 학생이 반드시 건강 관련 교육과정을 이수해야 한다고 명시하였다. 이는 학교가 국가적 차원의 건강 증진에 핵심적인 역할을 수행해야 함을 시사하는 내용이다.

체육 교육이 일면적이고 기계적으로 이루어질 경우, 생명교육 또한 편협하고 낮은 차원의 교육으로 왜곡될 수 있다. 우리는 진정한 의미의 체육을 "인체의 적응과 변화에 관한 자연법칙에 따라, 의식적으로 인체의 운동을 활용하여 체력을 증진시키고 신체적·정신적 건강을 도모하는 과학적 방법이자 사회문화적 교육 활동"으로 규정한다. 중국의 유명한 체육 교육자이자 청화대학교清華大學 교수였던 마요환馬約翰은 "체육은 건전한 인격을 형성하는 가장 훌륭한 도구"라고 강조한 바 있다. 체육은 신체 교육을 매개로 하지만, 신체는 단순한 육체가 아니라 사회성과 정신성을 지닌 총체적 존재이다. 스펜서는 "신체는 정신의 토대"라고 주장하였으며, 로크 역시 "건강한 정신은 건강한 신체에 깃든다"고 언급하였다. 따라서 체육은 단순한 체력 증진과 신체 건강에만 국한되지 않으며, 사회성 함양과 정신적 성장에도 깊이 연관되어 있다. 체육은 지혜를 계발하고 인성을 함양하며 미적 감각을 추구하게 한다. 체육은 인간 중심 교육의 물질적 토대이며, 생명교육의 근간을 이룬다고 할 수 있다.

따라서 우리가 제안하는 '신체육'은 단순한 운동 방식의 모음이 아니라, 인간의 개성을 충분히 존중하는 전제 하에 건강健康·건장健壯·건미健美를 삼위일체적 목표로 설정하며, 신체와 정신의 통합적 발달을 지향하는 동시에 개성 발휘와 특성 강조를 중시하는 체육 교육과정이다. 이는 신체에 대한 총체적 교육이라 할 수 있다.

우리는 신체 발달을 건강·건장·건미의 세 단계로 구분한다. 건강健康은 신체가 질병 없이 정상적인 기능을 유지하는 상태를 의미한다. 건장健壯은 동일 연령대에서 기대되는 신체 지표의 상위 수준에 도달한 상태를 가리킨다. 건미健美는 신체가 그 내재적 운동 정신을 외적으로 표출할 수 있는 경지를 의미한다. 『논어論語』에 기록된 공자의 신체 예절과 미적 표현에서 볼 수 있듯, 아름다운 자세는 정신적 함양의 외적 표현이다.

'신체육'은 신체 본질에 대한 회귀이며, 기존 체육 교육의 한계를 초월하고 협소한 생명교육의 범위를 확장하려는 시도이다. 미시적 생명교육에서 다루는 주제들은 비록 중요하지만, 대부분 갑작스럽고 특수한 사례들로 구성되어 있어 일상적 삶에서 접하는 문제들과는 거리가 있다. 신생명 교육은 새로운 체육 방식을 통해 협소한 생명교육의 신체 관련 문제들을 일상생활 전반에 걸친 보편적 문제로 확장시킴으로써, 일상 속 생명에 대한 관심을 제고하고 보편적 문제 해결 과정을 유도한다. 이를 통해 미시적 생명교육의 철저성과 심도는 유지하면서도, 신체 발달을 촉진하고 생명의 가치를 구현하는 더 포괄적인 교육 효과를 달성할 수 있다.

이에 우리는 신체육 교육과정을 제안하며 '신체 혁명'을 위한 교육적 노력을 전개하고 있다. 새로운 교육 환경에서 '신체육'을 어떻게 구현할 것인가? 우리는 다음과 같은 몇 가지 교육적 주장과 실천 방안을 제시하고자 한다.

첫째, 매일 한 시간의 체육 활동을 의무화해야 한다. 모든 신교육 실험학교는 학생들이 일일 최소 한 시간의 체육 활동을 보장받을 수 있도록 교육과정을 구성해야 한다. 생명운동 메커니즘에 관한 연구 결과에 따르면, 한 시간의 운동은 학생들의 신체적 정신적 발달이 정상적으로 이루어지기 위한 최소 기준으로 확인되었다. 실제로 여건이 허용될 경우 운동 시간을 점진적으로 확대하는 것이 교육적으로 바람직하다.

둘째, 신체 유연성과 자기 극복 능력의 배양에 중점을 두되 경쟁 요소는 최소화해야 한다. 근력, 속도, 유연성, 지구력 등 신체 기능은 체계적인 훈련을 통해 개발될 수 있으나, 이러한 능력 함양의 전제조건은 각자가 자신의 신체 조건을 기반으로 지속적인 자기 발전을 도모하는 데 있다. 과도한 경쟁 구도 설정이나 타인과의 비교 평가는 오히려 역효과를 낳아 최적의 신체 발달을 저해할 뿐만 아니라 신체적 손상의 위험성을 증가시킨다.

셋째, 체육 정신 함양과 체육 문화 정착에 교육적 주안점을 두어야 한다. 신체육 교육과정 운영 과정에서는 의지력 배양과 인격 수련에 특별히 주목해야 하며, 관련 문화 요소와의 융합적 접근을 강조해야 한다. 학생들이 단일 운동을 매개로 체육의 본질을 이해할 수 있도록 지도함과 동시에, 건전한 신체가 건강한 정신을 함양하는 선순환 구조를 구축해야 한다.

넷째, 개별 특성 존중과 융합 교육을 통한 종합적 접근이 요구된다. 운동 종목의 다양성과 개인의 선호도 차이를 고려하여 학생들의 자율적 선택권을 보장해야 한다. 특정 운동 종목을 일률적으로 강제하는 방식은 인간 발달의 기본 원리에 위배된다. 각자의 개성을 고려한 맞춤형 접근을 통해 학생들의 잠재력을 최대한 계발할 수 있으며, 이를 위해 우리는 타 교과와의 융합형 체육 프로그램 개발을 제안한다. 구체적으로 체육과 아침 독서, 체육과 음악, 체육과 인문학의 통합적 운영을 통해 지식의 활성화와 생명의 문화적 함양을 동시에 도모할 수 있을 것이다. 이러한 혁신적 접근법은 신체육 교육과정의 질적 도약을 이끌 핵심 동력이 될 것이다.

많은 신교육 실험 학교들이 신체육 분야에서 소중한 탐구를 이어 가고 있다. 해문시海門市 둥저우 초등학교東洲小學, 싼창 초등학교三廠小學 등을 대표로 하는 일부 학교들은 "운동을 우리의 생활 방식으로 만들고, 건강한 신체를 인생의 추구로 삼자"는 철학을 내세우고 있다. 이들은 교사, 학생, 학부모가 모두 참여하는 '전면 참여', 아침 운동, 쉬는 시간 운동, 체육 수업, 동아리 활동, 공휴일까지 아우르는 '전일 운영', 학교, 가정, 지역사회의 '전방위 연계', 그리고 개인의 흥미와 특성에 맞는 운동을 스스로 선택하는 '자율성'을 핵심 특징으로 삼고 있다. 이를 바탕으로 교사와 학생들에게 한 가지 운동을 꾸준히 실천하고, 두 가지 운동을 즐기며, 세 가지 운동을 능숙하게 할 수 있도록 지도하고 있다. 이는 교사와 학생의 체력을 강화하고, 공동체의 결속력을 높이며, 생명의 잠재력을 일깨우고, 행복한 삶을 실현하려는 데 목적이 있다. 그 결과, "몸이 꿈을 실어 나르고, 운동이 생명을 드러내며, 햇살이 운동장을 가득 채우고, 건강이 인생을 밝히게 하자"는 이상을 진정으로 실현해 가고 있다.

이와 같이, 신생명 교육은 신체육을 매개로 하여 즐겁고 건강한 운동의 과정을 통해 사람의 몸을 온전하게 하고, 부정적인 감정을 해소하며, 주도적인 의식을 일깨우고, 긍정적인 심리를 강화함으로써 '체육의 혁신'을 실현하고 있다. 이는 체육의 외연을 확장하고 내적 의미를 풍부하게 하여, 생명이 더욱 건강하게 존재하고 발전할 수 있도록 돕는 길이라 할 수 있다.

2. 매달 한 가지 실천 수업

중국의 위대한 교육자 예성도葉聖陶 선생님은 "교육이란 무엇인가? 간단히 말하면 좋은 습관을 기르는 것이다"라고 말씀하셨다. 신교육 실험에서 제안한 '매달 한 가지 실천 수업' 프로젝트는 습관 형성을 통해 생명교육을 효과적으로 실천하고자 하는 목적을 지니고 있다. 이 프로젝트의 특징은 인생에서 가장 중요한 12가지 습관을 교육 주제로 설정하고, 작은 일부터 시작하여 다양한 주제 독서, 주제 실천, 주제 연구, 주제 수필, 주제 발표, 성과 평가 등의 방식으로 생명교육을 진행한다는 점이다.

우리가 처음으로 설정한 12가지 주제는 다음과 같다.

1월, 식사 예절 배우기 — 절약의 주제

2월, 바른 걷기 배우기 — 규칙의 주제

3월, 나무 심기 배우기 — 공익의 주제

4월, 자연 소풍 배우기 — 자연의 주제

5월, 청소 방법 배우기 — 노동의 주제

6월, 노래하기 배우기 — 예술의 주제

7월, 공놀이 방법 배우기 — 건강의 주제

8월, 미소 짓기 배우기 — 대인관계의 주제

9월, 독서 방법 배우기 — 지식 추구의 주제

10월, 가족에 편지 쓰기 — 감사의 주제

11월, 발표법 배우기 — 자신감의 주제

12월, 일기 쓰기 — 자기 성찰의 주제

활동은 생명의 발전을 위한 매개체이다. 이러한 주제 활동들은 실천 활동, 체험 활동, 토론 활동, 성찰 활동 등을 포함하며, 우리는 이를 통해 신생명 교육의 내용을 확장하고 심화시키기 위해 노력하고 있다. 어떠한 활동이든 그 주체가 적극적이고 창의적이며 성찰적인 태도를 지닐 수 있도록 해야 한다.

생명의 발전은 자각적인 과정이다. 활동을 통해 생명의 자각을 이루어야만 비로소 진정한 생명의 발전을 도모할 수 있다. '매달 한 가지 실천'을 통한 생명교육은 신생명 교육, 특히 '습관 형성과 대인관계' 영역에서 매우 효과적인 체험학습 방식이라 할 수 있다.

최근 몇 년간 장쑤성江蘇省 해문시海門市 신교육 실험구에서는 매달 한 가지 실천에 관해 많은 의미 있는 탐구를 진행해 왔다. 예를 들어, 해문 실험 초등학교는 2011년부터 '10가지 필수 생활기술' 교육과정을 개발·운영하고 있으며, 이에는 방 정리하기, 다섯 가지 요리 만들기, 수영 배우기, 바른 글씨 쓰기, 구기 운동 한 가지 배우기, 예술 특기 한 가지 기르기, 전자신문 만들기, 연기 배우기, 사회 진행 배우기, 간단한 발명 배우기 등이 포함된다. 이 중 첫 여섯 가지는 필수과목이고, 나머지 네 가지는 선택과목으로 다른 개성적인 기술로 대체할 수도 있다. 2014년부터는 '팔례사의八禮四儀(여덟 가지 예절과 네 가지 의식)' 교육을 시행하여, 생활 속 세세한 부분에서 학생들의 문명적 소양을 함양하고자 노력하고 있다. 여덟 가지 예절에는 복장 예절, 식사 예절, 대화 예절, 대인 예절, 거동 예절, 관람 예절, 관광 예절, 의식 예절이 포함되어 학생들의 일상 전반을 아우르며, 쉽게 익히고 실천할 수 있도록 구성되었다. 어린 마음과 진정한 사랑은 일상 속에서 자연스럽게 깨어나며, '자신을 소중히 하고 타인을 존중하는' 생명의식은 '예禮'에서 '인仁'으로 성장해 가고 있다.

3. 아침 낭독, 점심 독서, 저녁 성찰 수업

'아침 낭독, 점심 독서, 저녁 성찰'은 신교육이 제안하는 생활 방식일 뿐만 아니라 하나의 학습 모델이자 교육과정의 한 형태이며, 전통적인 교육방법 가운데 하나이기도 하다.

신교육의 아침 낭독은 기존의 방식과 차별화된다. 특히 두 가지 측면에서 선정 기준을 강조한다. 첫째는 지역적·환경적 특성을 고려해 보다 생동감 있는 분위기를 조성할 수 있는 텍스트를 선택한다는 점이다. 둘째는 교사와 학생의 실제 삶의 필요에 부합하는 시를 선정하여, 시와 생명 사이에서 깊은 공감대를 형성하는 것을 목표로 한다. 낭독 과정에서는 감정과 내용 간의 조화를 중시하며, 시의 세계에 마음을 담아냄으로써 생명이 진정으로 깨어나고 반응하는 순간을 창조한다.

신교육에서는 한 사람의 정신적 성장 과정이 곧 그의 독서 역사라고 본다. 독서는 정신적 성장에 필수적인 교육적 도구이다. 점심 독서는 공동체 독서를 중심으로 진행되며, 신생명 교육을 실천하는 핵심 방법 중 하나이다. 공동체 독서는 신교육이 명확히 제시한 독서 철학의 핵심 요소이다. 연령대별로 구체적인 접근 방식은 차이가 있다. 초등학교 저학년은 그림책이나 단편 동화를 중심으로 '읽기-쓰기-표현하기' 활동을 통해 체험적 이해를 도모하며, 초등학교 고학년과 중학생은 성장 단계에 맞춰 신생명 교육의 내용과 연계된 도서를 선정하여 읽는다.

소크라테스는 "성찰 없는 삶은 살 가치가 없다"고 강조했다. 인간의 삶은 본능에 맡겨진 것이 아니라 이성과 성찰을 통해 완성되어야 한다. '저녁 성찰'은 바로 이러한 성찰적 삶을 구현하기 위한 활동이다. 이는 교사와 학생,

학부모가 하루의 학습과 활동을 마친 후 구두 발표, 일기 작성, 에세이 등의 다양한 방식으로 하루를 돌아보고 미래를 계획하며, 삶을 성찰하고 재해석하는 과정이다. 이러한 자기 성찰과 통찰을 통해 교육은 내면화되어 자발적인 자기 계발로 발전하며, 생명의 발견, 성장, 초월이 보다 적극적으로 이루어진다.

'아침 낭독, 점심 독서, 저녁 성찰'의 교육 모델은 교사와 학생이 긴장과 휴식의 균형을 유지하며 하루를 온전히 살아갈 수 있도록 돕는다. 신생명 교육은 이러한 일상적 실천의 축적을 통해 궁극적으로 생명의 변화라는 성과를 창출해 낸다.

4. 영화 감상 수업

영화 감상 수업은 신교육의 핵심 교과 중 하나로서 통합적 교육과정을 지닌다. 신교육은 독서를 중시하며, 독서의 형태는 시대 발전에 따라 지속적으로 진화해 왔다. 초기 죽간竹簡에서 시작되어 종이로 발전하였으며, 현대의 영상 감상 또한 광의적 의미에서 하나의 독서 방식으로 볼 수 있다. 영화는 그 독보적인 시각적 매력을 통해 사람들에게 직관적이고 감성적인 자극을 제공하며, 고전 텍스트와 상호보완적으로 우리의 정신 세계를 더욱 풍요롭게 형성한다. 영화에서 책으로의 접근은 독서에 대한 흥미를 유발하고 고전 작품에 대한 이해를 심화시키는 효과적인 방법이다. 교사들이 영화 속에 내재된 교육적 가치를 발굴해 내는 것은 자연스럽고 은은한 교육적 효과를 창출하는 방식으로, 보다 광범위하게 시도되고 확산될 필요가 있다. 신생명 교육을 구현하는 과정에서 영화 교육은 고유의 장점을 지닌다. 영화 예술의 통합적 특성을 활용하여, 각각의 우수한 영화 작품은 연극, 미술, 음악 등 다양한 예술 장르를 융합하여 생동감 있는 서사 공간을 창출함으로써 관객을 작품 속으로 몰입시키고 깊이 있는 체험을 유도하며, 궁극적으로 생명의 풍요로움을 증진시킨다.

신생명 영화 수업을 운영함에 있어 일반 영화 수업과 마찬가지로 '영화 선정 기준'과 '영화 활용 방법'이라는 두 가지 핵심 요소에 주목해야 한다. 특히 영화 선정 단계에서는 신생명 교육의 목적에 부합하는 긍정적이고 보편적인 생명의 가치를 담은 작품을 선택해야 한다. 본 교육과정은 왕카이둥王開東 교사의 영화 선정 기준을 참고하여 다음과 같은 원칙을 수립하였다. 첫째, 국제적으로 공인된 주요 영화제에서 수상한 메인스트림 작품이다. 둘째, 학생들의 인지 발달 단계에 적합하며 정서적 공감을 유발할 수 있는 작품이다. 셋째, 독창적인 영화적 기법이 구현된 작품이다. 넷째, 숭고한 인간애와 가치관을 구현하여 학생들에게 긍정적인 삶의 태도를 함양시킬 수 있는 작품이다. 다섯째, 청춘, 사랑, 인생, 전쟁 등 보편적 주제를 심도 있게 다룬 작품이다. 일부 부정적 주제를 다룬 영화의 경우 생명의 고통에 대한 치유적 기능을 가질 수 있으나, 이러한 작품들은 학교에서 관함하는 것보다 가정에서 보호자 동반 하에 관람하는 것이 교육적으로 더 적절하다.

이에 따라 신교육은 월별 주제를 설정하고 저·중·고 학년군별로 구분하여 총 36편의 핵심 영화를 선정하였으며, 교육적 해석을 위한 체계적인 지도 방안을 마련하였다. 아울러 36편의 추가 추천 영화를 포함하여『36편의 영화 수업으로 좋은 습관 기르기』라는 교육 지도서를 발간하였다. 본 지도서는 초·중등학생의 신체적·정신적 발달 특성을 고려하여 구성되었으며, 영화를 매개로 한 즐거운 학습 경험을 제공함으로써 가정과 학교가 협력하여 아동의 올바른 습관 형성을 도모하는 실천적 교육 자료로 활용될 수 있도록 개발되었다.

5. 학급 회의 수업

학급 회의는 가장 보편적인 학급 교육 형태로서, 학생 삶에 미치는 영향력은 어떤 교과 과목보다 클 수 있다. 학급 담임교사는 학급 회의의 운영자로서, 경험 많은 신교육 담임교사에게 학급 회의는 단순히 급한 업무를 처리하는 잡다한 시간이 아니라, 우선순위를 명확히 하고 체계적으로 운영되는 잘 구성된 교육의 장場이 된다. 학급 회의 수업은 다른 교과 수업에 비해 높은 자율성과 유연성을 지니므로, 교사와 학생, 학부모의 삶이 이 공간에서 더욱 자연스럽게 표현되고 사고가 교류되며 소통이 이루어질 수 있다.

학부모 대상 교육이든, 학생들의 주요 현안에 대한 심층 토론이든, 아니면 어버이날이나 청명절淸明節 같은 중요 기념일 관련 행사 및 동아리 활동이든, 학급 회의 시간에는 '소박하지만 깊이 있는' 방식으로 이러한 내용들을 교육적으로 구현할 수 있다. 이를 통해 신생명 교육은 다각적으로 융합되어 생명의 성장을 촉진할 수 있다.

특히 생명교육과 연계하여 특정 생명교육 주제의 학급 회의를 구성할 수도 있다. 신생명 교육연구소의 원위성袁衛星 선생이 중·고등학교용으로 집필한 『학급 회의 18과』는 '생명과 안전', '생명과 건강', '생명과 소통', '생명과 진로', '생명과 윤리', '생명과 가치'라는 여섯 가지 영역을 중심으로 구성되었다. 이 교재는 학생들이 다음을 할 수 있도록 설계되었다. 생명의 특성과 성장 원리를 이해하고 생명의 소중함을 깨닫게 하며, 자신과 타인의 생명을 존중하는 방법을 습득하고 생명 안전 및 위기 대처 기술을 배우게 하며, 개인과 타인, 사회와의 관계에서 공공의 중요성을 이해하게 하고, 대인관계 기술과 갈등 해결 능력을 기르게 하며, 자연과 인간의 관계를 올바르게 인식하고 생태 보호 지식과 기술을 습득하게 하며, 지속적인 생명 체험과 성찰을 통해 자신과 타인의 생명을 소중히 여기고, 생명의 존재에 감사하며 아름다움을 발견하고 의미를 체험하게 하여, 이러한 생명 사랑을 타인과 자연으로 확장시키도록 유도한다. 최종적으로 이는 학생들이 적극적이고 긍정적인 삶의 태도를 갖추고, 건강한 대인관계를 유지하며, 역경을 용기 있게 극복할 수 있도록 이끈다. 아울러 종 다양성과 모든 생명의 권리를 존중하는 가운데, 인간과 사회, 자연이 조화를 이루는 바람직한 행동을 취할 수 있도록 지도하는 것을 목표로 한다.

6. 생일 교육 수업

탄생은 생명의 여정에서 가장 의미 깊은 순간이다. 생일은 개인에게 중요한 정신적 기념일로 자리매김해야 한다. 신교육의 생일 수업은 의식적 접근을 통해 생명의 본질을 조명하며, 일상적 시간을 특별한 교육적 계기로 전환하는 정신적 성장의 장으로 설계되었다. 일반적으로 담임교사나 국어교사가 진행하는 이 수업에서는, 교사가 학생의 개성과 발달 수준을 고려하여 교육적 기대를 담은 시와 이야기를 엄선한 후, 생일을 맞은 학생을 위해 반 전체 앞에서 낭송하거나 구연하는 방식으로 진행된다.

수업 준비 과정에서 교사는 선정한 작품을 학생 맞춤형으로 재구성하며, 학생의 이름을 작품 속에 자연스럽게 삽입한다. 아울러 배경음악을 신중히 선정하고, 학생 사진과 예술적 이미지를 활용한 프레젠테이션 자료를 제작함으로써 생명, 음악, 미술, 문학의 통합적 교육을 실현한다. 일부 교사들은 창의적인 변형을 시도하기도 하는데, 부모에게 편지 작성과 행사 참여를 요청하거나, 전교생이 참여하는 생일 축하 카드 제작을 통해 '생일 기록집'을 완성하기도 한다. 일부 교사들은 특정 학생의 교육적 필요를 고려하여 다년간의 생일 수업 기록을 체계적으로 통합, '성장 보고서' 형태로 제작하여 의미 있는 성장 과정을 돌아보는 계기를 마련하기도 한다. 또한 방학 기간 중 생일을 맞은 학생들의 경우, 학기 초에 집단 생일 축하 행사를 개최함으로써 모든 학생이 생일의 의미를 공유할 수 있도록 교육적 배려를 실천하고 있다.

탄생은 아름다운 시작이자 희망과 미래의 상징이며, 새로운 가능성을 품은 창조적 순간이다. 생명의 유한성이라는 본질적 특성상, 탄생 그 자체가 죽음이라는 종착지를 내포하고 있음을 인식해야 한다. 비록 죽음을 바람직하지 않은 현상으로 인식하더라도, 그것은 생명의 불가피한 귀결점이다. 하이데거가 주장한 "죽음을 향한 존재"라는 개념처럼, 생명이란 죽음을 지향하는 유한한 시간 속의 성장 과정으로 이해될 수 있다. 생명은 본질적으로 유한한 시간 속에서의 여정이다. 그러나 생명의 유한성이라는 본질적 속성으로 인해 탄생은 필연적으로 죽음이라는 종착지를 내포한다. 인간은 죽음을 바라지 않으나 그것은 피할 수 없는 생명의 보편적 법칙이다. 엄밀히 말해 생명이란 죽음을 지향하는 존재론적 과정이라고 정의할 수 있다. 이에 따라 신교육은 생일 수업을 생명교육의 핵심 요소로 정립하는 동시에, 죽음 교육을 생명 이해의 필수적 구성 요소로 체계화하고 있다. 탄생과 죽음은 생명 현상의 두 축을 형성하며, 생명의 궁극적 의미를 규정하는 결정적 변수로 작용한다. 생명의 성장과 발전은 이 두 지점 사이에서 펼쳐지는 역동적 과정이라 할 수 있다.

7. 생사관 교육 수업

중국에서는 공자의 "아직 삶을 알지 못하는데 어찌 죽음을 알겠는가未知生, 焉知死"라는 유명한 구절이 널리 회자된다. 이는 궁극적 문제인 죽음에 대한 지나친 사색보다 현실적 삶의 실천을 우선시하라는 교훈으로 해석된다. 이러한 현세 중심적 사고는 일상적 삶에 대한 긍정적 태도로 평가될 수 있으나, 교육학적 관점에서는 오히려 역발상이 필요하다. 즉 "죽음을 이해하지 않고서는 진정한 삶을 알 수 없다"는 명제가 더 타당하다. 죽음에 대한 성찰을 통해 비로소 삶의 본질을 통찰할 수 있으며, 유한한 생의 시간을 가치 있게 활용하고, 진정으로 헌신할 일에 집중하며, 신속하고 결연하게 행동하는 태도를 기를 수 있다. 이는 죽음이 지닌 교육적 가치를 최대한 계발하는 것으로, 모든 생명체가 직면하는 근본적 문제에 대한 실천적 해결책이라

할 수 있다. 이러한 인식 위에 신생명 교육이 추구하는 '생명과 죽음 교육'은 건강한 시기에부터 '죽음을 의식한 삶'의 진정한 의미를 이해하고, 죽음의 불가피성을 인정하며, 삶의 고난을 직시하는 동시에 삶이 지닌 행복과 가치, 의미를 체계적으로 깨우치도록 하는 데 그 교육적 목적을 두고 있다.

아동에게 삶과 죽음에 대한 교육을 실시하는 것은 매우 깊은 교육적 의미를 지닌다. 첫째, 죽음에 대한 두려움과 불안을 완화시킬 수 있다. 성장 과정에서 아동들은 반려동물이나 조부모의 죽음을 직접 경험하거나, 다양한 미디어를 통해 죽음과 관련된 뉴스나 사건을 접하게 된다. 또한 문학, 미술, 영화 등 예술 작품 속에서도 죽음에 대한 표현을 빈번히 접하게 된다. 이러한 경험들은 아동들에게 두 가지 심리적 불안을 유발할 수 있다. 하나는 자신에게 언제든 죽음이 닥칠 수 있다는 불안이고, 다른 하나는 소중한 반려동물이나 가족, 친구들이 언제든 생을 마감할 수 있다는 두려움이다. 이러한 죽음에 대한 정신적 고통은 건강한 태도로 죽음을 직면하고 다양한 관점에서 함께 고민하는 과정을 통해 완화될 수 있다. 둘째, 삶과 죽음에 대한 올바른 가치관 형성을 도와 의미 있는 삶을 긍정적으로 영위할 수 있도록 지원한다. '삶'과 '죽음'은 대립되는 개념이 아니라 생명의 일체적 양면이다. 따라서 교육 현장에서는 학생들에게 죽음이라는 현상을 인식시키는 동시에, 삶을 영위하는 기술과 태도, 인생의 가치를 추구하는 방향까지 종합적으로 지도해야 한다. 삶과 죽음에 대한 성찰을 통해 행복과 의미를 추구하는 건전한 인생관을 함양하는 것이 목표이다. 셋째, 웰다잉에 대한 이해와 실천을 포함한다. 새로운 생명을 맞이하고 인생의 첫 장을 여는 것이 소중한 것처럼, 생을 마무리하며 인생의 마지막 장을 평온히 닫는 것 역시 중요하다. 죽음을 맞이하는 이가 평안하게 생을 마감할 수 있도록 돕고, 유족이 큰 후회

없이 이별을 수용할 수 있도록 지원하는 것, 이것이 웰다잉 교육이 학생들에게 제시하는 핵심 화두이자 성찰의 주제이다.

8. 생명 서사 수업

생명이야기란 하나의 서사敍事이며, 인생은 이 생명서사가 펼쳐지는 드라마라 할 수 있다. 이러한 생명서사를 교육적으로 풀어내는 것이 바로 생동감 있는 생명교육이다. 신교육은 교사와 학생의 성장을 중시하며, 그들의 서사적 경험에 주목하는 데서 교육이 시작된다고 본다. 스스로의 이야기를 구성하고 이를 통해 성찰하며, 용기를 얻고 지속적으로 성장해나갈 수 있도록 돕는다. 신교육의 생명 서사 수업은 크게 학급 구성원의 서사 공유, 생명 시상식, 연극 공연 등 세 가지 형태로 구성된다. 이러한 통합형 수업의 구체적 실행 방법은 신교육 연차 보고서『예술교육 '어른을 아름답게 하다成人之美'』에서 상세히 기술되어 있다. 생명 서사 수업은 예술적 요소가 풍부하게 융합된 통합교육과정일 뿐 아니라, 그 개념적 체계와 실천 내용 측면에서도 신생명 교육을 구현하는 대표적 수업 모델로 평가받고 있다. 실제 교육 현장에서도 다수의 성공 사례를 보여주며, 생명교육의 핵심 과정으로 적극 권장할 만한 교육 프로그램이다.

앞서 논의한 체계적인 수업 모델 외에도 교육 현장의 특성과 교사의 개별적 상황을 반영하여 다양한 형태의 생명교육 프로그램이 개발·운영되고 있다. 대표적으로 안전교육, 심리상담, 생태관찰, 체험학습 등의 수업 형태가 있으며, 산둥성山東省 빈저우시濱州市 빈청구濱城區 칭이초등학교清怡小學의 리훙메이李紅梅 교사는 '교실 생태계 조성'이라는 개념 아래 창의적인 신생명 교육 프로그램을 시행하고 있다. '가장 강인한 가을 생명 탐구', '낙엽의 생명 순환', '누에의 변태과정 관찰', '버드나무의 계절적 변화' 등의 주제 수업을 통해 학생들의 기본 생활습관 함양은 물론, 자연과의 상호작용 능력 및 정서적 감수성 발달까지 종합적으로 도모하고 있다. 이러한 교육 프로그램은 학습자뿐만 아니라 학부모 공동체까지 포괄하여, 교사와 학생이 함께 생명의 가치를 발견하고 성장을 체험하는 통합적 교육과정으로 자리매김하고 있다.

앞서 소개한 모든 특색 교육 프로그램들은 생명교육의 핵심 요소를 함유하고 있다. 이는 교육이 인간을 성장시키는 그릇이자 생명을 함양하는 통로이기 때문이다. 따라서 생명교육은 모든 교육과정에 유기적으로 스며들 수 있으며, 통합적으로 구성된 '융합형 교육 모델'로 구현된다.

첫째, 명시적 교과 간 융합을 통해 다층적 교육 구조를 구축한다. 초등학교 단계에서는 체육·건강, 국어, 자연, 도덕·법치 과목을, 중학교에서는 체육·건강, 국어, 과학, 도덕·법치, 사회, 역사 과목을, 고등학교에서는 체육·건강, 국어, 생명과학, 정치사상, 사회, 역사 과목 등을 신생명 교육의 핵심 교과군으로 설정하였다. 각 교과 담당 교사는 수업 내용과 생명교육 요소를 유기적으로 연계하여, 노출적 요소와 잠재적 요소를 종합적으로 발굴·활용해야 한다. 특히 학생의 인지 발달 단계를 고려하여 적정 시기에 적합한 수준과 분량으로 생동감 있는 생명교육을 전개해야 한다. 이를 통해 학생들로 하여금 생명 인식의 심화, 생명 존중 의식 함양, 생명 사랑 실천을 도모함은 물론 생존 능력과 삶의 질을 종합적으로 향상시킬 수 있도록 해야 한다. 교수와 학습 과정에서는 학생들의 일상생활과 밀접한 사례를 교육자원으로 적극 활용하며, 다양한 교수법을 적용하여 지식에 생명력을 부여하고, 이를 살아있는 지혜로 전환시키는 데 주력해야 한다. 궁극적으로는 생명 중심의 세계관을 정립하고 삶을 재조명할 수 있는 안목을 기르는 것이 목표이다. 예를 들어 본 연구에서 개발한 예술 교과 연계 프로그램은 예술적 체험을 통한 정서 순화와 심미적 감성 개발을 바탕으로, 긍정적 삶의 태도와 생명에 대한 열정, 창조적 사고를 종합적으로 기르고자 설계되었다.

둘째, 잠재적 교육과정의 중요성을 인식하여 교육의 전면적 내재화를 도모한다. 지식은 표면적으로는 객관적 대상일 수 있으나, 교사의 재해석 과정과 학습자의 구성적 인식을 거치면서 생명체의 세계인식 통로로 전환될 수 있다. 이러한 관점에서 신생명 교육은 잠재적 교육과정을 통해 효과적으로 구현될 수 있다. 샹위翔宇 교육그룹의 총괄 교장이자 신교육재단 이사장을 역임한 노지문盧志文 교사는 우수한 중등 화학 교사로서 다음과 같은 교육 철학을 제시한 바 있다. "나는 단순히 학생들에게 화학을 가르치는 것이 아니라, 화학이라는 매개를 통해 학생 전체를 교육하고 있다." 교과 내용의 전달에서 교과를 매개로 한 전인적 성장으로의 전환은 가장 간명하면서도 심오한 신생명 교육의 철학적 토대를 보여준다. 베이징제2실험초등학교北京第二實驗小學의 부교장이자 특급교사이며 신교육운동의 실천가인 화잉룽華應龍 교사는 이렇게 강조했다. "진정으로 훌륭한 수업은 단순한 지식 전수를 넘어서, 지혜를 계발하고 생명을 각성시키는 것이어야 한다." 수학 특급교사로서『나는 곧 수학이다我就是數學』를 저술한 그는 최근『나는 수학 그 이상이다我不只是數學』라는 새로운 저서를 출간했다.『나는 곧 수학이다』에서『나는 수학 그 이상이다』로의 제목 변화는 단순한 수학 지도에서 수학을 매개로 한 인성 함양으로 나아간 그의 교육철학의 진화를 잘 보여준다. 화잉룽 교사는 이렇게 설명한다. "나는 비록 초등수학 교사이지만, 단순히 수학을 가르치는 이가 아니다. 나는 수학이라는 도구를 통해 아이들을 교육한다. 아이들의 수학 학습이 생명의 의미 있는 장면들 속에 자연스럽게 스며들도록 하는 것이 나의 교육적 사명이다."[1]

---

1 화잉룽華應龍, 「수학을 가르치는 것에서 수학을 통해 사람을 기르다從教數學到數學育人」, 『중국교육보中國教育報』, 2021년 11월 12일.

5

신생명 교육의
전용 교육과정

1. 생명교육 전용 교육과정 개발의 필요성

최근 몇 년간 중국 교육계에서는 생명교육을 주제로 다양한 형태의 교육 프로그램이 시행되고 있다. 주로 세 가지 유형으로 구분할 수 있다. 첫째, 전용 생명교육 과정으로서, 학교별 맞춤형 교육과정, 지역 특화 교육과정, 특성화 교육과정 등으로 운영된다. 둘째, 학제 간 융합 접근법이다. 초등학교의 과학, 체육·건강, 도덕·법치 과목과 중학교의 생물, 과학, 도덕·법치, 체육·건강, 역사 과목, 그리고 고등학교의 생명과학, 사상·정치, 사회, 체육·건강, 역사 과목 등은 생명교육을 통합적으로 적용할 수 있는 주요 교과목들이다. 셋째, 생명교육 주제 중심의 체험 활동이다. 안전교육, 마약예방교육, HIV 예방교육, 청소년교육, 심리교육, 감사교육, 환경교육, 진로교육 등 다양한 생명교육 관련 활동이 유연성 있게 효과적으로 운영되며 다각도로 전개되고 있다.

이 세 가지 접근 방식은 각각 고유한 장점과 한계를 지닌다. 학제 간 융합 접근법은 생명교육을 학교 교육과정의 다양한 교과에 체계적으로 통합하는 방식을 말한다. 다만 이 방식은 생명에 관한 지식과 인식 전달에는 효과적일 수 있으나, 생명 관련 기술 습득과 능력 개발, 행동 변화 유도 등은 별도의 체계적 훈련이 필요하기에 융합만으로는 한계가 있다. 주제 중심 활동 접근은 생명 기술 훈련을 수행할 수 있으나 체계성과 지속성이 부족하다는 문제점이 있다. 더욱이 입시 위주 교육 환경의 영향으로 일부 지역과 학교에서는 생명교육에 대한 인식이 미흡하여, 학제 간 융합과 사회 실천 활동이 형식적으로만 운영되어 생명교육의 실질적 효과를 담보하기 어려운 실정이다.

우리는 기존 교과들이 어느 정도 생명교육을 수용할 수 있지만, 이러한 융합이 포괄적이고 체계적으로 이루어지기에는 한계가 있다고 판단한다. 생명교육은 그 자체로 독창적인 특성을 지니며, 고유한 교육 내용을 포함하고 있어 독립적인 교과 개설이 필요하다. 그러나 이러한 독립 개설에는 몇 가지 논의할 점이 존재한다. 첫째, 생명교육의 내용이 기존 교과와 부분적으로 중복된다는 지적이다. 그러나 동일한 주제라 할지라도 생명교육은 다른 학문과 접근 방식이 상이하며, 이해의 관점이 다르다. 예를 들어 생물학에서 '성(性)'을 다룰 때 생리학적 측면의 '건강한 성'과 '안전한 성'에 초점을 맞추는 반면, 생명교육에서는 '윤리적 성'을 주요 주제로 삼는다. 이처럼 생명교육은 타 교과와의 단순한 내용 중복을 넘어 상호 보완적 관계를 형성할 수 있다. 둘째, 생명교육의 독립 개설이 학생들에게 부담으로 작용할 것이라는 우려이다. 그러나 이는 생명교육의 운영 방식과 평가 체계에 따라 상대적인 문제라 할 수 있다. 보다 근본적으로 접근할 때, 비록 학업 부담이 다소 증가하더라도 생명의 성장과 인생의 의미 탐구라는 본질적 가치를 고려해야 한다. 현재의 입시 중심 교육 환경에서는 '어떻게 살 것인가'에 필요한 지식과 기술 전달에 집중할 뿐, '왜 살아야 하는가'라는 생명의 근본적 질문에 대한 탐구는 소홀히 다루어지고 있다. 이에 생명교육을 별도의 교과로 개설하여 전문적이고 체계적인 방식으로 삶의 방향성과 존재의 의미를 심도 있게 다루는 것은 교육적으로 매우 의미 있으며 필수적인 과제라 할 수 있다.

전문 교육과정은 생명의 특성에 기반하여 교육 내용을 체계적으로 설계하며, 전용 교재와 전문 교사 배치, 확보된 수업 시간 등을 통해 체계적인 운영 체제를 구축한다. 이를 통해 학생들은 전문가의 지도 하에 개인 생활, 학교 생활, 사회 생활 등 다양한 차원에서 생명 관련 문제를 종합적으로 이해하고 탐구할 수 있다. 이러한 교육과정을 통해 학생들은 생명 문제의 근본 원인과 해결 방안을 심층적으로 이해하게 되며, 이는 신생명 교육을 구현하는 데 있어 가장 효과적인 교육 모델로 평가된다.

신교육 실험은 신생명 교육 전용 교육과정 개발을 본격적으로 추진하면서, 기존 교육과정 및 다양한 교육 활동과의 유기적 연계를 통한 상호보완적 운영 체계를 구축하고 있다. 2015년 제15차 신교육 연차 총회를 계기로 신생명 교육연구소를 설립한 이후, 생명교육 전용 교과 개발 및 공동 실행 체제 구축에 주력해 왔다.

2. 신생명 교육 전용 교육과정의 이념

신생명 교육 전용 교육과정은 생명의 전인적 발달 요구에 부응하여, 학생들로 하여금 생명을 존중하고 적극적인 삶의 태도를 함양하며 인생의 성취를 이룰 수 있도록 이끄는 것을 근본 목적으로 한다. 이 교육과정은 아동의 생활세계를 토대로 활동 중심의 통합적 프로그램으로 구성된다. 본 연구에서 제안하는 신생명 교육 전용 교육과정의 기본 이념은 다음과 같이 정립된다.

첫 번째 이념은 행복하고 완전한 교육적 삶의 구현이 신생명 교육 전용 교육과정의 궁극적 가치 지향이다.

교육은 생활에서 비롯되어 생활 속에서 실현된다. 교육 그 자체가 하나의 특수한 생활형태이며, 교육 과정은 인간이 행복한 삶을 추구하는 과정과 조화를 이루어야 한다. 교육이 결여된 행복은 공허한 이상에 불과하며, 행복이 배제된 교육은 생명의 본질적 목적을 상실한다. 생명을 외면하는 교육에서 진정한 행복은 기대하기 어렵다. 신생명 교육은 교육과 생활의 동질성을 강조하며, 그러한 생활이 행복하고 완전해야 함을 주장한다. 이러한 철학적 토대 위에 신생명 교육 전용 교육과정은 아동 생활세계의 내재적 논리를 존중하며, 생활을 기반으로 하고 생활 속에서 구현되어 궁극적으로 학생들이 행복하고 완전한 교육적 삶을 영위할 수 있도록 설계된다. 따라서 신생명 교육 전용 교육과정은 본질적으로 하나의 삶의 과정이라 정의할 수 있다.

두 번째 이념은 발전적 인간 중심 교육은 신생명 교육 전문 교육과정의 핵심 철학이다.

기존 생명교육은 주로 사회 발전 과정에서 발생하는 다양한 생명 위기와 문제 해결을 목적으로 제안되었으며, 사회 문제와 생명 훼손에 대응하는 도구적 성격을 지녔다. 이러한 치료적 생명교육과 차별화되는 신생명 교육은 생명의 총체적 요구에 기반한 발전적 접근을 취한다. 이는 자연적 생명, 사회적 생명, 정신적 생명의 발전적 요구에서 출발하여, 생명의 통합과 조화로운 성장을 지향한다. 구체적으로 자연 생명의 보호, 사회 생명의 완성, 정신 생명의 함양을 통해 생명의 전면적이고 균형 잡힌 발전을 달성하고자 한다. 따라서 신생명 교육은 인간을 중심에 둔 교육이라고 할 수 있다. 신생명 교육 전문 교육과정은 이러한 총체적 생명의 역동적 발전 요구를 토대로 체계적으로 설계된다.

세 번째 이념은 신생명 교육 전문 교육과정의 핵심 목표는 학생들로 하여금 생명의 소중함을 깨닫고, 생활을 사랑하며, 인생의 성취를 이루도록 이끄는 데 있다.

신생명 교육 전문 교육과정은 자연적 생명, 사회적 생명, 정신적 생명이라는 세 가지 차원을 토대로 체계적으로 구성된다. 이 세 가지 생명 차원의 발전적 요구에 부응하여, 생명교육은 학생들에게 다음과 같은 성장을 도모한다. 첫째, 생명의 존엄성을 깨닫는 것을 기초로, 둘째, 생활의 가치를 사랑하는 것을 핵심으로, 셋째, 인생의 의미를 성취하는 것을 궁극적 목표로 삼는다. 이 세 가지 요소가 조화를 이룰 때, 비로소 생명은 지속가능하고 건강하며, 행복하고 의미 있는 존재로 완성될 수 있다.

네 번째 이념은 아동의 일상생활은 신생명 교육 전문 교과 내용의 토대를 이룬다.

생활은 생명 성장의 근간이 된다. 이에 생명교육 수업은 생활과 분리될 수 없는 특성을 지닌다. 아동의 생명 성장은 그들이 생활을 인식하고 체험하며 감정을 느끼고 실천하는 과정에서 이루어진다. 생활 영역은 가정생활, 학교생활, 사회생활로 구분되며, 그 본질은 건강성, 긍정성, 즐거움, 행복이라는 특질을 지닌다. 신생명 교육 전문 교육과정은 아동의 가정·학교·사회생활 맥락에서 생명 발전에 핵심적인 주제를 선정하고, 성장 과정에서 직면하는 문제를 해결하며, 성장의 아름다움을 체득하게 하여, 궁극적으로 적극적이고 건강하며 즐겁고 행복한 삶을 영위할 수 있도록 지도한다.

다섯 번째 이념은 활동 경험은 신생명 교육 전문 교육과정 운영의 핵심적 형태이다.

신생명 교육의 궁극적 목적은 생명의 발전을 도모하는 데 있다. 생명은 오직 활동 속에서만 진정한 성장을 이룰 수 있다. 이에 활동은 신생명 교육 전문 교육과정의 주요 운영 방식으로 자리매김하며, 본 교육과정은 생활 실천을 중심으로 한 활동 중심의 과정으로 설계된다. 구체적인 운영 방식으로는 학생들이 실제 생활 상황 속에서 다양한 활동에 참여하거나 직접 체험함으로써 생명 보호 기술을 습득하도록 하고, 이를 통해 자신의 경험을 성찰하고 판단하며 재해석할 수 있도록 지도한다. 특히 영화 감상이나 역할극 활동 후에는 생명에 대한 깊은 체험과 정서적 공명을 얻을 수 있도록 교육적 기회를 제공한다.

3. 신생명 교육 전용 교육과정의 특징

신생명 교육 전문 교육과정은 학생의 생명을 중심축으로 삼아, 인간과 자기 자신, 인간과 타인, 인간과 자연, 인간과 우주라는 네 가지 핵심 관계를 기반으로 구성된다. 이 교육과정은 학생들이 이러한 관계 속에서 경험하는 실제 삶을 토대로 한 활동 중심의 통합교육과정으로, 다음과 같은 기본 특성을 지닌다.

첫째, 생활 중심성이다. 삶은 생명의 역동적 존재양식이며, 생명은 삶의 맥락에서 성장하여, 삶은 생명의 근본이 된다. 따라서 이 교육과정은 교사와 학생의 생활세계를 논리적 기반으로 삼아, 삶을 근간으로 하며, 삶의 맥락 안에서, 삶의 질 향상을 목적으로 운영된다. '삶을 근간으로 한다'는 것은 학생의 일상에서 발생하는 요구와 문제를 교육의 출발점으로 설정함을 의미한다. '삶의 맥락 안에서'는 학생의 실제 생활 경험을 신생명 교육 전문 교육과정의 주요 교육자원으로 활용하여, 교사의 지도 하에 삶을 체험하고 참여하며 창조해나가는 과정을 말한다. '삶의 질 향상을 목적으로'는 올바른 가치관 형성을 바탕으로 학생들이 삶의 과정에서 성장하고, 성장의 과정에서 삶을 영위할 수 있도록 이끎으로써, 궁극적으로 행복하고 온전한 교육적 삶을 구현하는 데 그 목적이 있다. 이에 신생명 교육 전문 교육과정은 생활중심 교육과정으로 규정될 수 있다.

둘째, 통합성의 구현이다. 신생명 교육 전용 교육과정은 교사와 학습자의 생명적 성장을 핵심 축으로 삼으며, 학습자의 생활 경험을 기반으로 하여 생명 발달 과정에서 필수적인 네 가지 관계를 중심으로 교육 내용을 자기와의 관계, 타인과의 관계, 자연과의 관계, 우주와의 관계로 체계적으로 구성함으로써 그 통합성을 실현한다. 이러한 교육과정 설계는 인간 존재의 근본적 관계들에 대한 내재적 통합을 반영하며, 초·중등학교 교육과정의 도덕·법치, 체육·건강, 자연과학, 사회, 역사 등 다양한 교과 영역을 아우른다. 또한 안전교육, 심리건강교육, 정서교육, 진로교육, 약물예방교육, 환경교육, 지속가능발전교육 등 다각적인 교육 주제들을 융합하는 다학제적이고 초학문적인 통합 교육과정의 특성을 지닌다.

셋째, 실천 중심성이다. 신생명 교육 전문 교육과정은 단순한 교과 지식 전수를 넘어서며, 그 교육과 학습 논리는 실천 중심적 접근법에 기반한다. 이 교육과정은 사회생활 속의 실천을 핵심 운영 방식으로 채택한 활동 중심의 교육모델이다. 구체적인 생활 현장에서 학생들이 다양한 활동에 참여하고 실제 상황을 직접 체험함으로써 생명 보호 기술을 내면화하도록 구성되었다. 또한 학생들로 하여금 자기 경험을 토대로 비판적으로 사고하고, 가치 판단을 내리며, 능동적으로 체험할 수 있도록 유도한다. 특히 영화 감상이나 역할극 등의 방법을 통해 생명에 대한 심층적 체험과 정서적 공명을 유발하는 것을 특징으로 한다. 궁극적으로 이 과정은 학생들이 활동을 매개로 생명을 체험하고, 실천 과정에서 생명의 의미를 성찰하며, 참여적 경험을 통해 생명의 가치를 구성해나갈 수 있도록 하는 데 목적을 두고 있다.

넷째, 생성적 특성이다. 생명은 고정된 실체가 아닌 삶의 과정에서 지속적으로 창발하는 현상이다. 신생명 교육 전용 교육과정은 아동의 생명 발달 요구에 근거하여 아동의 생활세계를 중심으로 교육 내용을 구성한다. 이에 따라 아동의 생활과 활동 과정에서 발생하는 변화와 요구에 부응하여 교육 목표를 유동적으로 재구성해야 하며, 교육 내용 역시 각 발달 단계별 생명의 요구와 당면한 생명 과제에 따라 차별화되어야 한다. 특히 연령별 생명 성장 단계에 따라 교육 내용이 나선형으로 확장되고 심화되는 구조적 특징을 지닌다. 이러한 생성적 특성은 교육 실행 과정에서도 구현되는데, 교육과 학습은 역동적인 상호작용 과정이며, 교수와 학습 활동은 생명의 활력으로 충전된다. 교육과정은 본질적으로 개방적 시스템으로서, 생명 성장에 기여할 수 있는 모든 교육적 요소는 신생명 교육 전용 교육과정의 구성 요소로 수용되거나 교육 자원으로 활용될 수 있다.

4. 신생명 교육 전용 교육과정의 목표

1) 총괄적 목표

이 교육과정의 총괄적 목표는 신교육의 핵심 이념인 "행복하고 온전한 교육적 삶의 구현"을 중심축으로, 신생명 교육을 통해 모든 구성원이 생명의 소중함을 깨닫고, 적극적인 삶의 태도를 함양하며, 의미 있는 인생을 완성하고, 생명의 길이·넓이·높이를 확장하여 최상의 자아실현을 이루는 데 목표로 한다. 이러한 목표를 교과 내용에 체계적으로 반영한 구체적 방향은 다음과 같다.

첫째, 생명 존중 의식의 함양이다.

이는 건강하고 아름다운 신체적·정신적 존재로서의 생명 인식을 의미한다. 생명의 본질적 특성과 성장 원리를 이해하고 자신의 생명을 소중히 여길 줄 알며, 타인의 생명을 존중하는 태도를 기르고 자연 생명에 대한 경외심을 함양하도록 한다. 생명 안전 및 신체·정신 건강 관련 지식과 기술 습득을 통해 심리적·정서적 안정을 유지하며 다양한 생명 위협 상황을 예방할 수 있는 능력을 배양한다. 특히 자살 예방 교육을 강화하여 자기 생명의 소중함을 인식하고 자기 존중감을 고취시킨다.

둘째, 삶의 사랑, 즉 적극적 삶의 실천이다.

사회에 능동적으로 적응할 수 있는 긍정적 사고방식을 함양하고, 건강한 대인관계 형성 능력을 배양하며, 역경을 극복할 수 있는 용기를 지녀야 한다. 바람직한 생활습관과 낙관적 삶의 태도를 기르고, 효과적인 의사소통 기술을 습득해야 한다. 아울러 사회 공공질서 준수의식을 갖추고, 사회적 약자에 대한 공감적 이해와 배려심을 키우며, 공동체 의식과 정의감, 책임감을 갖춘 시민으로 성장해야 한다.

셋째, 인생의 완성, 즉 행복한 삶의 성취이다.

생명의 본질적 의미와 가치를 깨닫고, 독립된 인격체로서 자유로운 정신을 함양해야 한다. 인생을 합리적으로 설계하며 고귀한 이상과 확고한 신념을 지닐 것을 교육 목표로 설정한다. 생명의 초월적 가치를 인식하고 잠재력을 계발하며, 삶과 죽음의 실존적 문제를 직시함으로써 생명의 숭고함을 추구해야 한다. 나아가 '소아小我'의 차원을 넘어 국가·사회·인류 공동체에 대한 책임의식을 갖추고, 중국적 정체성을 바탕으로 세계적 시야를 지닌 글로벌 시민으로 성장하도록 교육해야 한다.

2) 유형별 목표

'생명 존중, 삶 사랑, 인생 완성'이라는 교육 목표를 '정서와 태도', '지식과 기능', '실천과 능력'의 세 가지 차원으로 체계화하면 다음과 같다.

첫째는 정서와 태도 함양이다.

생명의 소중함을 인식하고 생명의 아름다움을 감상하는 능동적 삶의 태도를 기른다. 건전한 자아존중감과 성장 마인드를 함양하며, 바람직한 인생관과 가치관을 정립한다. 인문학적 소양과 공감적 배려심을 지닌 전인적 인격을 형성한다.

둘째는 지식과 기능 습득이다.

생명 안전 및 신체와 정신 건강 관리에 관한 과학적 지식을 체계적으로 습득한다. 일상생활과 생존에 필수적인 실용적 기술을 연마한다. 사회 규범 이해와 원만한 대인관계 형성을 위한 사회적 기술을 개발한다. 인생 설계와 진로 개발에 필요한 계획 수립 능력을 배양한다.

셋째는 실천과 능력 강화이다.

생명 보호 및 안전 관리 능력을 함양한다. 건강한 생활습관과 바람직한 행동 패턴을 정착시킨다. 자기조절 능력과 효과적인 사회적 상호작용 기술을 연마한다. 합리적 진로 설계와 직업 선택 능력을 기르며, 행복한 삶을 창조하고 생명의 가치를 실현할 수 있는 종합적 역량을 개발한다.

3) 학습 단계별 목표

신생명 교육 교육과정의 총괄적 목표와 초·중등학생의 생명 발달 특성을 고려하여 초등학교, 중학교, 고등학교 단계별 차별화된 교육 목표를 수립하였다. 구체적인 내용은 다음과 같다.

- **초등학교 단계 교육 목표**

학생들이 자신의 성장 및 발달 특성을 기초적으로 이해하도록 지도하며, 안전하고 건강한 생활에 필수적인 기초 지식과 기능을 습득하게 한다. 특히 자기보호 능력, 도움 요청 방법, 위험 회피 및 대피 기술 등 생존 필수 능력을 함양하고, 일반적인 건강 문제와 질병 예방에 관한 기초 지식을 학습시킨다. 또한 규칙적인 생활 리듬과 위생적 습관을 정착시키고, 건강한 생활 방식을 정립하며 올바른 생명 가치관을 형성하도록 지도한다. 교사, 또래 친구 및 가족과의 건전한 관계 형성 방법을 학습하고, 긍정적이며 낙관적인 성격 특성을 기르며, 예의 바르고 친화적인 사회적 상호작용 능력을 배양한다. 아동기 자기정체성의 기초를 마련하고, 개인의 관심사와 흥미 영역을 발견하며 긍정적 자아개념을 발전시키는 데 중점을 둔다.

- **중학교 단계 교육 목표**

청소년기의 신체적 심리적 발달 특성을 이해시키는 데 중점을 둔다. 학생들은 자기 보호 및 재난 대응 기술을 체계적으로 습득하고, 디지털 리터러시 능력을 함양하여 가짜 정보 식별 및 사이버 범죄 예방 방법을 익히게 된다. 또한 생명 존중 의식을 바탕으로 자아 수용과 타인 포용의 태도를 기르며, '인간과 자연의 조화로운 공존'이라는 생태적 가치관을 정립하여 공공 환경 보호에 적극 참여할 수 있도록 지도한다. 정서적 안정을 위해 불안 관리 및 실패 극복 기술을 훈련하고, 도움 요청 능력과 건강한 생활습관을 길러 정신적으로 풍요로운 삶을 영위할 수 있도록 지원한다. 아울러 적극적인 삶의 태도와 건전한 인생관을 형성함으로써, 인생의 의미를 탐구하고 기초적인 진로 설계 및 목표 설정 능력을 배양하는 것을 궁극적 목표로 삼는다.

- **고등학교 단계 교육목표**

학생들이 성(性)의 생리적·심리적·윤리적 측면에 대한 과학적 인식과 합리적 가치관을 정립할 수 있도록 지원한다. 생명 위기 상황 대처에 필요한 전문 지식과 기술을 습득하며, 인생의 역경을 극복하는 회복력을 함양하도록 한다. 독립적 인격체로서의 자율성과 창의적 사고능력을 배양하고, 고매한 인생관을 정립하여 생명의 물리적 한계를 초월하는 정신적 성장을 도모한다. 국가 사이버 보안 관련 법규 준수의식을 고취하고, 법적 절차를 통해 자신의 권리를 보호할 수 있는 시민적 역량을 개발한다. 사회 구성원으로서의 공공정신과 책임의식을 함양하며, 사회정의 실현에 기여할 수 있는 가치관을 정립한다. 타인의 고통에 공감하고 생명의 존엄성을 수호할 수 있는 인문적 소양을 기르며, 인간과 사회·자연의 조화로운 공존을 추구하는 세계시민으로서의 역량을 배양한다.

5. 신생명 교육 전용 교육과정의 내용 설계

생명은 단순히 '개인'의 차원에서만 이해될 수 없는 관계적 존재이다. 인간의 생명은 본질적으로 관계적 속성을 지니며, 개인의 생명은 타인·사회·자연·우주와의 유기적 연결 속에서만 온전히 이해될 수 있다. 이에 따라 생명교육은 개인적 생명 보호에 국한되지 않고, 인간과 타인, 사회, 자연, 우주 간의 관계 정립 방안을 체계적으로 교육하는 포괄적 과정이다. 이러한 다층적 관계 속에서 생명의 온전한 실현과 조화로운 발전을 도모하는 것이 교육의 핵심 과제이다. 현대 신유학新儒學의 대표적 학자인 두웨이밍杜維明 교수는 "완성된 인간성이란 자아와 공동체, 자연과 하늘이라는 네 차원의 조화로운 통합을 이루는 상태"라고 정의한 바 있다.[1] 이와 같은 관점은 신생명 교육이 추구하는 총체적 생명관과 정확히 부합한다.

첫째, '인간과 자기 자신'의 관계 이해를 바탕으로 한 '자기인식 교육'이다.

인간의 모든 관계 형성은 자기 이해에서 비롯되며, 개인은 일상생활 속에서 관계를 맺고 발전시키는 과정에서 지속적으로 자아를 재창조한다. 자기 자신은 창조적 성장의 근원이므로, 생명교육은 반드시 자기성찰에서 시작되어야 한다. 유교 사상에서 강조하는 "수신제가치국평천하修身齊家治國平天下"의 근본이 '수신修身'에 있는 이유도 바로 자기수양에서 모든 것이 시작되기 때문이다. 진정한 자기 이해는 단순한 신체의 소유를 넘어, 신체를 매개로 감정과 정신을 표현하고 발전시키는 총체적 과정이다. 신생명 교육은

---

[1] 두웨이밍杜維明, 왕젠바오王建寶 지음, 「정신적 인문주의精神人文主義: 하나의 솟아오르는 글로벌 담론一個正在噴薄而出的全球論域」, 『선산학간船山學刊』, 2021년 제1기.

학생들로 하여금 생명에 대한 깊은 자각을 통해 다음을 실현할 수 있도록 지도한다. 개인의 신체적·정신적 발달 법칙을 체계적으로 이해하고, 신체와 정신 건강 증진을 위한 실천적 방법을 습득하며, 자기보호 능력을 함양하고 건강한 생활방식과 행동습관을 정착시킨다. 나아가 자신의 진로를 설계하고 인생의 가치를 구현할 수 있는 역량을 키움으로써, 궁극적으로 자아실현을 이루도록 돕는 데 그 교육적 목적이 있다. 이를 통해 학생들은 신체적 건강과 정신적 성장은 물론, 사회성 발달과 정신적 진보를 아우르는 통합적 발전을 이룰 수 있다.

둘째, '인간과 공동체'의 관계, 즉 '집단을 아는 것知群'에 대한 교육이다.

자신은 고립된 원자적 존재가 아니다. 자아는 관계 속에서 살아가며, 타인과의 관계 및 사람들 간에 맺어진 다양한 공동체 없이 자아는 존재할 수 없다. 따라서 자아는 타인 및 공동체와 분리될 수 없으며, 타인을 존중하고 공동체에 적극적으로 참여하는 것은 타인을 위한 행동일 뿐만 아니라 결국 자기 자신을 위한 일이기도 하다. 타인이 없다면 온전한 자아도 존재할 수 없다. 이른바 '건전한 인격'이란 타인 및 공동체와 조화롭게 살아갈 수 있는 인격을 의미한다. 물론 공동체의 범위는 다양하다. 작게는 가정, 학급, 학교, 직장, 지역사회일 수 있고, 크게는 지역, 국가, 민족, 나아가 전 세계를 포함할 수 있다. 신생명 교육은 학생들이 개인의 생명이 '공존하는 생명'이자 '사회적 생명'임을 인식하도록 이끌어야 한다. 타인을 배려하고 사랑하며 존중할 수 있도록 하며, 인간관계 속의 갈등을 적극적으로 마주하고 건강한 관계를 발전시키도록 지도해야 한다. 또한, 자신이 속한 집단과 사회의 규범과 제도를 준수하고, 사회적 도덕과 정의감을 갖추어, 사랑과 책임을 지닌 가족 구성원, 지역사회의 주민, 국가의 국민, 인류의 일원으로 성장하도록 해야 한다.

셋째, '인간과 자연'의 관계, 즉 '사물을 아는 것知物'에 대한 교육이다.

인간은 자연에서 진화해온 존재로 자연의 정수를 품고 있으며 자연의 기운을 생명 속에 담고 있다. 따라서 인간과 자연의 관계를 이해하려면 자연을 단순히 인간의 생존 외부 환경으로만 보지 말고 자연의 도구적 가치를 넘어서서 인간과 자연이 생명적으로 하나라는 관점을 가져야 한다. "인자는 천지 만물을 하나로 여긴다(仁者以天地萬物為一體)"고 했듯이 자연은 우리 몸 밖의 것이 아니다. 진화론 등의 관점에서 보면, 지구는 우리의 생명과 불가분의 관계에 있다. 우리가 자연 생명으로서 바라볼 때, 우리는 지구와 무한한 관계를 맺고 있다. 지구를 외부의 자원으로만 여기고 이용할 수 없다. 자연은 우리의 주체적인 일부이며, 우리의 생명이 지속되고 발전하는 데 필수적인 조건이다.[2] 따라서 생명교육은 인간과 자연이 조화롭게 공존하는 교육을 포함해야 하며 학생들이 모든 생명체는 존재할 권리가 있다는 것을 인식하고 생물 다양성을 존중하며 생명 공동체를 구축할 수 있도록 해야 한다. 지구 보호의 규칙을 실천하고 자연 생태 균형을 유지하며, 건강한 소비 관념을 형성하고, 인간과 자연의 조화로운 지속 가능한 발전을 실현할 수 있도록 돕는 교육이 필요하다. 이를 통해 '천인합일天人合一'의 경계를 창조할 수 있어야 한다.

넷째, '인간과 우주'의 관계, 즉 '하늘을 아는 것知天'에 대한 교육이다.

천지와 나, 우주와 나 사이의 관계는 자연과 나의 관계처럼 단순한 외부

---

[2] 두웨이밍杜維明, 「왜 '사람이 되는 법을 배워야 하는가爲什麼要學做人'—제24회 세계철학대회 주제에 대한 생각」, 『광명일보光明日報』, 2018년 8월 11일.

적 관계가 아니다. 맹자孟子는 "천하만물은 모두 나에게 갖추어져 있다萬物皆備於我"고 말했으며, 천지 만물은 모두 나와 관계가 있다. 장재張載는 『서명西銘』의 서두에서 "하늘乾을 아버지라 부르고 땅을 어머니라 부르는데, 나는 여기 미미한 존재로서 거기에 뒤섞여서 존재한다"고 말했다. 천지는 나의 부모이며, 나는 그들 가운데 있으며, 그들과 뼈와 살이 이어져 있고, 혈맥이 통하는 존재이다. 인간은 세계의 지배자가 아니며, 하늘을 정복하거나 자연을 지배하려는 생각을 가져서는 안 된다. 하늘과 땅을 존경하고, 천도天道와 천리天理를 따르며 살아야 한다. 생명교육은 학생들에게 인간 존재의 의미와 가치를 탐구하도록 이끌고, 죽음의 의미를 성찰하게 하며, 인류가 직면한 위기에 관심을 기울인다. 결국 '천인합일天人合一'과 '민포물여民胞物與'의 이치를 실현할 수 있도록 돕는다.

결론적으로, 생명은 단순히 '소아小我'에 그치는 것이 아니라 타인, 공동체, 자연, 천지와 하나로 융합되어 있다. 각자의 생명은 타인, 세계, 천지 만물과 유기적으로 연결되어 있으며, 이는 신체와 정신의 통합, 인간과 사회의 상호작용, 인간과 자연의 지속 가능한 조화, 인간 마음과 천도의 상호 보완으로 구현된다. 이 네 가지 요소가 유기적으로 결합하여 완전한 인간성의 기본 틀을 구성하는 것이다.[3] 생명교육은 학생들이 자신과 타인, 사회, 자연, 천지 우주와 조화로운 관계를 형성할 수 있도록 이끌어야 한다. 아울러 자기 자신을 사랑하고 타인을 배려하며, 사회와 자연에 대한 존중의 태도를 함양하고, 생명의 질을 향상시키며, 궁극적으로 생명의 의미와 가치를 깨달

---

[3] 두웨이밍杜維明, 「왜 '사람이 되는 법을 배워야 하는가爲什麼要學做人'—제24회 세계철학대회 주제에 대한 생각」, 『광명일보光明日報』, 2018년 8월 11일.

을 수 있도록 도와야 하는 것이다.

위에서 언급한 '네 가지 관계'의 삶은 자연적 생명, 사회적 생명, 정신적 생명으로 나타나며 이는 생명교육의 핵심 내용으로 구성된다. 이를 바탕으로 신생명 교육은 세 가지 차원의 생명에 대응하는 여섯 가지의 분야를 제시하였다. 구체적으로는 다음과 같다.

- 자연 생명(생명을 소중히 여기기)
- 생명과 안전
- 생명과 건강
- 사회 생명(삶을 사랑하기)
- 생명과 양성
- 생명과 교류
- 정신 생명(인생을 완성하기)
- 생명과 가치
- 생명과 신념

이 여섯 개의 분야는 수평적 전개와 전면적 시스템의 원칙을 따르며, 각 분야를 13개의 학습 영역으로 세분화한다. 학생들의 연령 단계별 특성과 발달 요구에 따라 수평적 방향으로 연계하고 단계적으로 나아가는 원칙에 따라 각 학년 수준에 맞는 교육과정 주제를 설계한다.

첫째, '안전과 건강' 분야이다.

'안전과 건강' 분야는 주로 가정 안전, 학교 안전, 사회 안전, 신체 건강, 심리 건강, 성 건강 등 여섯 개의 영역으로 구성된다.

가정 안전 측면은 학생들이 가정 안전에 대한 기본 상식을 배우는 것 외에도 전기, 화재, 도둑 등을 예방하는 방법을 배우고 돌발 사건에 대응하는 방법과 인터넷 안전을 확보하는 법을 배워야 한다.

학교 안전 측면은 학생들이 학교에서 안전 상식을 익히고 놀이와 운동 중의 안전을 확보하는 방법, 학교 폭력, 질병 전염 등 사고에 대응하는 방법을 배워야 한다.

사회 안전 측면은 학생들이 사회 안전에 대한 기본 상식을 배우고, 교통 안전, 야외 안전에 관한 지식을 익히며 자연 재해와 폭력, 테러에 대응하는 방법을 배우고, 사회 안전과 국가 안전 의식을 형성해야 한다.

신체 건강 측면에서는, 학생들이 신체 기관, 성장 발달, 질병의 위험성 등을 이해한 후, 영양, 운동, 휴식, 치료 등이 건강에 미치는 영향을 배우고, 약물 사용법, 흡연과 음주 문제에 대한 대처 방법을 익히며, 약물의 오용과 남용을 예방할 수 있는 방법을 배우게 해야 한다.

심리 건강 측면은 학생들이 감정, 성격, 스트레스 등에 대해 이해한 후, 감정 관리, 환경 적응, 스트레스 해소 방법 등을 배워야 한다.

성 건강 측면은 학생들이 생명의 탄생 과정, 성별 차이, 청소년기 발달 등을 이해한 후, 정상적인 이성 교류, 이성 괴롭힘 대응, 성행위 예방 방법 등을 배우게 해야 한다.

교육과정 내용에 있어 생명 안전과 건강 분야는 학년별 주제로 다음과 같이 제시된다.

생명 안전 및 건강

연령대		가정 안전	학교 안전	사회 안전	신체 건강	심리 건강	성 건강
초등학교	1학년	보이지 않는 위험 요소 경계	경고 표지판 인식	기초 교통 상식 이해	신체 기관 이해	집단 생활 적응	남녀 아동의 차이 이해

	2학년	반려동물로 인한 피해 예방	과격한 장난 자제	실종 및 유괴 예방	자기 신체 보호	개인 신체 역할 이해	성에 관한 비밀 인식
	3학년	안전한 전기기기 사용	놀이 안전 확보	교통 안전 확보	쓰레기 음식 피하기	정서 문제 해결	성적 침해 예방
	4학년	낯선 방문자 대처	학교 내 사고 예방	수영장 익수 사고 예방	과학적 식단 습득	자기 통제 방법 습득	성별 차이 존중
	5학년	음식 안전 주의	운동 보호 방법 습득	엘리베이터 안전 탑승	일반 질병 인식	자기 인식 배양	청소년기 발달 이해
	6학년	가정 폭력 예방	학교 폭력 예방	도움 요청 방법 습득	약물의 올바른 사용법 이해	자기 수용 능력 향상	이성 간 교류 방법 습득
중학교	1학년	화재 대피 요령 습득	운동 중 부상 예방	인터넷 안전 이용	신체 단련 실천	환경 적응 능력 향상	청소년기 고민 극복
	2학년	보이스 피싱 예방	전염병 대응 방법 습득	유해 유혹 거절 태도 함양	흡연과 음주의 해로움 인식	어려움과 좌절 직면 능력	성행위 예방 교육
	3학년	지진 발생 시 대처 방법	실험 안전 수칙 숙지	정의로운 행동 실천	마약 유혹 거절	자립 능력 함양	성건강 유지와 보호
고등학교	1학년	없음	기숙사 안전 확보	긴급 상황 대처 방법 및 응급처치 방법 습득	건강 관리 계획 수립	자기 성격 인식	순수한 사랑 이해
	2학년	없음	재산 보호 방법 습득	야외 위험 예방 및 야외 생존 기술 습득	건강한 야외 생활 실천	결혼 책임 이해	타인 존중 태도 함양
	3학년	없음	여론 안전 인식	불법조직회피및 폭력테러대응	건강 관련 오해 극복	스트레스 관리 능력	아름다운 가정에 대한 동경

  2021년, 교육부는 『생명 안전 및 건강 교육 초·중등학교 교과서 지침生命安全與健康駕駛進中小學課程教材指南』을 발행하였다. 이 지침은 바로 이 분야의 내용을 다루고 있다. 신생명 교육은 안전 교육을 전제로 하여 신체 건강 교육 과정의 이념과 실행에 중점을 두고 있다.

  둘째, '양성과 교류' 분야이다.

  '양성과 교류' 분야는 주로 습관 형성, 인간 관계, 인간과 자연의 조화라는 세 가지 영역으로 구성된다. 습관 형성에는 학습 습관과 생활 습관이 포함된다. 학습 습관 부분에서는 학생들이 교사를 존중하는 태도를 바탕으로 진지한 학업 태도를 갖추고, 자발적인 독서, 독립적인 사고, 협력적 탐구 능력을 함양할 수 있도록 지도해야 한다. 생활 습관 부분에서는 학생들이 위생 관리, 규칙적인 운동, 근로 정신을 기르고 자기 관리 능력을 배양하도록 해야 한다. 인간 관계 부분에서는 학생들이 생명의 탄생 과정과 부모의 양육 은혜를 이해하고 존중과 배려의 마음을 배우며, 효행 실천과 가정 내 책임 의식을 갖추도록 교육해야 한다. 또한 집단 생활과 공동체 생활의 규범을 이해하고, 멘토 선택, 또래 압력 대처, 사회성 함양 등 인간 관계 형성 방법을 체득하도록 지도해야 한다. 인간과 자연 부분에서는 생명 현상의 이해와 생명 기원에 대한 탐구를 바탕으로 생태계 균형의 중요성을 인식하고, 자연 보호 의식과 지속 가능한 녹색 생활 방식을 실천하며, 자연과 공존하는 삶의 태도를 함양하도록 교육해야 한다.

　교육과정 내용에 있어 생명 양성과 교류 분야는 학년별로 다음과 같은 주제로 제시된다.

생명 양성 및 교류

	학년		습관 형성	인간 관계	인간과 자연
초등학교	저학년	1학년	학용품 소중히 사용하기	사랑 표현 배우기	동물 친구 돌보기
		2학년	개인 위생 관리 실천하기	타인을 칭찬하는 법 배우기	식물 보호하기
		3학년	바른 언어 사용 습관 들이기	사과 표현 배우기	자연의 신비 탐색하기
	고학년	4학년	자율 학습 습득	팀워크 배우기	쓰레기 분류 방법 배우기
		5학년	운동 취미 기르기	관용과 배려 배우기	환경 오염 인식하기

	6학년	예의 바른 행동 습득	커뮤니티 봉사 참여	자연에 대한 경외심 배우기
중학교	1학년	효율적인 학습 방법 개선	가족을 돕는 법 배우기	산수의 매력 발견하기
	2학년	여가 시간 합리적으로 계획하기	동료와의 우정 쌓기	도시 문제에 대한 생각
	3학년	예술적 생활 감각 기르기	사회적 약자에 대한 관심 갖기	환경 보호와 권리 실천에 참여하기
고등학교	1학년	비판적 사고와 성찰 배우기	가정 책임 감당하기	자연 유산 소중히 여기기
	2학년	과학적인 재정 관리 배우기	동아리 활동 참여하기	지구촌 주민의 역할 다하기
	3학년	심미적 감수성 기르기	공익 활동에 적극적으로 참여하기	천인합일의 경지 추구하기

    이 분야에서는 건전한 인간관계 형성을 기반으로 하여, 새로운 양성교육과정의 이념 정립과 실천 방안에 중점을 두고 있다.

    셋째, '가치와 신앙' 분야이다.

    '가치와 신앙' 분야는 진로 개발, 가치 추구, 인생 신앙, 생사 지혜 등 네 가지 핵심 영역으로 구성된다. 진로 개발 영역에서는 학생들이 개인의 관심과 능력을 바탕으로 직업적 소양을 함양하고 직무 역량을 강화하며 체계적인 진로 설계를 할 수 있도록 지도해야 한다. 아울러 학생들로 하여금 자신의 잠재력을 최대한 발휘하고 부족한 부분을 보완하며 최적의 성장 경로를 선택함으로써 개인적 발전을 극대화할 수 있도록 지원해야 한다. 가치 추구 영역에서는 진·선·미의 가치를 추구하는 과정에서 책임 있는 의사 결정 능력을 기를 수 있도록 교육해야 한다. 인생 신앙 영역에서는 고귀한 정신적 가치관을 정립할 수 있도록 도와 정신적 지지체계와 삶의 방향성을 제시해야 한다. 생사 지혜 영역에서는 생명의 기원·성장·종말에 대한 이해를 바탕으로 죽음의 본질과 웰다잉 개념을 습득하게 하여, 이를 통해 생명의 진정한 의미를 깨닫고 보다 충실한 삶을 영위할 수 있는 태도를 함양하도록 이끌어야 한다.

교육과정 내용에 있어 '가치와 신앙' 분야는 학년별로 다음과 같은 주제로 제시된다.

생명 가치 및 신앙

학년			진로 개발	가치와 신앙	삶과 죽음 지혜
초등학교	저학년	1학년	자기 정체성 이해	인애의 마음 가지기	생명의 탄생 이해
		2학년	관심과 취미 기르기	정직과 신뢰 배우기	생명의 과정 이해하기
		3학년	롤모델 찾기	용기와 도전 정신 배우기	죽음의 현상 이해하기
	고학년	4학년	다양한 직업 이해하기	진실하고 겸손한 덕성 기르기	생명의 독특함 이해하기
		5학년	잠재 능력 탐색하기	돈에 대한 올바른 태도 갖기	유전자 이해하기
		6학년	성격 재능 발견하기	자기 가치 긍정하기	생명의 끈기 강화하기
중학교		1학년	자기 정체성 인식하기	친절한 행동 실천하기	생명에 대한 경외심 갖기
		2학년	직업 체험 참여	자기 한계를 뛰어넘기	삶 속에서 생명을 포용하기
		3학년	취미 관리하고 발전시키기	팀워크 배우기	웰다잉 배우기
고등학교		1학년	직업 성향 이해하기	사회적 책임 감당하기	생명의 권리 소중히 여기기
		2학년	대학 전공 알아보기	도덕적 성찰 촉진하기	풍요롭고 의미 있는 삶 살기
		3학년	아름다운 인생 설계하기	지행합일을 향해 나아가기	죽음을 직시하며 삶을 충만하게 살아가기

앞서 제시된 생명교육의 여섯 가지 분야를 기반으로 신생명 교육 연구팀은 『신생명 교육 지도요강新生命教育指導綱要』을 개발하였으며, 초등학교부

터 고등학교까지 총 22권의 『신생명 교육』 실험 교재를 연구·발간하였다(각 학기 1권 구성, 단 중학교 3학년과 고등학교 3학년은 각각 1권으로 통합 편성). 이 교재 체계는 학생용 교과서, 음성·영상 멀티미디어 자료 패키지, 디지털 학습 플랫폼 등으로 구성된다. 실험 교재는 교육 내용을 체계적·규범적으로 정리한 핵심 자료로서 교수와 학습 과정의 기초적 토대가 된다. 음성 및 영상 자료 패키지는 핵심 동영상 보조 자료로서 교육 내용의 심화 학습과 교수법 혁신에 기여한다. 디지털 학습 플랫폼은 "누구든 언제 어디서나 학습 가능 Anytime, Anywhere Learning" 환경을 구현하는 핵심 매개체이다. 2020년 초 전 세계적 코로나19 팬데믹 상황에서 방역 요구에 부응하여 『신생명 교육(방역편)』 초·중등 학년용 교재를 신속히 출판하였으며, 부수적으로 『여름꽃처럼生如夏花-생명교육 10인담生命教育10人談』과 『봄을 지키며守望春天-생명교육 10일담生命教育10日談』 등의 보조학습 자료를 추가로 발간하였다.

실험 교재 개발과 더불어 신생명 교육 전용 교육과정 자원 플랫폼 구축이 필요하다. 이 플랫폼은 학교 교육과정의 물리적 한계를 초월하여 학생들의 학습활동에 필요한 모든 교육자원을 포괄할 것이다. 공간적 차원에서는 학교 내 자원, 지역사회 자원, 가정 자원 등이 포함되며, 형태적 차원에서는 텍스트 기반 자원, 오디오·비주얼 자원, 실물 교구 자원 및 디지털 네트워크 자원 등으로 구성된다. 인적 자원 측면에서는 신생명 교육 전문 교사 네트워크를 구축하고 전임·겸임 교사의 역량 강화를 도모하며 외부 전문가 풀(pool)을 유연하게 연계할 방안이 마련되어야 한다. 환경 조성 측면에서는 각 학교가 지역 특성에 맞춰 신생명 교육 전용 활동 공간을 구비하고, 생명 존중 의식을 함양할 수 있는 교육적 분위기를 조성해야 한다.

신생명 교육 전용 교육과정은 체계성, 연계성, 단계성을 확보하여 신생명 교육의 핵심 내용을 포괄적이고 체계적으로 구현할 것이다. 각 학교와 교사는 자체 여건에 부합하는 다양한 접근 방식과 운영 방안을 창의적으로 모색하여 신생명 교육의 목표를 달성할 수 있을 것이다.

신생명 교육 전용 교육과정의 시수 배정 기준으로 학년당 연간 36차시(학기당 18차시, 주당 1차시)를 권장한다. 해당 교육과정은 교외 활동, 통합 실습, 학급 공동체 활동, 주제 중심 수업 등과 연계하여 운영할 수 있으며, 지역 및 학교 자율 교육과정 영역(각 학교별 총 시수의 16~20% 범위 내 운영 가능)에 편성할 수 있다. 이러한 시수 배치를 통해 주기적이고 안정적인 신생명 교육 전용 교육과정의 운영이 가능하다.

6

신생명 교육의
교육 원칙과 방법

1. 신생명 교육의 교육 원칙

교육 원칙은 교육 이념에 기반하여 수립되며, 교육 목표 달성을 위해 모든 교육 활동에서 준수해야 할 기본 준칙이다. 기존 생명교육에서 적용되던 교육 방식은 크게 인지적 접근, 체험적 접근, 실천적 접근 등 세 가지 유형으로 구분된다.

인지적 방식에서 가장 간단하고 효과적인 방법은 독서이다. 교재, 문학 작품, 동영상 등 다양한 읽을거리를 통해 학생들에게 생명의 여러 측면에 대한 지식과 기술, 감정, 태도 및 가치관을 함양시킬 수 있다. 예를 들어, 죽음에 관한 한 연구에 따르면, "사람이 죽으면 생명이 끝나며 다시 살아나지 않는다"고 생각하는 초등학생이 60.30%를 차지했으며, 27.62%의 학생은 "죽음은 이 세상에서 사라져 다른 세계로 가는 것"이라고 응답하였다. 10.67%는 죽음을 "잠자거나 꿈꾸는 것"으로 인식하였고, 1.41%는 "죽었다가 다시 살아날 수 있다"고 믿고 있었다. 관련 내용을 읽은 후, 학생들은 죽음을 생명의 종말로 인식하게 되어 잘못된 인식을 바로잡을 수 있었다. 신생명 교육은 독서를 특히 중시하며, 초·중등학교 학생들과 교사를 위한 생명교육 추천 도서를 개발하였다(부록 4 참조). 독서는 단순히 과학적 인식을 습득하는 차원을 넘어, 생명에 대한 감동과 심층적 이해를 얻을 수 있는 과정이다. 따라서 독서와 체험의 괴리를 해소하고 양자를 연계하는 것이 필요하다. 독서 과정 자체가 바로 생명을 체험하는 과정이기 때문이다.

체험적 방법의 경우, 다양한 상황 설정을 통한 접근 방식을 활용한다. 특정한 상황 속에서 생명을 경험하도록 함으로써, 학생들은 생명에 대해 보다 직관적이고 직접적인 진정한 감정을 체득하게 되며, 단순한 인지적 차원을 넘어 지식, 정서, 의지, 행동의 통합을 이루게 된다. 이는 교사와 학생들의 자기 성찰을 촉진하는 효과가 있다. 일부 신교육 실험 학교에서는 다양한 체험 프로그램을 운영하고 있는데, 예를 들어 시각 장애 체험(눈 가리기), 청각 장애 체험(귀 막기), 언어 장애 체험(말하지 않기) 등을 통해 장애인의 생활을 직접 경험함으로써 생명에 대한 이해를 심화시키는 활동을 진행한다. 2015년 신교육 연례 회의에서 소개된 청두 금당양류자지 초등학교成都金堂楊柳慈濟小學의 사례가 대표적이며, 이 학교는 자연 체험, 사회 교류 체험, 역사 문화 체험 등으로 구성된 우수한 생명 체험 프로그램을 운영하고 있다.

실천적 접근 측면에서 사회 참여 활동이 가장 효과적인 교육 방법으로 인정된다. 청소년 교육, 심리 상담, 안전 관리, 건강 증진, 환경 보호, 약물 예방, 에이즈 예방, 법치 교육 등 다양한 주제별 교육 프로그램을 학급 단체 활동, 기념 행사, 학교 주요 의식, 학생 동아리 활동, 사회 봉사 등 다각적인 교육 매체와 연계하여 운영한다. 이를 통해 학생들의 관심 분야, 생활 경험, 사회적 현안, 역사적 사건 등을 교육 소재로 활용하며, 지역사회와 학교의 특성, 학생 개개인의 특성을 고려한 맞춤형 생명교육을 실시할 수 있다.

신교육 실험은 '지식, 생활, 생명의 공명'이라는 교육 철학을 일관되게 구현하고 있으며, 신생명 교육 역시 이 세 요소가 조화를 이룰 때 진정한 교육적 성과를 달성할 수 있다. 이에 신생명 교육 전용 교육과정은 단순한 교과 지식 전수를 넘어서야 한다. 그 교육과정 운영은 특히 학습자의 생명 체험에 주안점을 두며, 직접적 경험과 정서적 감동을 핵심 요소로 삼는다. 인지·체험·실천의 삼위일체적 접근은 타인의 생명 경험을 매개로 효과적인 자아 형성을 도모하고, 지속적인 실천 과정을 통한 자아의 지속적 성장을 추구하는 것이다.

신생명 교육의 교육 방식은 모든 체험과 실천에 앞서 독서를 우선적으로 진행해야 하며, 이를 통해 충분한 배경지식을 함양해야 한다. 체험 활동이 이루어질 때 그 상황은 단순한 현실 모방에 그쳐서는 안 되며, 반드시 현대 생명 인식의 규범에 부합해야 한다. 이를 통해 체험은 표면적 모방을 넘어 진정성 있는 깨달음으로 연결될 수 있다. 모든 실천 활동에서는 정서적 공감을 바탕으로 하여 체험이 학습자의 내면에 깊은 울림을 줄 수 있어야 한다. 그러한 과정을 통해 외부 활동이 점차 내적 가치로 내면화될 수 있다. 또한 신교육에서는 독서 과정에서 텍스트 내용과 사회적 삶, 개인의 생명 경험이 서로 공명할 때 비로소 진정한 의미의 독서가 이루어진다고 본다.

신생명 교육은 교육과정에서 과학적 지식과 방법론을 충분히 활용해야 하며, 핵심 교육 내용을 바탕으로 학교 내외 활동을 연계하여 다양한 주제 교육을 전개하는 동시에 실천 중심의 체험 활동과 다양한 교외 활동을 병행해야 한다. 아울러 학교, 가정, 사회가 조화로운 인간관계 환경을 조성하는 데 주력해야 하며, 환경 교육을 통해 교육적 역할을 다해야 한다. 이러한 학제 간 융합과 다각적인 통합 교육 방식을 통해, 감성과 이성이 조화롭고 종합적인 순환 과정 속에서 이상적인 교육 효과를 달성할 수 있다. 신생명 교육이 전하는 신념과 가치관이 교사와 학생의 내면에 스며들어, 긍정적인 생명의식과 확고한 삶의 의지를 함양할 때, 비로소 신생명 교육이 지향하는 행복하고 완전한 실현이 가능해질 것이다.

2. 신생명 교육의 교육 방법[1]

생명교육에서 인지, 체험, 실천은 분리될 수 없는 통합적인 접근 방식으로 이루어진다. 따라서 인지·체험·실천을 기반으로 한 교육 방법은 단독으로 적용되기보다는 다양한 방법들이 유기적으로 결합되어 활용된다. 일반적으로 생명교육에서 주요하게 사용되는 교육 방법을 유형별로 구분하면 다음과 같다.

첫째, 인지적 방법으로는 독서법, 강의법, 토론법, 비판적 사고법 및 가치명료화 교수법 등이 있다.

신생명 교육에서 개인의 정신 발달 과정 그 자체로 독서의 역사라 할 수 있다. 독서는 개인 정신의 성장에 결정적인 역할을 수행하며, 독서 없이는 정신적 성숙이나 완전한 발달을 기대하기 어렵다. 정신 발달의 핵심 경로는 바로 독서에 있다. 이는 인간의 위대한 지혜와 사상이 부모로부터 유전되거나 단순히 모방될 수 있는 것이 아니기 때문이다. 그러한 지혜와 사상은 고전 서적에 깊이 내재되어 있다. 독서가 생명에 특별한 가치를 부여하는 이유는, 책이 개인이 다양한 정서적·정신적 상황에 직면할 때 영혼의 대화를 가능케 하는 장場을 마련해 주기 때문이다. 이를 통해 독서 행위와 인간 정신의 소통이 이루어지며, 개체의 정신 세계가 풍부해진다. 이는 개체 생명에 깊은 의미를 부여함과 동시에 고귀한 인생 가치의 실현으로 이어진다. 독자와 저자, 독자 간의 상호작용은 지속적으로 발생하며, 이는 자기교육이 지속

---

[1] 신생명 교육의 교수 방법에 관한 내용은 펑젠쥔馮建軍 주편,『생명교육 교사 핸드북生命教育教師手冊』, 산시 교육 출판사山西教育出版社, 2018년, 94~111쪽에 자세히 소개되어 있다.

적으로 이루어지고 있음을 보여준다. 신생명 교육은 개인적 독서를 권장할 뿐 아니라 공동체 독서를 적극 장려한다. 서로 다른 언어 속에 산다는 것은 다른 세계에 거주한다는 의미이다. 동일한 텍스트를 함께 읽는 것은 공통의 언어와 암호를 창조하고 공유하는 과정이다. 공동체 독서는 동일한 작품을 읽는 이들과 진정한 정신적 공동체를 형성하게 한다.

강의법은 교사의 설명 활동을 중심으로 한 전통적 교육 방법으로, 교사가 체계적이고 생동감 있는 언어로 학문적 사실을 설명하거나 교육 내용을 전달하는 방식을 말한다. 생명교육에서 적용 시 주로 생명 관련 과학적 지식 체계를 전개하는 데 활용되며, 인간의 기원, 생명 발생 과정, 성별 특성 등 지식 중심의 생명교육 주제를 다룰 때 효과적이다. 이 방법의 주요 장점은 이론 전달 과정에서 학습자들이 체계적인 인식 체계를 형성할 수 있다는 점이며, 단점은 교사 주도의 일방적 지식 전달 형태로 변질될 가능성에 있다. 부적절하게 활용될 경우 학생들의 자기주도적 학습 능력과 적극적인 참여 유도가 어려워지며, 학습자가 수동적인 지식 수용자로 전락할 위험이 있다. 따라서 생명교육을 강의식 수업으로 운영할 경우, 교사는 학습 동기와 교육 효과 제고를 위해 다양한 교육 매체를 전략적으로 활용해야 한다. 구체적으로 프레젠테이션 슬라이드, 교육용 동영상, 다큐멘터리 등 디지털 교수 자료를 적극 활용하고, 질의응답 및 집단 토론 등 상호작용적 교수법을 도입함으로써 학습 참여도를 향상시키며 교사와 학생 간의 쌍방향 소통을 강화할 필요가 있다. 특히 일상생활에서 접할 수 있는 생명 관련 사례나 실제 경험을 이론 설명과 융합하여 제시할 경우 교육 효과가 크게 향상된다. 현대 생명교육에서는 그림책 활용과 같은 시각적 강의법도 효과적인 방법으로 인정받고 있다.

토론법은 다방향 소통 교수법의 일종으로, 교사의 지도 하에 학생들이 전체 학급 또는 소그룹 단위로 특정 주제나 실제 사례를 중심으로 의견을 교환하며 새로운 지식을 구성하거나 기존 지식을 심화시키는 교수·학습 방법이다. 중국 『학기學記』에 "혼자 배우되 벗이 없으면 고루하고 견문이 좁아진다(獨學而無友, 則孤陋而寡聞)"는 기록이 있듯이, 토론법은 학습자의 협업 능력 함양과 내용 이해의 심화, 학습 동기 유발 및 학업 열정 고취에 효과적이다. 대표적으로 '인생의 가치'나 '생명의 의미'와 같은 철학적 주제를 다룰 때 적합하며, 사전에 도서를 읽거나 영상을 시청한 후 소그룹 토론을 거쳐 전체 발표로 확장하는 방식으로 운영할 수 있다. 예를 들어 『타이타닉』 영화를 매개로 생명과 사랑의 가치에 대한 논의를 진행하는 것이 가능하다. 토론법은 의사소통과 합리적 사고를 중시하되, 반드시 합의점 도출을 목표로 하지 않는다. 오히려 상호 이해의 증진과 다양한 관점의 공존 가능성을 탐구하는 데 그 의의가 있다.

비판적 사고법과 가치 명료화 교수법은 상호보완적인 두 가지 교육 접근법으로 구성된다. 첫째는 비판적 사고 능력이고, 둘째는 가치 명료화 과정이다. 생명교육에서 비판적 사고는 학생들의 비판적 사고 능력을 함양하기 위해 활용되며, 가치 명확화는 학생들이 올바른 생명관, 가치관, 인생관을 정립할 수 있도록 지원하는 것이다. 생명교육에서 이 두 방법은 상호보완적인 특성이 있기에 종종 통합적으로 적용된다. 특히 도덕적 딜레마나 생명윤리 문제를 다룰 때 이 두 방법이 효과적이다. 교사는 안락사나 유전자 이식과 같은 논쟁적 주제를 제시하며, 소그룹 토론을 통해 학습자들로 하여금 심층적 사고를 유도하고, 동시에 가치 명료화 과정을 통해 명확한 생명윤리 의식을 형성하도록 지도한다. 이 과정에서 학습자는 비판적 사고와 가치 정립의 상호작용을 경험하게 된다.

둘째, 체험적 방법으로는 상황극 활용법, 생명 서사법, 감상 활동법 등이 있다.

"체험은 인간 존재의 근본적 방식이자 생명의 의미를 탐구하는 필수적 과정이다."[2] 생명교육은 생명체 간의 정서적 공명을 이루며, 정신과 신체가 상호작용하는 총체적 체험의 장이다. 생명교육 과정에서 체험적 방법은 학습자가 직접적인 체험을 통해 대상에 대한 주관적 이해와 공감을 형성하도록 유도하는 교육적 접근이다. 예를 들어, 입이나 발로 그림을 그리는 활동을 통해 장애인의 일상적 불편함과 어려움을 직접적으로 체감하도록 하는 것이 대표적 사례이다.

상황극은 학생들이 다양한 역할을 체험함으로써 타인의 입장에서 사고하고 시각을 전환해 보는 방법이다. 예를 들어, 지체장애인과 시각장애인의 이동 어려움, 임산부의 불편함, 고객과의 갈등 해결, 진단 결과 전달의 어려움 등 다양한 상황을 설정하여 경험하게 한다. 실제로 역할 놀이의 핵심 목적은 학생들이 맡은 역할을 진지하게 경험하며 단순한 인지적 이해를 넘어 타인의 입장을 공감적으로 이해하는 법을 습득하는 데 있다. 특히 이를 통해 학생들의 공감 능력을 함양하고, 타인에 대한 관심과 정서적 이해력을 증진시켜 지식, 정서, 의지, 행동의 통합적 교육 목표를 달성하고자 한다.

생명 서사법은 신교육에서 교사의 성장을 위한 핵심적 방법으로 활용하고 있다. 이와 마찬가지로 신생명 교육에서도 생명 서사를 인생 성장의 중

---

[2] 주샤오만朱小蔓, 『감정 교육론강情感教育論綱』, 난징 출판사, 1993년, 150쪽.

요한 방법으로 채택해야 한다. 타인을 대상으로 한 역할 놀이와 달리, 생명 서사는 자기 자신을 탐구 대상으로 삼는다. 인간의 삶은 개별적인 사건들로 구성되며, 이러한 사건들이 풍요롭고 다채로운 인생의 그림을 완성한다. 이러한 사건들에는 의도적인 것과 비의도적인 것이 공존하며, 예상 가능한 일과 예측 불가능한 일이 함께 나타난다. 생명 서사는 자신의 인생 사건을 의식적으로 성찰하고 재해석하는 과정이다. 여기에는 개인의 생명 경력, 생활 경험, 생명 체험, 생명 추구뿐 아니라 타인의 생명 경력·경험·체험·추구에 대한 공감적 이해도 포함된다. 서사는 단순히 과거와 미래를 기술하는 데 그쳐서는 안 되며, 사유와 정서에 깊이 침투해야 한다. 사유는 이성적 차원이고, 정서는 감성적 차원이다. 따라서 생명 서사는 이성과 감성의 상호작용을 통한 성찰과 공감의 과정이라 할 수 있다. 인간은 이러한 성찰과 공감을 통해 진정한 성장을 이룰 수 있다. 생명 서사는 인생의 특정 단계에서 집중적으로 진행될 수 있으며, 일부 학자들의 자서전이나 연대기가 대표적인 예에 해당한다. 그러나 신생명 교육은 일상적 서사 실천을 더욱 중시한다. 서사가 일상생활의 자연스러운 부분이 되도록 함으로써, 개인이 삶의 이야기와 그 세부 요소에 지속적으로 주의를 기울이고, 자신의 삶에 대해 끊임없이 질문하며 성찰하고, 그 의미를 탐구하는 것이 일상적 실천이 되도록 하는 것이다. 이는 서사가 개인의 일상적 존재 양식을 변화시키는 계기가 될 수 있음을 시사한다.

감상 교육법은 개인이 주변의 인적·물적 환경에 대해 긍정적 평가를 내리는 방법을 의미한다. 이 교육법은 음악 및 미술 교육 분야에서 활용되어 왔으며, 예술 작품 감상을 통해 학습자의 예술적 정서 함양과 미적 감각 향상을 도모한다. 생명교육 영역에서도 이러한 감상 교수법의 적용이 필요하다. 이때 감상은 타인의 생명과 자연계 모든 존재에 대한 태도 형성을 의미한다. 세상의 다채로움은 근본적으로 다양성에 기인한다. 각 개인의 고유한 개성으로 인해 인간관계에도 자연스러운 차이가 발생한다. 생명교육에서 중요한 것은 바로 이러한 타인과 세계에 대한 우리의 태도이다. 만약 지배적 태도를 취할 경우, 이는 차이의 소멸과 획일화를 추구하는 것이 된다. 반면 존중과 감상의 태도는 자기와 타자 간의 차이를 인정하고 보존하는 것이다. 실제로 이러한 차이는 객관적 현실로서 존재하며, 우리의 주관적 의도와 무관하다. 따라서 우리는 이러한 차이를 자기중심적으로 통합하려 해서는 안 되며, 인간 간의 다양성과 자연계의 풍요로움을 보존해야 한다. 따라서 감상은 하나의 근본적 태도이다. 타인과 세계를 존중, 감상, 관용의 시각으로 바라볼 때, 비로소 생명 간의 조화로운 공존이 자연스럽게 실현될 수 있다.

셋째, 실천적 방법으로는 방문 교육법, 실기 교육법, 탐구 교육법으로 구분할 수 있다.

방문 교육법은 교사가 교육과정의 목표에 부합하는 사회적 자원을 활용하여 학생들이 생명 현상을 체계적으로 관찰하고 학습하도록 하는 교수방법이다. 구체적으로 병원 병동, 분만실, 공동묘지, 역사기념관, 박물관, 민방위교육장, 소방안전체험관, 지진체험관, 야외생활체험장 등에서 현장학습을 실시할 수 있다. 다만 이러한 외부 현장학습을 효과적으로 운영하기 위해서는 사전에 교사가 학생들에게 학습 목표를 명확히 설명하고, 철저한 사전답사를 통해 교육적 준비를 마쳐야 하며, 활동 후에는 반드시 체계적인 토론회와 성찰 활동을 조직해야 한다. 특히 청명절 추모행사나 중양절 차례의식 등 전통 문화행사도 교육적 차원에서 적극 활용할 수 있다. 교실공동체 구성원이나 그 가족이 사망했을 경우, 교사는 학생들로 하여금 진정성 있는 관심과 실질적인 지원을 표현하도록 지도해야 한다. 3분간의 묵념, 학급 대표의 조문 방문, 학급 명의의 화환 전달, 장례식 참석 등의 활동을 통해 생명의 소중함을 교육할 수 있으며, 친소관계에 따른 적절한 애도 표현 방식에 대해서도 학급 토론을 통해 교육할 필요가 있다.

실기 교수법 또는 실천 교수법은 교사가 학습자로 하여금 특정 문제 상황을 직접 실행해 보도록 지도하는 교육 방법을 말한다. 현행 교육과정에서 강조하는 지식·기능, 과정·방법, 태도·가치관의 세 가지 목표 영역 중 기능 영역은 주로 실기 교수법을 통해 구현된다. 생명교육 과정에서는 생명 안전, 생존 기술, 생활 기술 등의 학습 내용에 실기 교수법을 효과적으로 적용할 수 있다. 이 교수법은 앞서 논의한 체험 학습법과 유사점이 있으나 근본적인 차이를 보인다. 예를 들어, 발로 펜을 잡고 그림을 그리는 활동은 단순한 기술 습득을 목적으로 하지 않으며, 학습자로 하여금 신체적 제약 상황을 체험함으로써 건강의 소중함과 장애인의 생활 어려움을 이해하도록 설계된 체험 학습의 일종이다. 반면 복식 호흡 훈련과 같은 활동은 전형적인 실기 교수법에 해당하는데, 이때 교사는 이론적 측면에서 복식 호흡의 원리와 방법을 설명하고, 실천적 측면에서는 학습자들이 직접 연습하며 그 효과를 체감할 수 있도록 지도하게 된다.

탐구 교수법은 학습자들로 하여금 자율적인 탐구 활동을 수행하도록 유도함으로써, 학습 방법의 습득과 스스로 답을 찾아가는 과정에 중점을 두는 교육 방법이다. 이 방법론에는 논리적 사고력 배양, 자료 수집 및 분석 기술 함양 등이 포함되며, 협동 학습 기법까지 결합하여 집단 토론을 통해 탐구 과제를 해결하는 방식으로 운영될 수 있다. 탐구 교수법의 궁극적 목표는 학습자들의 자발적 문제 해결 능력 신자에 있다. 생명교육 과정에서 이 방법은 생명의 본질 탐구, 인생 가치 논의 등과 같은 주제에 특히 효과적으로 적용될 수 있다.

이상은 생명교육의 교실 수업 운영 방법에 대한 개괄적 설명이다. 그러나 생명교육은 교실 공간에 한정되지 않는다. 생명교육의 광범위한 영역은 가정과 사회를 비롯하여 생명 현상이 발생하는 모든 생활 현장에 존재한다. 이러한 현장 중심의 생명교육은 단순히 지식 전달 차원을 넘어서, 실천적이고 활동적이며 체험적인 특성을 지닌 교육 형태이다. 진정한 생명교육은 생명의 과정 속에서 지속적으로 생명을 인식하고 체험하며 실천해 나가는 총체적 과정이라 할 수 있다.

7

신생명 교육의 평가 방식

평가는 교육 과정의 핵심적 구성 요소로서 기능한다. 그러나 교육 현장에서 평가는 마치 지휘봉과 같은 역할을 수행하며, 채택된 평가 방식에 따라 교육의 방향성이 좌우되는 실정이다. 이론적으로는 교육이 평가를 주도해야 하지만, 현실에서는 평가가 교육을 주도하는 역설적 상황이 발생한다. 따라서 교육 목표와 내용에 부합하는 적절한 평가 방식을 선정하는 것이 중요하다. 평가 체계를 설계함에 있어서는 '평가 목적', '평가 내용', '평가 방법'이라는 세 가지 핵심 요소에 대한 명확한 해답을 제시해야 한다. 현재 생명교육은 아직 보편화되지 않았을 뿐만 아니라 생명교육에 대한 체계적인 평가 연구도 미흡한 상태이므로, 이러한 평가 관련 쟁점들에 대한 논의가 활발히 진행될 필요가 있다.

1. 신생명 교육의 평가 방향

신생명 교육에 대한 이해는 학자마다 상이하게 나타난다. 일각에서는 생명안전기술의 숙달을 강조하는 반면, 다른 관점에서는 생명의식의 함양을 중시하기도 한다. 이러한 평가 기준은 시대적 요청에 따라 가변적일 수 있다. 신생명 교육은 자연적 생명, 사회적 생명, 정신적 생명이라는 삼차원적 체계를 제시하며 교육목표를 설정하고 있다. 특히 책임의식 함양을 최우선 과제로, 기술습관 형성을 차순위로, 지식요소 습득을 3차적 목표로 설정하고 있다. 따라서 신생명 교육의 평가는 단순히 생명안전 및 건강 관련 지식·기술의 획득에만 초점을 두어서는 안 되며, 사회적 생명과 정신적 생명 영역에서의 정서, 태도, 가치관 등 포괄적 요소를 포함해야 한다. 다만 이러한 요소들은 평가 및 측정에 있어 가장 어려운 과제로 인식되고 있다.

생명교육 평가는 생명의 발달 상태와 생명교육 실천 양식에 대한 체계적인 가치 판단 과정이다. 기존의 전통적 평가 방식은 주관적 경험에 기반한 질적 평가였으나, 현대적 평가 접근법은 객관적 데이터에 근거한 과학적 평가를 지향하고 있다. 이 중 측정은 과학적 평가를 위한 핵심적 방법론으로 자리매김하고 있다. 엄밀히 말해 측정 자체가 평가는 아니지만, 신뢰할 수 있는 평가는 반드시 정확한 측정을 토대로 이루어져야 하며, 증거기반평가 체계는 이러한 측정 결과 위에 구축된다. 즉, 평가란 측정 결과에 대한 전문적 가치 해석이라 정의할 수 있다. 이 같은 연유로 일부 교육학자들은 교육평가를 '교육측정', '교육측정평가' 등의 용어로 혼용하기도 한다. 그러나 근본적인 쟁점은 이러한 측정 중심의 과학적 평가 방식이 생명교육의 고유한 특성에 적합한지에 대한 논의이다.

인터넷에는 교육학자 위이于漪 의 강연 영상이 공유되어 있다. 강연에서 현대 교육의 구조적 문제점을 다음과 같이 비판하였다. "현행 교육 시스템은 상당 부분 점수 중심 교육으로 퇴보하였으며, 학부모와 교사 모두가 점수 획득에 집중하고 점수 경쟁을 조장하고 있다." 또한 "인간의 종합적 자질을 평가하는 일이 얼마나 복잡미묘한 과제인가! 이에 가장 용이한 접근법으로 양적 분석을 채택하고 있으나, 과연 인간을 양화量化할 수 있는가? 결코 양화할 수 없다! 이는 근본적인 모순이다!"라고 지적하였다. 빅데이터 기반 평가가 미래 교육평가의 한 방향성으로 주목받고 있음에도, 일부 교육학자들은 "교육 평가의 방식으로 인간의 생명 성장 과정을 측정하려는 시도는 인간성의 다층적 내면을 과도하게 단순화 표상화하는 위험을 내포한다. 기존의 교육측정평가 체계는 인간 삶의 본질적 복잡성을 충분히 반영하지 못하며, 정신적 성장의 내적 심도와 폭을 제대로 포착하지 못한다. 진정한 인간 이해와 발전을 위해서는 데이터로 가시화되는 외적 결과만을 추구할 것이 아니라 인간 존재의 본질적 가치를 고려해야 한다"고 경고한다.[1]

감정, 태도, 가치관은 생명의 핵심적 구성 요소임에도 불구하고, 이에 대한 평가는 교육 평가 영역에서 가장 난해한 과제로 인식되고 있다. 이는 국제적으로 공통된 도전 과제이다. 생명의 복합적 특성은 생명 평가의 어려움을 가중시키는데, 그 이유는 다음과 같다. 첫째, 평가 지표의 객관적 확정이 어려운데, 이는 생명 현상에 영향을 미치는 잠재적 변인들이 다수 존재하기 때문이다. 둘째, 정량적 측정 데이터의 확보가 쉽지 않다. 생명에 영향을 주는 요인 상당수가 계량화가 불가능한 정성적 요소들이기 때문이다. 따라서 인간 생명 발달 상태를 평가함에 있어 측정 방식을 전면적으로 적용하는 것은 한계가 있다. 그러나 이러한 어려움을 이유로 생명 및 생명교육 평가 자체를 부정 해서는 안 되며, 과학적 측정 평가 방식의 혁신적 전환이 요구된다.

생명은 본질적으로 독특한 특성을 지닌다. 각 개인의 생명은 고유한 가치 체계를 갖추고 있어 상호 비교 자체가 무의미하며, 비교해서도 안 된다. 이러한 생명의 독창성과 개별성은 모든 인간을 동일한 평가 기준으로 측정하는 것이 비과학적일 뿐만 아니라 형평성에도 어긋난다는 사실을 증명한다. 『국가 중장기 교육개혁 및 발전계획 요강國家中長期教育改革和發展規劃綱要 (2010-2020년)』에서는 "교육의 본질적 규칙과 학습자의 신체와 정신 발달 법

---

[1] 진생홍金生鈜, 「빅데이터 교육 측정 평가의 규범적 쟁점大數據教育測評的規訓隱憂: 교육 도구화에 대한 철학적 성찰對教育工具化的哲學審視」, 『교육 연구』 2019년 제8호.

칙을 존중하며, 각 학습자에게 적합한 맞춤형 교육을 실시해야 한다"고 명시하고 있다. 이 '맞춤형 교육' 개념은 생명 발전의 본질적 요구를 반영한 교육 철학이라 할 수 있다. 따라서 생명교육 평가는 개인별 특성에 부합하는 차별화된 평가 체계여야 하며, 구체적으로는 각 학습자의 생명 발달 단계를 고려한 개별화와 특성화 평가로 구현되어야 한다.

생명교육 평가의 목적은 생명의 고양과 발전을 도모하며 생명의 완성도를 제고하는 데 있다. 현대 교육평가 체제에서 측정이 강조되는 근본적 이유는 객관적 데이터의 확보를 통한 정밀한 비교 분석이 가능하기 때문이다. 이러한 측정 중심의 평가 방식은 주로 비교와 선별 과정에 효과적으로 적용될 수 있다. 그러나 신생명 교육의 평가 패러다임은 기존의 비교, 선별, 탈락 중심 접근법과는 본질적으로 차별화되는데, 그 핵심은 평가 대상자의 성장을 자극하고 발전을 촉진하는 데 있다. 즉, 평가의 궁극적 지향점이 생명의 질적 향상과 완성도 제고에 있음을 명심해야 한다. 따라서 신생명 교육 평가는 경쟁적 선별이나 양적 비교 분석을 목적으로 하지 않으며, 오히려 생명의 발전 과정을 보호하고 조장하여 건강한 생명의 통합적 성장을 유도하는 기능적 역할을 수행한다. 나아가 신생명 교육 평가는 교육목표 달성도 진단, 학교 생명교육 프로그램 개선, 최종적으로 교사와 학습자의 생명의 질 향상이라는 목표 체계를 지향한다.

신생명 교육의 평가 체계는 생명의 발전 과정과 그 표현 양상에 보다 중점을 두며, 과정 중심 평가와 표현 평가를 핵심 요소로 삼는다. 일반적으로 교육 평가는 과정 평가와 결과 평가로 구분되는데, 결과 지향적 평가는 최종적인 성과물에 집중하며 계량화된 지표로 결과를 도출한다. 이러한 평가 방식은 경쟁적 비교와 선별 목적에 적합한 특성을 지닌다. 그러나 신생명

교육은 경쟁 체제가 아닌 학습자의 생명 성장 과정 자체에 관심을 기울인다. 이에 따라 신생명 교육은 과정 평가와 발전 과정에서 나타나는 생명의 다양한 표현 양상을 종합적으로 평가하며, 과정성 평가와 서술적 평가를 주요 방법론으로 채택한다. 구체적으로 과정 평가는 첫째, 생명 성장 과정에서 발현되는 일상적 표현들을 체계적으로 기록하고 분석하는 것이며, 둘째, 생명 발전 과정에서 발생하는 문제점을 진단하고 즉각적인 지도와 개입을 통해 생명이 건강한 방향으로 성장할 수 있도록 지원하는 것을 핵심 목적으로 한다.

신생명 교육은 평가 주체 측면에서 기존의 평가 대상자인 학습자의 자율성과 자각 능력을 핵심적으로 강조한다. 즉, 학습자의 자기발견, 자기평가, 자기교정을 통해 생명의 자기주도적 발전과 초월을 도모하는 것이다. 생명 발전의 주체적 권한은 학습자 자신에게 있으므로, 개인이 스스로 생명 발전의 필요성과 추구 방향, 현안 과제를 인식할 때 비로소 생명 성장의 내적 동력이 형성되며 자발적인 생명 발전과 완성을 추구하게 된다. 이에 따라 신생명 교육 평가에서는 학습자가 능동적 발표자이자 성찰적 실천자의 역할을 수행하는 반면, 교사는 학습 과정에서 수용적 이해자이자 조력자의 역할을 수행하며, 평가자나 판단자의 위치에 서서는 안 된다. 또한 생명교육 평가는 생명에 대한 성찰과 개선의 순환적 과정이라는 점에서 의미를 지닌다. 오직 평가의 주도권을 학습자에게 이양할 때에만 진정한 의미의 평가가 생명의 완성도를 제고하는 촉매제 역할을 수행할 수 있다.

동시에 학교 경영 차원에서 신생명 교육 실행에 대한 평가는 다차원적으로 접근해야 하며, 과정 중심 평가와 예방적 접근에 중점을 두어야 한다. 교사와 학습자의 자율적 의식을 고취시켜 스스로 자신의 생명 상태를 평가하고 연구할 수 있는 역량을 함양하도록 지원해야 한다. 행정적 측면에서는 구체적인 업무 수행에 대해 단순한 성과 평가나 과도한 통제보다는 다양한 자원 지원을 제공하는 방식으로 접근해야 한다.

2. 신생명 교육의 평가 원칙

2020년 중국 국무원은 『심화된 시대 교육평가 개혁 종합 방안』을 발표하며 "과학적이고 효과적인 평가 원칙을 견지하고, 결과 평가를 개선하며 과정 평가를 강화하며, 탐색적 가치 평가를 추진하고, 종합적 평가를 완비하며, 정보 기술을 충분히 활용하여 교육 평가의 과학성, 전문성, 객관성을 제고해야 한다"고 명시하였다. 이러한 원칙은 신생명 교육 평가에도 동일하게 적용된다. 신생명 교육은 평가의 방향성, 과학성, 종합성을 견지해야 하며, 다원적인 평가 방식을 채택하고 학생의 일상생활과 행동 양상을 체계적으로 관찰·기록한 기초 위에서 평가를 실시하여야 한다.

첫째, 발전적 평가와 진단적 평가를 결합하되 발전적 평가를 주축으로 삼아야 한다.

기존 생명교육은 생명 발전 과정에서 발생하는 문제와 위기에 대응하는 치료적 접근에 치중해왔으며, 이에 따른 평가는 의학적 진단 모델과 유사하였다. 즉 생명 현상의 문제점을 규명하고 진단하며 적절한 치료 방안을 모색하는 방식이었다. 심리 건강 교육이나 자살 예방 교육 등이 대표적 사례이다. 이에 반해 신생명 교육은 발전적 접근을 지향하며, 생명의 성장 요구를 충족시키는 인간 중심의 교육체계를 구축한다. 따라서 그 평가 역시 문제 진단에 머무르지 않고 생명의 성장을 촉진하고 가치를 고양하는 데 초점을 두어야 한다. 다만 생명 발달 과정에서 일부 학습자에게 발생할 수 있는 문제에 대비해, 교육적 개입을 통해 문제를 진단하고 전략을 수립하는 과정도 필요하다. 그러나 진단적 평가는 신생명 교육의 보조적 수단일 뿐 핵심 구성요소가 아니며, 더 나은 성장을 지원하기 위한 도구이다. 따라서 생명교육 평가는 발전성과 진단성을 결합하여 발전적 평가를 주로 하되 진단적 평가는 발전적 평가에 통합된다. 생명교육 평가는 학생들의 생명 발전 과정에서 발생하는 문제만을 보지 않으며, 생명교육은 문제를 수정하는 데 그치지 않고 발전을 촉진하는 데 목적을 둔다.

둘째, 단일 평가와 종합 평가를 병행하되 종합 평가를 중심으로 구성해야 한다.

신생명 교육 평가는 학습자의 생명 관련 인지 방식, 지식 습득, 기술 적용, 정서적 태도 및 행동 변화 등 종합적인 영역을 평가 대상으로 포함한다. 아울러 교사의 생명교육 프로그램 설계, 수업 운영, 실행 과정에 대한 평가와 더불어 학교 차원의 생명교육 관리 체계에 대한 평가도 포괄적으로 진행되어야 한다. 이러한 다양한 평가 영역은 각각 독자적인 지표 체계를 갖추고 있어, 평가 주체는 신생명 교육의 개별 측면을 단일 항목 평가로 분석함으로써 평가 지표의 정밀성을 확보하고 결과의 유의미성을 제고할 수 있다. 그러나 생명 발전의 통합적 특성을 고려할 때, 신생명 교육 평가는 필연적으로 종합적 접근을 요구한다. 특정 단편만을 평가하는 방식은 생명 발전의 양상과 신생명 교육의 효과를 제대로 반영할 수 없는 한계가 있다. 따라서 평가 주체는 학교 신생명 교육의 질적 수준을 다각도로 진단할 수 있는 체계를 마련해야 한다.

셋째, 형성평가와 총괄평가를 병행하되 형성평가에 주안점을 두어야 한다.

신생명 교육 평가는 학교 현장에서 신생명 교육의 실행 과정을 점검하고 개선하는 데 핵심적인 기능을 수행한다. 평가는 다양한 신생명 교육 활동 전반에 걸쳐 실시되어야 하며, 교사와 학습자가 교육 활동에서 보이는 실제적 행동 변화와 교육 성과를 주요 평가 대상으로 삼아야 한다. 평가 시에는 각 학교, 교사, 학습자의 특수성을 충분히 고려해야 하며, 신생명 교육 실행 과정의 질적 개선을 위한 기초 자료를 체계적으로 제공할 수 있어야 한다. 각 학습 단계에서의 총괄평가 결과는 차기 교육 계획 수립의 근거 자료로 활용되어야 한다. 신생명 교육 평가는 교육 과정에서의 지속적 발전을 지원하는 데 그 본질적 목적이 있으며, 모든 생명이 고유하고 비교 불가능하다는 철학적 전제를 반드시 견지해야 한다. 따라서 신생명 교육은 생명 발전 결과를 단순히 계량적으로 평가하거나 순위화하는 것을 근본적으로 배격하며, 특히 평가 결과를 상호 비교하여 서열화하는 관행을 엄격히 금지해야 한다.

넷째, 질적 평가와 양적 평가를 병행하되 질적 평가에 중점을 두어야 한다.

신생명 교육의 실행 과정과 성과에 대한 종합적이며 과학적인 평가를 위해서는 다양한 평가 방법을 통합적으로 활용해야 한다. 양적 평가와 더불어 질적 평가가 반드시 병행되어야 하는 이유가 여기에 있다. 특히 신생명 교육 평가는 교육 과정 전반의 실행 양상과 교사 및 학습자의 생명 발전 전반에 걸친 질적 변화를 중시해야 한다. 이는 교사와 학습자가 신생명 교육 활동을 통해 체험한 정서적 변화, 사상적 성찰, 그리고 생명 현상에 대한 인식·분석·해결 능력의 발달 과정을 평가하는 것을 포함한다. 따라서 신생명

교육 평가는 서술적 평가, 사례 분석, 과정 지도 등과 같은 질적 평가 방법을 통해 교육 과정 전반과 생명 발전의 총체적 양상을 평가하는 데 주력해야 하며, 양적 평가는 보조적으로 신중하게 활용하거나 최소화하는 것이 바람직하다. 특히 양적 평가 결과를 상호 비교 목적으로 활용하는 것은 철저히 지양되어야 한다.

다섯째, 타인 평가와 자기 평가를 병행하되 자기 평가를 중심으로 운영해야 한다.

평가의 객관성과 공정성을 확보하기 위해 자기 평가보다 타인 평가의 중요성을 인정하는 것은 바람직하다. 특히 생명교육 실행 과정에서는 타인 평가는 유효한 수단이 될 수 있다. 생명교육의 실천이 어떻게 이루어졌는지에 대해서는 외부 평가를 통해 확인할 수 있다. 그러나 생명교육의 발전에 있어 외부 평가만으로는 그 문제점과 필요성, 그리고 추구하는 바를 제대로 파악하기에는 한계가 있다. 생명 발전의 주도권은 외부에 있지 않고, 바로 학생 자신에게 있다. 따라서 신생명 교육은 학생의 생명 발전 및 그에 영향을 미치는 요소에 대한 평가에서 자기평가를 중점적으로 강조한다. 평가는 단순히 수준을 비교하는 차원을 넘어, 평가 대상자로 하여금 자기 성찰과 진단 능력을 함양하고 궁극적으로 발전을 도모할 수 있도록 해야 한다. 이에 신생명 교육의 평가 체계는 자기평가를 중심으로 구성되며, 학생이 평가 과정에 능동적으로 참여할 수 있는 여건을 마련해야 한다. 물론 신생명 교육이 외부의 타인 평가를 전면 배제하는 것은 아니다. 다만 이러한 타인 평가는 반드시 해당 학생의 생명 발전에 실질적 영향을 미치는 인물들로 구성되어야 한다. 대표적으로 부모, 교사, 동료 학생 등이 이에 해당하는데, 이들은 학생과 생활을 공유하며 그 생명 발전 과정을 깊이 이해할 뿐만 아니라,

실제로 학생의 성장에 직접적인 영향을 미치는 주체들이다. 따라서 신생명 교육의 평가 모델은 학생의 자기평가를 기반으로 하되, 동료 평가, 교사 평가, 부모 평가 등 다양한 평가 주체의 관점이 유기적으로 결합된 형태를 지향한다.

생명의 발전은 장기적인 과정이므로, 생명교육 역시 즉각적인 성과를 추구하기보다는 지속적인 성장을 도모하는 과정적 접근이 요구된다. 신생명 교육의 평가 체계는 단기적 효과에만 초점을 두어서는 안 되며, 학습자의 발전 가능성을 종합적으로 고려해야 한다. 나아가 평가는 생명의 성장 동기를 유발하고 잠재력을 계발할 수 있는 방향으로 설계되어야 한다.

결론적으로 생명 그 자체가 복잡한 존재이듯 생명의 발전에 영향을 미치는 요소 또한 다층적이다. 생명교육은 생명이 지닌 총체성과 다양성, 그리고 풍부한 내면을 이해해야 할 뿐만 아니라, 인지, 정서, 의지, 행동 등 다차원적인 측면에서의 통합적 성장과 이에 관여하는 제반 요소들을 종합적으로 평가해야 한다. 신생명 교육은 생명의 발전을 단순한 지표로 환원하거나 양적 평가를 과도하게 강조하지 않는다. 각 생명체가 고유한 특성을 지닌 만큼, 획일화된 평가 기준을 적용하는 것은 오히려 생명의 자발적 성장을 저해하고 그 독창성을 훼손하는 행위이다. 생명은 본질적으로 자유롭고 자율적인 존재이기에, 그 발전 양상 또한 개별성을 띠게 마련이다. 생명에는 보편타당한 발전 방식이 존재하지 않으며, 각각의 생명은 그 자체로 독보적인 가치를 지닌다. 생명교육의 목적은 모든 개인이 자신에게 가장 적합한 방식으로 최상의 성장을 이룰 수 있도록 조력하는 데 있다.

3. 신생명 교육 평가의 내용과 방법

첫째, 학생의 생명 발전 상태 평가에 관한 것이다.

학생 생명 발전 평가는 총체적이며 유기적인 관점에서 접근해야 하며, 신생명 교육의 궁극적 목표와 단계별 목표에 부합하도록 각 학년별 평가 기준을 체계적으로 구성해야 한다. 특히 신생명 교육의 평가 원칙에 입각하여, 종합적 평가와 형성적 평가를 병행하되 질적 평가를 중점적으로 실시해야 한다. 구체적인 평가 방법으로는 관찰, 면담, 서술형 평정, 성장 기록지, 상황 테스트 등 다양한 도구를 활용하는 것이 바람직하다.

평가자는 관찰, 면담, 서술형 평정, 성장 기록지, 상황 테스트 등 다양한 방법을 활용하여 다음 평가 방식을 수행한다. 교육 과정에서의 학생 참여도를 관찰하고, 일상생활 속에서 나타나는 생명 현상에 대한 관심 수준을 평가하며, 다양한 토론 및 교류 활동을 통해 학생들이 생명 관련 주제에 대한 자신의 견해를 논리적으로 설명하도록 유도한다. 학생들은 성장 포트폴리오를 통해 학습 과정에서 생성된 과제물, 관련 자료 및 작품들을 체계적으로 수집하고 분류함으로써 자기 성찰을 수행하고 동료 평가에 참여할 수 있다. 평가자는 더 나아가 신생명 교육 활동에서의 참여도, 정서적 반응, 학습 성취도 등을 학생 스스로 기록하도록 지도하며, 이를 평가 자료로 활용한다. 마지막으로, 상황 중심 평가를 통해 학생들이 실제 생명 관련 문제에 대한 대안 마련과 실행 계획 수립 능력을 함양할 수 있도록 지원한다.

둘째, 신생명 교육 과정 평가에 관한 것이다.

신생명 교육 과정 평가는 교육 과정의 전반적 질적 수준을 종합적으로 검토해야 하며, 학교 교육 과정 전체와의 융합 정도 및 신생명 교육 시스템 구축 현황을 포괄적으로 평가해야 한다. 이를 통해 도덕교육의 통합적 평가 체계를 수립할 수 있다.

평가자는 신생명 교육 과정의 목표 설정 적절성, 교육 내용 선정의 타당성, 교육 자원 개발 현황, 교수학습 방법 적용 적절성, 교육 활동 설계의 효과성 등 교수학습 과정 전반에 대한 종합적 평가를 수행해야 한다. 신생명 교육의 평가 기준은 다음과 같이 참조할 수 있다.

과정 목표의 완결성 여부를 검토한다. 교육 내용이 학생의 실제 생활과 유기적으로 연계되어 있는지 확인해야 한다. 교육 과정이 실천적, 활동적, 체험적 특성을 충분히 반영하고 있는지 평가한다. 학생들이 도서, 신문, 인터넷 등 다양한 매체를 활용하여 생명 관련 정보를 습득할 수 있는 환경이 조성되었는지 점검해야 한다. 교육 내용과 학습자 수준에 부합하는 다양한 교수법이 유연하게 적용되고 있는지 평가해야 한다. 학생들이 동료, 교사, 심리상담사, 생명과학자 등과의 상호작용을 통해 생명 문제를 탐구하고 협력적 문제해결 능력을 기를 수 있는지 평가해야 한다.

또한 타 교과와의 연계성 평가 시에는 다음과 같은 평가 기준을 참조할 수 있다.

각 교과의 설계 및 평가 항목에 생명교육 관련 요소가 포함되어 있는지, 해당 학문의 특성에 맞게 생명교육이 효과적으로 구현되어 있는지, 생명교육에서 각 교육과정이 가진 독특성을 잘 나타내고 있는지, 타 교과와의 유기적 연계를 통해 종합적 학습 경험을 제공하고 있는지 등을 종합적으로 검토해야 한다.

생명교육 주제 활동에 대한 평가는 다음 기준을 참고할 수 있다.

생명교육 활동의 목표가 학생의 요구에 부합하는지, 목표 설정이 충분히 완성되었는지 확인해야 한다. 또한 생명교육 자원이 풍부하게 제공되는지, 활동이 학생 중심으로 운영되며 학생들의 적극적인 참여를 이끌어내는지, 그리고 활동 과정에서 학생들이 어떠한 경험을 하였는지 살펴보아야 한다. 마지막으로 생명교육을 통해 학생들이 어떤 깨달음을 얻었으며, 어떠한 성과를 달성하였는지 평가하는 것이 중요하다.

셋째, 학교 신생명 교육 관리 업무에 대한 평가 내용이다.

학교는 신생명 교육의 계획·실행·조정·평가를 담당할 전담 인력 또는 기구를 지정해야 한다. 학교는 조직적 체계를 마련하여 학생, 학부모, 교직원, 학교 지도자 및 지역사회 대표 등이 신생명 교육 구축에 공동으로 참여할 수 있도록 보장하며, 학교 신생명 교육 계획의 이행 상황을 지속적으로 점검해야 한다. 학기별 학교 업무 계획에는 해당 학기의 신생명 교육 목표, 실행 방안, 시간 배분, 평가 방법 및 지표 등을 명확히 규정해야 한다. 각 교과의 교육과정과 종합 실습 활동, 학급 및 동아리 활동에서의 신생명 교육 내용을 체계적으로 기획하여야 한다. 학교 규정 및 정기적 평가 체계에는 신생명 교육 관련 내용을 반드시 포함시켜야 하며, 교실 수업, 종합 실습 활동, 학급 및 동아리 활동 과정에서의 신생명 교육 실천 여부를 평가 항목으로 설정한다. 학교는 교사와 행정 담당자가 신생명 교육을 효과적으로 수행할 수 있도록 필요한 지원과 조건을 조성하기 위해 최선을 다해야 한다. 특히 학교는 전 교직원과 학생들에게 충분한 신생명 교육 자료, 시설 및 공간을 제공하고, 이를 편리하고 효과적으로 활용할 수 있는 환경을 구축해야 한다. 또한 학교는 가정, 지역사회, 정부 기관 및 타 교육기관과의 협력 체계를 구축하여 신생명 교육 활동을 공동으로 전개해야 한다. 아울러 다양한 매체와 채널을 활용하여 신생명 교육의 성과와 경험을 사회에 홍보하고, 교직원과 학생들이 생명 존중 활동을 사회적으로 확산할 수 있도록 장려해야 한다. 학교는 교직원, 학생, 학부모 및 지역주민을 대상으로 신생명 교육의 최신 진행 상황을 적시에 공유하는 체계를 마련해야 한다.

    이상의 세 가지 측면은 개별적으로 평가할 수도 있고 종합적으로 평가할 수도 있다. 다만 신생명 교육 실행 과정에서 교육 과정과 관리 업무는 서로 밀접하게 연계되어 있을 뿐만 아니라, 모두 학생의 생명 발전을 도모하기 위한 것임을 명심해야 한다.

8

신생명 교육의
교사 양성

모든 교육과정은 교사와 분리할 수 없는 관계에 있다. 교사가 자신의 생명 가치를 진정으로 성찰하고 생명의 본질을 이해하며, 건강한 생활관을 지닐 때 비로소 생명으로 생명을 감화시키며 학생들의 생명 발전을 도모할 수 있다. 생명교육은 세 단계로 이루어지는데, 첫 번째 단계는 가장 포괄적인 차원으로 모든 교육이 생명교육이며 모든 교사가 생명교육의 책임을 공유한다. 이를 위해 모든 교사의 생명 소양을 향상시켜야 하며, 생명으로 생명을 감화시키는 것이 진정한 생명교육의 핵심이다. 두 번째 단계는 생명교육이 특정 교과에 통합되는 형태로, 도덕과 법치, 사상정치, 체육과 건강, 과학, 생물, 국어, 역사 등의 과목에서 구현된다. 해당 교과 담당 교사는 전문 지식뿐 아니라 생명교육 역량도 겸비해야 한다. 세 번째 단계는 생명교육을 전문적으로 담당하는 교사로, 이들은 체계적이고 전문적인 생명교육 지식과 실천 능력을 갖추어야 한다.

물론 생명교육은 학교만의 과제가 아니라 가정과 사회도 중요한 역할을 담당한다. 따라서 부모를 비롯한 모든 사회 구성원은 거시적 의미에서 생명교육의 실천자로 볼 수 있으며, 이들의 생명교육 소양을 함양하는 것은 매우 중요하다. 신교육 이론에서는 가정을 생명의 핵심 공간으로 규정하며, 가정이 아이들의 첫 번째 학교이고 부모가 첫 번째 교사임을 강조한다. 어린 시절은 인생에서 가장 결정적인 시기이며, 가정은 인간 삶에서 영원히 벗어날 수 없는 근원적인 장소이다. 신교육은 새로운 가정교육의 방향을 제시하는데, 이는 단순히 가정교육의 중요성을 강조하는 차원을 넘어 새로운 가정교육의 열 가지 비전을 제안한다. 새로운 가정교육은 진정한 사랑을 실천하는 교육, 존중을 근간으로 하는 교육, 공동 성장을 지향하는 교육, 균형과 조화를 추구하는 교육, 긍정적이고 밝은 에너지가 넘치는 교육, 자연과 조화를 이루는 교육이다. 이러한 비전에서 알 수 있듯이, 새로운 가정교육은 생명에 대한 온정과 애정이 가득한 교육이다. 가정은 사랑이 넘치는 공간이자 생명교육이 자연스럽게 이루어지는 최적의 환경인 것이다.

1. 교사의 생명 소양 강화

신생명 교육은 기존 교육과정과는 차별화된 교사 요구사항을 지닌다. 신생명 교육은 교육 전반에 걸쳐 자연스럽게 스며들어 있어야 하며, 이에 따라 모든 교사는 생명교육을 실천하는 교사로서의 역할을 수행해야 한다. 2009년 『교사의 생명 전설을 쓰다書寫敎師的生命傳奇』 주제 보고서에서도 강조되었듯, 교사는 교육 활동을 자신의 생명 가치를 실현하는 핵심적 장場으로 인식해야 한다. 이러한 과정에서 표출되어야 하는 것은 교사 자신의 풍부한 생명력이다. 모든 교과가 신생명 교육의 잠재적 매개체가 될 수 있으므로, 모든 교사는 신생명 교육을 실행에 옮기고 그 이념을 확산하고 실천하는 데 앞장서야 한다.

신생명 교육은 무엇보다 교사의 직업적 정체성 인식에서 출발한다. 교사의 풍요로운 생명력과 풍부한 생명 에너지는 가장 소중한 교육적 자원이다. 학생들의 생활 양식과 생명 형태의 형성에는 교사의 올바른 인도와 모범적 역할이 필수적이다. 교사와 학생이 함께 생활하는 과정에서 교사는 학생 성장에 가장 지대한 영향을 미치는 생명의 모델이 된다. 신생명 교육의 과정은 생명과 생명의 조우이며, 동행과 대화의 과정이다. 교사는 생명으로 생명을 양육하고, 생명으로 생명을 각성시키는 사명을 수행한다. 이는 교사의 생명에 대한 자각과 존재의식의 각성을 요구한다. 신교육은 "생명은 복제할 수도 소홀히 다룰 수도 없고, 방임을 용납하지 않으며, 생명에 대한 경외, 생명에 대한 깨달음, 생명에 대한 존중, 그리고 교육의 본질을 탐구하는 것이 바로 신교육의 핵심과 방향이라고 할 수 있다." 새로운 교육은 본질적으로 만남의 교육 과정에서 교사의 자기 발견과 학생의 자아 발견을 돕는 것이다. 깨어난 교사만이 진정한 자아를 발견하고 자아를 수용하며 새로운 자아를 창조할 수 있다. 오직 그러한 교사만이 직업적 압박에 갇히지 않고 내면의 장벽을 뛰어넘어 학생들을 깨우칠 수 있으며, 학생들을 이끌고 밝은 미래로 나아갈 수 있다. 신교육의 중요한 사명 중 하나는 교사의 내면을 일깨우고 교사의 생명력을 환기시키는 것이다. 2015년 신교육 실험 제15차 연례회의에서 산둥성山東省 빈저우시濱州市 빈청구濱城區 청이초등학교清怡小學의 리훙메이李紅梅 교사는 "신교육은 저에게 가장 강렬한 행복을 선사했습니다! 신교육이 제 삶의 두 번째 봄을 깨워 주었습니다!"라고 고백한 바 있다. 이처럼 신교육을 통해 생명의 진정한 의미를 깨달은 교사들은 무수히 많다. 그들의 생명의식의 각성과 생기발랄한 모습은 청중의 심금을 울리고 깊은 감동을 주기에 충분하다. 사실, 이러한 교사의 모습 그 자체가 가장 효과적인 생명교육의 실천이라 할 수 있다.

신생명 교육이 각 교사에게 요구하는 것은 생명 그 자체로서 교육을 실천하는 모습이다. 생명 소양은 모든 교사에게 필수적인 핵심 자질로, 이는 교육의 본질이 생명 간의 상호작용에 있기 때문이다. 교사의 생명 상태는 학생의 생명 상태에 영향을 미치므로, 교사의 생명 소양 함양은 생명교육의 기본 전제라 할 수 있다. 여기서 말하는 교사란 특정한 생명교육 담당자를 지칭하는 것이 아니라 교육 현장의 모든 교사를 아우르는 개념이다. 교사의 생명 소양 구성 요소를 살펴보면, 첫째로 생명에 대한 학문적 이해가 포함된다. 이는 생물학, 의학, 윤리학, 심리학, 철학, 체육학 등 다양한 학제를 포괄하는 지식 체계이다. 그러나 생명교육은 단순한 지식 전달이 아닌 인격 형성에 그 목적이 있음을 명심해야 한다. 건강한 인격이 건강한 생명을 기르기 때문이다. 따라서 진정한 생명 소양은 건전하고 긍정적인 인성, 심오한 인문학적 소양, 생명에 대한 예민한 감수성 등을 종합적으로 갖춘 상태를 의미한다. 교사의 생명 소양 제고를 위한 방법으로는 독서와 자기 계발이 특히 중요하다. 신생명교육 연구소에서 제안한 '생명교육 교사 추천 독서 목록'도 이러한 맥락에서 시행되고 있다. 이는 생명의 길이, 넓이, 높이를 포함되어 있으며 교사의 생명 소양을 강화하는 데 목적이 있다. 성숙한 세계관, 인생관, 가치관, 사고능력, 판단능력을 지닌 교사는 독서를 통해 생명의 본질을 깨닫고 인생의 진미를 체험하며, 자신의 생명이 지닌 길이, 넓이, 높이를 확장해 나갈 수 있다.

　교사의 생명 소양은 생명교육 실천의 필수적 전제이지만, 동시에 교사가 학생에게 미치는 영향력 그 자체이기도 하다. 교사가 학생의 생명에 미칠 수 있는 영향은 하나의 교육적 역량으로, 이러한 역량의 유무가 교사의 생명교육 가능성을 결정하는 핵심 요소다. 교사는 학생의 생명 발전에 어떻게 영향을 미치는가? 이는 단순한 지식 전달이 아닌 심층적인 마음의 소통과 인격적 감화력을 통해 이루어진다. 주샤오만朱小蔓 교수는 "생명교육은 교사와 학생이 서로의 생명을 향해 진정으로 열리고 교감하는 과정"이라 강조하며, "이는 교사의 인격적 본질, 감정 교류의 진정성, 정서 이해와 표현의 질적 수준을 종합적으로 시험하는 것"이라고 지적한 바 있다. 따라서 교사의 친화력, 소통 능력, 사랑을 실천하는 힘은 모두 생명교육 역량의 구성 요소다. 이러한 생명교육 역량은 어떻게 함양될 수 있는가? 심리적 소통 기술이나 상담 기법의 습득도 필요하지만, 근본적으로는 생명에 대한 예민한 감수성이 핵심이다. 진정한 감수성을 지닌 교사, 사랑으로 가득한 교사, 따뜻한 마음을 가진 교사는 어떤 교육 방법을 사용하든 생명의 온기와 기쁨, 빛을 자연스럽게 발산할 수 있을 것이다.

2. 생명교육 교사의 양성 및 훈련

첫째, 생명교육 교양 과정을 개설하여 관련 교과 교사들의 생명교육 인식 제고 및 교과 간 융합 능력을 함양해야 한다.

모든 교사의 생명 소양 향상은 거시적인 생명교육 실시에 기여하지만, 미시적 차원의 생명교육은 구체적인 내용과 방향성을 요구한다. 미시적 생명교육의 실행을 위해 교과 과정 측면에서는 융합적 접근과 주제 중심 접근을 병행해야 한다. 융합적 생명교육은 주로 초·중등학교의 도덕과 법치, 사상정치, 체육과 건강, 과학, 생물학 등 교과에서 구현된다. 2021년 11월 중국 교육부가 발표한 『생명안전 및 건강교육 초·중등학교 교과서 지침』에서는 "핵심역량을 바탕으로 교과 특성에 맞추어 체육과 건강 교과를 중심으로 타 관련 교과와 유기적으로 융합할 것"을 권고하고 있다. 이는 체육과 건강 교과를 중심으로 한 교과 간 융합 모델을 채택한 것이다. 신생명 교육의 내용 구현을 위해 각 교과 교사들은 다음과 같은 역할 분담이 가능하다. 안전교육은 담임교사와 체육교사가, 건강 교육은 학교 의사와 체육교사, 심리교사가, 습관 형성 및 인간관계 교육은 담임교사와 도덕교사, 심리교사가, 가치관 및 신념 교육은 도덕교사와 국어·역사 등 인문 교과 교사 및 담임교사가 담당할 수 있다. 또한 타 교과 교사나 특기·관심사를 가진 우수한 학부모들이 특정 주제를 선택해 교육할 수도 있다. 각 교과 교사들은 다양한 측면에서 생명교육을 수행할 수 있으나, 무엇보다 중요한 것은 '생명교육'의 본질적 가치를 전달하는 것이다. 그렇지 않을 경우 생명교육은 생물학, 체육 훈련, 도덕 교육과 차별성을 잃게 된다. 예를 들어 생명교육이 자연 생명에 관한 지식을 다루더라도, 생물학과 생리학과의 차이점을 명확히 해야 한다. 생물학과 생리학이 과학적 지식 전달에 중점을 두는 반면, 생명교육은 생명 보호와 발전에 대한 인식 함양을 목표로 한다. 즉, 생물학과 생리학을 기반으로 한 생명교육은 과학적 토대 위에서 한 단계 더 나아가, 학문적 교육에서 인간적 교육으로, 지식 중심에서 생명 존중으로의 전환을 꾀하는 것이다. 관련 교과들이 지식과 기술 전수에 집중하는 동안, 신생명 교육은 인식의 변화가 지식과 기술 습득보다 더 중요하다고 보는 관점이다.

　각 교과 교사들에게 신생명 교육 관련 내용을 지도하도록 하는 것은 현실적으로 실천 가능한 방안이다. 이러한 교사 양성 과정에서는 해당 교과에 생명교육의 의식과 역량을 향상시키는 데 중점을 두며, 다음 사항들이 명확히 인식되도록 해야 한다. 교과 내 생명교육의 중요성, 생명교육 개념에 대한 정확한 이해, 생명교육 구성 요소 인식, 생명교육 실천 활동에 대한 인지 등. 또한 높은 수준의 교과별 생명교육 실행 능력, 풍부한 교과별 생명교육 경험, 예리한 교과별 생명 통찰력을 배양하는 데 주력한다.[1] 특히생명교

---

1 광웨이청龐維成, 「지역 생명교육 교사 연수 과정 개발 및 실행區域生命教育教師培訓課程開發與實

육의 본질적 의미를 깨닫고 그 교육적 지향점을 이해하며, 관련 교과 지식을 바탕으로 생명교육을 효과적으로 실천할 수 있도록 지원해야 한다. 도덕과 법치, 사상정치, 체육과 건강, 생물과학 등 핵심 관련 교과 교사들에게는 보다 집중적인 연수를 실시하여, 이들이 성숙한 신생명 교육 실천가로 성장할 수 있도록 돕고, 동시에 우수한 신생명 교육 프로그램 개발자 역할을 신속히 수행할 수 있도록 해야 한다. 나아가 사범대학 교육과정에서 생명교육 기초 과목을 강화하여, 예비 교사들이 생명교육 교과과정과 평가 방법을 체계적으로 습득할 수 있도록 해야 한다. 이는 생명교육이 교육학, 심리학과 마찬가지로 교사 양성의 필수 과목으로 자리매김하기 위함이다. 사실 생명교육은 단순히 교사의 기초 교과를 넘어 모든 학습자에게 필요한 핵심 교과로서, 대학생뿐 아니라 초·중등학생에게도 필수적이다. 왜냐하면 생명교육은 개인의 생명 성장에만 국한되지 않고, 미래 부모로서 다음 세대를 대하는 태도 형성과도 깊이 연관되어 있기 때문이다. 생명이 가장 소중한 가치임을 고려할 때, 교육 체계 내에서 생명교육의 위상을 재정립해야 할 시점이다.

둘째, 생명교육 전문 교사 양성 체계를 구축해야 한다.

현재 생명교육은 국가 교육과정에 정식 편제되지 않아 대부분의 학교에서 전담 교사가 배치되지 않은 실정이다. 그러나 국가적으로 생명교육의 중요성이 부각되면서 생명 존중 의식이 학생들의 핵심 역량으로 자리매김함에 따라, 신교육은 체계적인 생명교육 전문 과정 개설을 제안한다. 앞서 언급한

- 施」, 『상하이 교육과학연구上海教育科研』 2019년 제9호.

바와 같이 타 교과의 시간을 일부 조정하더라도 생명교육을 소홀히 해서는 안 된다. 우리는 위기 상황에서만 생명교육의 중요성을 깨달아서는 안 된다. 신교육은 생명교육을 우수한 교육과정 체계의 기반으로 삼아 신생명 교육 과정과 교재, 독서 자료, 교육 자원 등을 체계적으로 개발하고 있다. 이러한 신생명 교육 전문 과정의 질적 구현을 위해 전담 교사 양성의 필요성을 강조하는 바이며, 이에 따라 사범대학과의 협력을 통해 신생명 교육 전문 교사를 체계적으로 양성하는 한편, 현직 생명교육 전담·겸임 교사들을 대상으로 한 지속적인 현직 연수 프로그램도 강화해야 할 것이다.

현재 사범대학의 교사 양성 과정에는 생명교육 전공이 개설되어 있지 않다. 그러나 생물학, 체육, 사상정치교육, 심리학, 초등교육 등 생명교육과 유사한 기존 전공들을 개편하여 생명교육 전문 교사 양성 체계를 구축할 수 있다. 이와 관련하여 수도사범대학교首都師範大學 초등교육대학, 뤄양사범대학교洛陽師範學院, 옌청사범대학교鹽城示範學院 등에서는 이미 선도적인 시도를 진행한 바 있다. 생명교육 교사는 융합형 인재를 요구하므로, 두 개의 관련 전공을 결합한 융합형 생명교육 교사 양성 프로그램도 고려할 수 있다. 특히 교육학 석사 및 박사 과정에서 이러한 시도를 적극 추진할 필요가 있다. 난징사범대학교南京師範大學 교육학 박사 과정의 경우, 학생 발달 및 교육 분야에서 생명교육과 도덕교육 연구 방향을 설정하여 박사급 생명교육 전문가를 양성하고 있는 사례가 있다. 중국 교육계에서 생명교육의 중요성이 점차 부각됨에 따라, 향후 더 많은 사범대학들이 생명교육 전문 교사 양성에 동참할 것으로 기대된다.

신생명 교육은 지속적으로 생명교육 전문 교사 양성을 핵심 과제로 삼아 왔다. 이를 위해 신생명 교육연구소를 중심으로 중국 쑹칭링宋慶齡 기금회산하 중화청소년 생명교육 포럼, 중국 타오싱즈陶行知 연구회 생명교육전문위원회, 중국 타오싱즈연구회 신교육분회 등 다양한 사회적 자원을 체계적으로 활용하고 있다. 더불어 난징사범대학교 도덕교육연구소, 쑤저우대학교 蘇州大學 신교육연구원, 베이징사범대학교 생명교육연구센터, 수도사범대학교 아동생명 및 도덕교육연구센터, 홍콩교육대학교香港大學 생명교육연구센터 등 고등교육기관의 연구 인프라와의 협력 체계를 구축하였다. 이러한 네트워크를 바탕으로 중국 대륙과 홍콩, 대만의 생명교육 전문가들과의 협력을 강화하며, 생명교육 국제포럼, 생명교육 씨앗교사 양성 프로그램, 생명교육 전문가 워크숍 등을 정기적으로 개최하고 있다. 이를 통해 신생명 교육 전문 교사 양성 시스템을 고도화하고, 질 높은 교사 교수진을 형성함으로써 신생명 교육 사업의 지속적 발전을 도모하고 있다.

 2015년 7월 쓰촨성四川省 진탕金堂에서 개최된 신교육실험 제15회 연례대회는 신생명 교육의 중요한 전환점이 되었다. 당시 필자는 「생명의 길이·넓이·높이 확장」이라는 주제 보고를 통해 신생명 교육의 본격적인 추진 계획을 발표한 바 있다. 이 대회를 계기로 신생명 교육 분야에서는 체계적인 사업 추진 체계를 마련하게 되었다. 주요 추진 내용으로는 첫째, 신교육 연구원 아래에 신생명 교육 연구소를 설립하여 기초 이론 연구, 방법론 개발, 국제 비교 연구, 실천 연구, 교육과정 개발 등 체계적인 연구 활동을 전담하도록 하였다. 둘째, 과학성과 체계성을 갖춘 권위 있는 신생명 교육 실험용 교재를 개발하여 전국 실험학교에서 활용하도록 지원하였다. 셋째, 개방형 신생명 교육 자료 플랫폼을 구축하여 교육 자원 공유 체계를 정비하였다. 넷째, 교과별 교사의 생명교육 역량 강화를 위한 일반 교육 과정을 개설하였는데, 특히 담임교사의 생명교육 지도력 제고에 중점을 두었다. 또한 다수의 실험학교를 지정하여 초·중등학교 현장에서의 신생명 교육 실천 모델을 개발하고 그 효과성을 검증하는 등 신생명 교육의 체계적인 정착을 도모하고 있다.

신생명 교육은 자연적 생명의 보호와 사회적 생명의 성장, 정신적 생명의 함양이라는 삼위일체적 접근을 지향한다. 신교육 실천가들이 신생명 교육을 수행해 나가는 과정에서 건강한 신체와 아름다운 심신, 적극적인 생활 태도, 행복한 인생을 구현하게 될 것이라 확신한다. 더 나아가 신교육 실천가들의 생명은 신생명 교육을 통해 그 길이, 넓이, 높이가 종합적으로 확장될 것으로 기대된다. 신교육의 이상을 향한 여정에서 각 개인이 자신의 생명이 지닌 최상의 가능성을 실현해 낼 수 있으리라 믿는다.

맺음말

생명은 자연이 빚어낸 가장 신비로운 선물이다. 모든 생명체는 그 자체로 기적과도 같은 존재이며, 각 개체의 생명은 독특성으로 인해 더욱 값지고, 자율성으로 인해 주체적으로 성장하며, 초월성으로 인해 행복과 완성을 지향한다.

우리는 온전한 생명이 자연적 속성, 사회적 속성, 정신적 속성의 조화로운 통합으로 이루어진다고 이해한다. 이 세 가지 속성은 각각 인간의 자연적 생명, 사회적 생명, 정신적 생명을 구성하며, 이는 생명의 길이, 넓이, 높이라는 삼차원적 구조로 표현될 수 있다.

자연적 생명의 '길이'는 생명의 지속가능성을 중시하는 개념으로, 인류 생명의 연속성을 담보하는 근간이 된다. 사회적 생명의 '넓이'는 다양한 인간관계와 사회적 경험의 확장을 통해 삶의 풍요로움을 구현하는 조화로운 사회 형성의 핵심 요소이다. 정신적 생명의 '높이'는 시간의 흐름에 퇴색하지 않는 영속적 가치의 추구를 상징하며, 인류 정신문명의 이상적 지평을 개척하는 본질적 동력으로 작용한다.

신생명 교육은 신교육의 핵심 교육과정 체계 내에 정착된 생명 중심 교육과정으로, '행복하고 완전한 교육적 삶의 구현'을 근본 이념으로 삼는다. 이 교육은 생명을 중심축이자 원점으로 설정하여 인간의 자연적 생명, 사회적 생명, 정신적 생명이라는 삼차원적 구조 위에 교육 체계를 구축한다. 궁극적 목적은 학생들로 하여금 생명의 소중함을 깨닫고 적극적인 삶의 태도를 형성하며, 보다 나은 인생을 설계할 수 있도록 이끄는 데 있다. 더 나아가 생명의 길이, 넓이, 높이를 종합적으로 발전시켜, 유한한 생명 주기 속에서 최상의 가치를 실현하고 각 개인이 지닌 고유한 생명의 가능성을 최대로 발현할 수 있도록 지원하는 것을 지향한다.

이를 실현하기 위해서는 생명 존중을 교육의 근본 원리로 삼아야 하며, 교육 과정 전반에 걸쳐 행복과 완전성의 실현을 중시해야 한다. 신체적 건강과 정신적 안정이 조화를 이루는 것을 기본 전제로, 생명 고유의 리듬에 부응하는 동시에 개성의 발달을 촉진해야 한다. 또한 생명공동체 의식을 토대로 교사와 학생이 상호 성장하는 관계를 형성하고, 가정과 학교가 협력 체제를 구축하여 아이들을 공동으로 양육해 나가는 교육 생태계 조성이 요구된다.

신생명 교육의 실현을 위해 우리는 10여 년에 걸친 지속적인 탐구를 진행해 왔다. '신체육'을 시발점으로 하여 '매달 한 가지 실천', '생일 교육 수업', '생명 서사 수업' 등 혁신적인 교육 프로그램을 개발하며 신생명 교육의 기본 원리를 정립해 나갔다.

이를 바탕으로 신생명 교육 전용 교육과정 개발에 주력하였으며, 완성도 높고 체계적이며 단계적인 교재 및 교육 자료를 지속적으로 개발해 왔다. 이러한 노력은 기존 교육과정과 유기적으로 융합되어 통합적 신생명 교육 체계를 구축하는 동시에 다양한 교육 현장에 자연스럽게 정착되어 가고 있다.

우리는 모든 교사가 곧 신생명 교육 실천자라고 확신한다. 교사는 생명 존중 의식을 내면화하고 생명의 에너지로 가득 차 있어야 하며, 자신의 생명으로 타 생명을 감화시키고 따뜻하게 조력하는 존재가 되어야 한다. 교사, 학생, 학부모는 상호 성장하는 동반자 관계로서 기쁨과 어려움을 함께 나누는 생명공동체를 형성한다. 각 개인은 고유한 생명체이자 인류 공동운명체의 구성원으로서, 개별 생명에 대한 깊은 관심이 결국 민족과 인류의 미래에 대한 성찰로 이어진다.

이러한 교육이 실현될 때, 우리가 양성한 아이들은 성장하여 정치 영역에서는 이상을 실현하고, 경제 영역에서는 정당한 노동의 가치를 존중하며, 과학 영역에서는 인문적 가치를 견지하고, 삶의 영역에서는 도덕적 성숙을 보여줄 것이다. 이것이 바로 신교육이 추구하는 궁극적 비전이다.

우리는 이 믿음을 바탕으로 끊임없이 실천해 나가고 있다.

부록

2021년, 신생명 교육 연구 성과가 광둥성 기초교육 우수 교육성과 특별상을 수상하였다. 본 부록은 그 중 일부 성과 보고를 담고 있다.

부록 1
신생명 교육 교육과정 개발의 탐색과 실천 성과 보고

생명의 길이, 넓이, 높이를 확장하다
초 중등학교 생명교육 교육과정 개발의 탐색과 실천 성과 보고

1. 문제 제기

1) 초 중등학생의 생명 성장 위기

현재 초·중등학교 학생들은 생명의 의미에 대한 혼선과 생명 위기 문제에 직면하고 있으며 생명의 발달은 다음과 같은 문제에 직면해 있다.
(1) 생존 기술과 생명 지식이 전반적으로 결핍되어 있다.
(2) 생명에 대한 경시와 해치는 현상이 반복적으로 일어나고 있다.
(3) 생명에 대해 부정적인 태도를 가지거나 생명의 가치와 인생의 이상을 상실하는 사례가 점점 늘고 있다.

2) 생명교육 교육과정 구축의 어려움
(1) 교육과정 체계가 완비하지 않고 목표가 명확하지 않다. 학생의 생명

발달에서 전체성과 연계성을 간과하고 있다.

(2) 교육과정 자원이 부족하고 교사 연수가 충분하지 않다. 체계적이고 전반적인 생명교육의 교육과정 자원이 부족하며 특히 온라인 교육 자원이 매우 부족하다. 또한 전문적인 생명교육 교사가 부족하고 일반 교사를 대상으로 한 생명교육 연수가 뒤처져 있다.

(3) 학교, 가정, 사회의 연계가 부족하다. 생명교육은 학교에서는 비중이 줄고 가정에서는 형식적인 수준에 머무르며 사회에서는 관심조차 받지 못하는 실정이다. 학교, 가정, 사회가 함께 협력하는 생명교육 추진이 시급하며 세 영역이 긴밀히 협력하는 삼위일체적 인성교육 구조의 정립이 요구된다.

2. 문제 해결 과정 및 방법

프로젝트 팀은 20여 년간의 실천과 탐색을 통해 이론을 선도적 기반으로 삼고 연구 과제를 중심으로 삼으며 실천을 검증 수단으로 삼아 교육과정 개발, 생명공동체 구축, 시범 운영, 확산 및 보급 등 다양한 측면에서 성과를 이루어 냈다.

1) 초기 탐색기(2000~2005년): 이론 연구, 학교 중심 탐색, 경험 축적

첫째, 이론 연구를 수행하여 중국 교육 현실에 기반한 생명교육 철학을 초보적으로 구축하였다. 장쑤성 "제10차 5개년 계획" 과제와 중국 전국 교육과학계획 "제11차 5개년 중점 과제"를 주도하였으며, 『인민교육』, 『교육평론』 등에 『생명교육론강』 등을 발표하고 『생명화 교육』 등의 저서를 출간하였다.

둘째, 교육과정 개발을 추진하여 생명교육을 전공 수업, 학급 운영, 학교 문화 구축 등에 융합하였다. 학교를 거점으로 하여 주제 교육, 반이나 팀 활동을 활발히 펼쳤으며 학교 맞춤형 실행을 장려하였다. 아울러 생명 서사 연구를 수행하고, 『한 수업이 한 학생의 생명을 구할 수 있을까?』라는 글을 『교사박람』에 발표하여 큰 반향을 일으켰다.

셋째, 『생명 수업』 시리즈 도서를 출간하였고 중국 국가신문출판총서가 선정한 "청소년 추천 도서 100선"에 포함되었다. 2005년에는 제1회 중화 청소년 생명교육 고위급 포럼에 초청받아 경험을 소개하였고, 중국 쑹칭링기금회로부터 "생명의 무지개 훈장"을 수상하였다. 『중국청년보』는 『생명으로 생명을 일깨우다』라는 제목으로 연구팀의 핵심 인물 위안웨이싱의 생명교육 사례를 보도하였다. 전국 규모의 세미나를 개최하며 도덕 교육과 생명교육의 관계 연구를 시작하였고 생명교육 이론과 일선 교사를 잇는 다리 역할을 자임하였다.

주요 성과: 『생명 수업』 시리즈 도서를 출간하고 제1회 중화 청소년 생명교육 고위급 포럼에 초청되어 사례를 발표하였으며 전국 규모의 세미나 개최를 개최하였다.

2) 교육과정 구축기(2005~2010년): 상위 설계, 교재 집필, 자원 개발

첫째, 루제魯潔, 주샤오만朱小蔓, 청상룽成尚榮 등 전문가의 지도 아래 『초·중등학교 생명교육 교육과정 지도 요강』를 개발하여 교육과정의 성격, 기본 이념, 설계 방식, 목표, 내용 기준, 실행 제안 등을 체계적으로 정리하였다.

둘째, 자연 생명을 보호하고 사회 생명을 완비하며 정신 생명을 풍요롭게 하는 가치를 핵심으로 삼아 초등학교 1학년부터 고등학교 3학년까지 전 학년을 아우르는 생명교육 실험 교재를 집필하였다.

셋째, 생명교육이 학교를 넘어 가정과 사회, 학생 개개인의 삶 속으로 스며들 수 있도록 다양한 교육과정 자원을 개발하며 생명교육의 내용을 더욱 풍부하게 만들고 교육과정의 완성도를 높였다.

주요 성과: 교육과정 지도 요강을 개발하고 전 학년 대상의 생명교육 실험 교재를 집필하였다.

3) 지역 확산기 (2010~2015년): 지원 센터 설립, 실험 학교 운영, 공동 개발과 공유

첫째, 쑤저우시 교육국의 지원 아래 '쑤저우시 초·중등학교 생명교육 연구 및 지원 센터'를 설립하였고, 위안웨이싱이 센터장을 맡아 교사 연수, 공개 수업 참관을 추진하고 청소년 생명교육 고위급 포럼 개최 등을 주최하였다.

둘째, 쑤저우시 교육국의 승인과 지정으로 10여 개의 기지학교를 선정하여 생명교육 실천 활동을 전개하였다.

셋째, 교육과정 공동 개발을 추진하고 중국 타오싱즈 연구회 생명교육전문위원회 설립에 참여하였으며 장쑤성 교육과학 중점 과제를 주관하고, 『생명교육』 『생명교육 교사 핸드북』 등을 집필하여 지역 단위 생명교육 실천을 촉진하였다.

주요 성과: 쑤저우시 생명교육 연구 및 지원센터 설립을 추진하고, 1차 기지학교에 지정 현판을 수여했으며 장쑤성 교육과학계획 중점 지원 과제를 주관하였다.

4) 확산 및 보급기(2015~2020년): 교사 연수, 기지학교 설립, 연구 과제 수행

첫째, 신생명 교육연구소를 설립하고, 전문가 및 핵심 교사 팀을 구성하였다. 주샤오만朱小蔓, 저우궈핑周國平, 쑨윈샤오孫雲曉, 청상룽成尙榮, 지제팡紀潔芳(타이완), 허룽한何榮漢(홍콩) 등 전문가나 학자를 초청하여 자문위원회를 구성하고, 교육과정 개발과 연구를 진행하였다. 또한 중국 쑹칭링기금회와 협력하여 교사 연수를 공동 주최하고, 세 차례에 걸쳐 중화 청소년 생명교육 포럼을 개최하였다.

둘째, 『진탕 선언金堂宣言』을 발표하고 전국 160여 개 생명교육 기지학교로 구성된 교육과정 실천 공동체를 구축하여 전국 5,000여 개의 신교육 실험학교와 수백 개의 실험 지역에 영향을 미치고 확산시켰다. 『신생명 교육』 실험용 교재 총 22권을 완성하고 출간하였으며 해당 학교와 지역에서 전용 교육과정을 중심으로 과목 융합, 주제 교육, 반이나 팀 활동, 통합적 체험 활동 등을 유기적으로 결합한 학교, 가정, 사회가 함께하는 생명교육 실천이 이루어지도록 추진하였다. 이는 전국적인 영향력을 일으켰다.

셋째, 연구 과제를 심화하여 여러 건의 성부급 연구 과제를 완수하고 이론 연구와 교육과정 실천을 나선형으로 동반 성장시키는 성과를 이루었다. 아울러 '남겨진 아이들' 대상 생명교육 공익 활동을 전개하고, 홍콩교육대학교와 공동으로 '해협양안 홍콩과 마카오 생명교육 경험 통합 프로젝트海峽兩岸港澳地區經驗整合項目'를 발족하여 영향력을 더욱 확대하였다.

주요 성과: 신생명 교육연구소를 설립하며 전국 160여 개 생명교육 기지학교를 확립하고 성부급 연구 과제 여러 건을 완수하였다.

5) 심화 탐색기(2020년~현재): 온라인 강의, 학습센터, 체험기반 교육 공간

첫째, 지속 가능하며 뉴노멀 시대에 부합하는 온라인 교육과정을 탐색하고 구축하였다. 2020년에는 업계 최초로 『신생명 교육(방역판)』 실험용 교재를 출시하고 전자책 형태로 전면 무료 공개하였다. 또한 청소년 생명교육 시리즈 공익 강좌 23편을 기획하고 진행하여 온라인 청중 수가 300만 명을 돌파했으며, 『중국교육보』, 『중국교사보』 등 주요 언론에 다수 보도되었다.

둘째, 선전 클라우드스쿨深圳雲端學校을 기반으로 연구를 지속하면서 다양한 시도를 병행하고 생명교육 온라인 학습센터 구축을 적극적으로 추진하였다. 전문가 + 우수 교사 + 학교 교사 간 이중 협력 체계, 온·오프라인을 융합한 생명교육의 새로운 실행 모델을 구성하였다.

셋째, 생명교육 체험관을 구축하여 고품질 생명교육 체험 공간, 교육연구센터, 오프라인 교실, 생명교육 자료 보관소, 파생 제품 서비스 인큐베이팅 공간 등을 통합한 체험 중심 생명교육 공간의 대표 모델을 만들어냈다. 또, 중국 공산주의 청년단 광둥성 선진시 바오안구 위원회中國共產主義青年團團廣東省深圳市寶安區委와 협력하여 청소년 생명교육 교외 체험 센터를 공동 설립하고 가정, 학교, 지역사회의 연계를 강화하는 메커니즘을 심화하고 탐색하였다.

주요 성과: 『신생명 교육(방역판)』 전자책을 전면 공개하고, "청소년 생명교육 시리즈 공익 강좌"를 기획하고 운영하며, 생명교육 온라인 학습센터를 구축하고, 생명교육 체험관을 조성하며, 교외 체험 센터를 등록하였다.

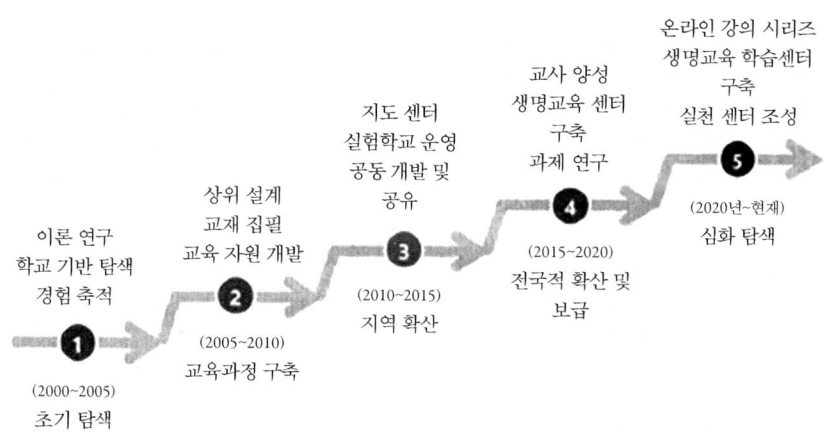

본 팀은 생명교육 과정의 구축과 운영을 항상 핵심 과제로 삼아 왔으며 연구 과제를 중심 동력으로 삼아 교육과정 실천 공동체와 협력하여 생명교육의 이론과 실천을 지속적으로 탐구하고 있다.

주요 연구 과제

번호	과제명	과제 유형	연구 기간	책임자
1	『학교, 가정, 지역사회의 삼위일체 생명교육 교육과정 체계 구축 연구 - 미성년자 보호 관점에서』	교육부 법규교육 법치 과제	2020-2021(완료)	위안웨이싱
2	『웨강아오粤港澳 대만구大灣區 초·중학교 학생 생명교육 전용 교육과정 연구』	광동성 '제13차 5개년 계획' 과제	2020-2021(완료)	위안웨이싱
3	『학교 공공생활의 구축과 시민 품성 교육』	2017년도 교육부 인문과학 중점연구기지 중대 과제	2017-2021(완료)	펑젠쥔
4	『생명교육 전용 교육과정 연구』	선전시 중대 지원 과제	2018-2020(완료)	위안웨이싱
5	『초·중학교 학생 생명교육 지역 교육과정 구축의 이론과 실천 연구』	장쑤성 '제12차 5개년 계획' 과제	2015-2019(완료)	위안웨이싱
6	『온라인 뉴미디어 환경에서 청소년 사회적 책임감 함양 연구』	장쑤성 사회과학기금 중점 과제	2015-2017(완료)	펑젠쥔

7	『학생 핵심 역량 발달에 기반한 생명교육 전용 교육과정 개발 연구』	장쑤성 제5기 '333 고급 인재 양성 프로젝트' 과제	2016-2019(완료)	펑젠쥔
8	『생명의 조화로운 발전을 촉진하는 인성교육 모델 구축 연구』	장쑤성 교육과학 '제10차 5개년 계획' 중점 과제	2002-2004(완료)	펑젠쥔
9	『생명을 기반으로 한 교육 이론과 실천 연구』	장쑤성 철학사회과학 '제10차 5개년 계획' 중점 과제	2001-2004(완료)	펑젠쥔

3. 주요 성과 내용

1) 이론적 성과: '생명의 길이, 넓이, 높이' 생명교육 이념의 처음 제시

세 가지 차원 제시: 인간 생명의 세 가지 속성에 근거하여 창의적으로 '생명의 길이, 넓이, 높이'라는 생명교육 이념을 제안하였다.

자연적 생명(자연 속성)은 인간이 태어나고, 성장하고, 병들고, 죽는다. 먹고 쉬며 살아가는 삶의 연속성이 생명의 길이이다.

사회적 생명(사회 속성)은 다양한 사회적 역할과 권리, 의무를 통해 사회와 관계를 맺다는 것이 생명의 넓이이다.

정신적 생명(정신 속성)은 진로 계획, 가치의 추구가 생명의 높이이다.

세 가지 목표 설정: 이 세 가지 속성에 대응하여 생명교육의 세 가지 핵심 목표를 제시하였다. 생명을 아끼고 삶을 사랑하며 인생을 이루는 것이 그 목표이다. 생명교육은 인간의 생명 성장을 중심으로 삼고 자연 생명을 보호하고, 사회 생명을 확장하며, 정신 생명을 풍요롭게 하여, 학생들이 생명의 의미를 이해하고, 생명 존엄을 인식하며, 생명의 가치를 고양하고, 생명의 질을 향상시키도록 돕는 데 그 가치를 둔다. 교육은 생명과 삶을 중심으로 조직되어야 하며 학습자들이 건강한 몸, 적극적인 삶, 의미 있는 인생

을 살아가도록 이끄는 것을 목적으로 한다.

　궁극적으로는 학생들이 생명을 소중히 여기고 행복한 인생을 영위하며 생명의 길이, 넓이, 높이를 확장하도록 하여 생명을 보존하는 단계를 넘어 성장과 발전으로 이끄는 교육을 실현한다. '소아小我'에서 '대아大我'로 나아가며 유한한 생명 속에서 최대한의 가치를 실현하고 각자의 생명이 최고의 자신으로 완성되도록 돕는다. 이는 곧 전면적이고 조화로운 성장을 지향하며 인성 함양과 인재 양성의 목표와 맞닿아 있다.

　세 가지 교육 기준 제시: 생명교육의 핵심 사상은 발달 중심의 사람을 중심으로 한 교육임을 명확히 하였다. 자연 생명, 사회 생명, 정신 생명의 발달 요구에 기초하여 생명의 통합과 조화로운 성장을 추구하며 생명을 보호하고 사회 속 생명을 완성하며 정신 생명을 풍요롭게 하여 인성 함양과 인재 양성의 이상을 실현하고자 한다. 어린이의 일상은 생명교육의 기초 내용이다. 생명교육은 삶과 분리될 수 없으며 가정, 학교, 사회 속 일상에서 생명의 주요 이슈를 선정하여 아이들이 성장 과정에서의 문제를 직면하고 그 속의 아름다움을 체험하며 적극적이고 건강하며 즐겁고 행복한 삶을 살아가도록 이끌어야 한다. 실천 활동은 생명교육의 핵심 방식이다. 생명의 발달은 자발적인 과정이며 활동을 통해서만 생명에 대한 자각이 일어나고 진정한 성장이 가능하다.

　네 가지 실행 원칙 제시: 생명교육 교육과정은 생활 속에서 생성되는 생활 중심 교육과정이며 다양한 주제를 아우르는 융합형 교육과정이자 실천을 중심으로 한 활동 중심 교육과정이며 학생들이 생명의 의미와 아름다움을 느낄 수 있도록 돕는 인간 중심의 교육과정이다. 생명교육을 실행하는 과정에서는 청소년의 신체와 심리 발달 단계에 부합하는 원칙, 인지, 체험, 실천의 결합 원칙, 발달, 예방, 개입의 통합 원칙, 학교, 가정, 사회 간 연계 원칙을 반드시 준수해야 한다.

연구팀은 이론 연구와 실천 성과를 『교육연구』, 『교육과정·교재·교수법』, 『인민교육』 등 중국 주요 핵심 학술지에 발표하였으며 『생명교육 교사 핸드북』, 『생명화 교육』 등의 저서를 출간하였다. 이를 통해 생명교육의 형성과 발전, 철학과 목표, 원칙과 과제를 구체적으로 제시하고 교육 현장의 실천을 이론적으로 뒷받침하며 교사들의 생명교육 실행을 지원하였다.

2) 교육과정 성과: 생명교육 교육과정 체계 구축

① '3가지 차원, 6가지 영역, 144가지 주제'로 구성된 생명교육 전용 교육과정 개설

오랫동안 생명교육은 개별적이고 산발적으로 진행되어 왔다. 이에 따라 생명교육 체계의 결여, 교육과정 자원의 부족, 내용의 파편화 등 문제가 지속되었다. 이에 대해 20여 년간의 실천과 탐색을 거쳐 연구와 실험의 관점에서 생명교육 전용 교육과정을 창설하고 이를 기지학교 및 실험지역에 보급하며 생명교육의 모델을 제시하였다. 5년에 걸친 연구 개발(2005~2010)을 통해 『초·중학교 학생 생명교육 교육과정 지도 요강』을 제정하고, 생명교육 전용 교육과정의 과목 성격, 기본 이념, 설계 원칙, 교육 목표, 내용 기준, 실행 방안(수업 제안, 평가 제안, 교육 자원 개발 및 활용 등)을 전면적으로 정리하였다. 이 강요는 생명교육의 본질적 의미를 명확히 하며 생명을 교육의 출발점으로 삼아 각자의 생명이 자신만의 길이, 넓이, 높이를 적극적으로 확장해 나가고 궁극적으로 고귀한 생명 가치로 나아가도록 한다.

생명교육 전용 교육과정은 지속 가능하고 일상화된 형태로 교육과정표

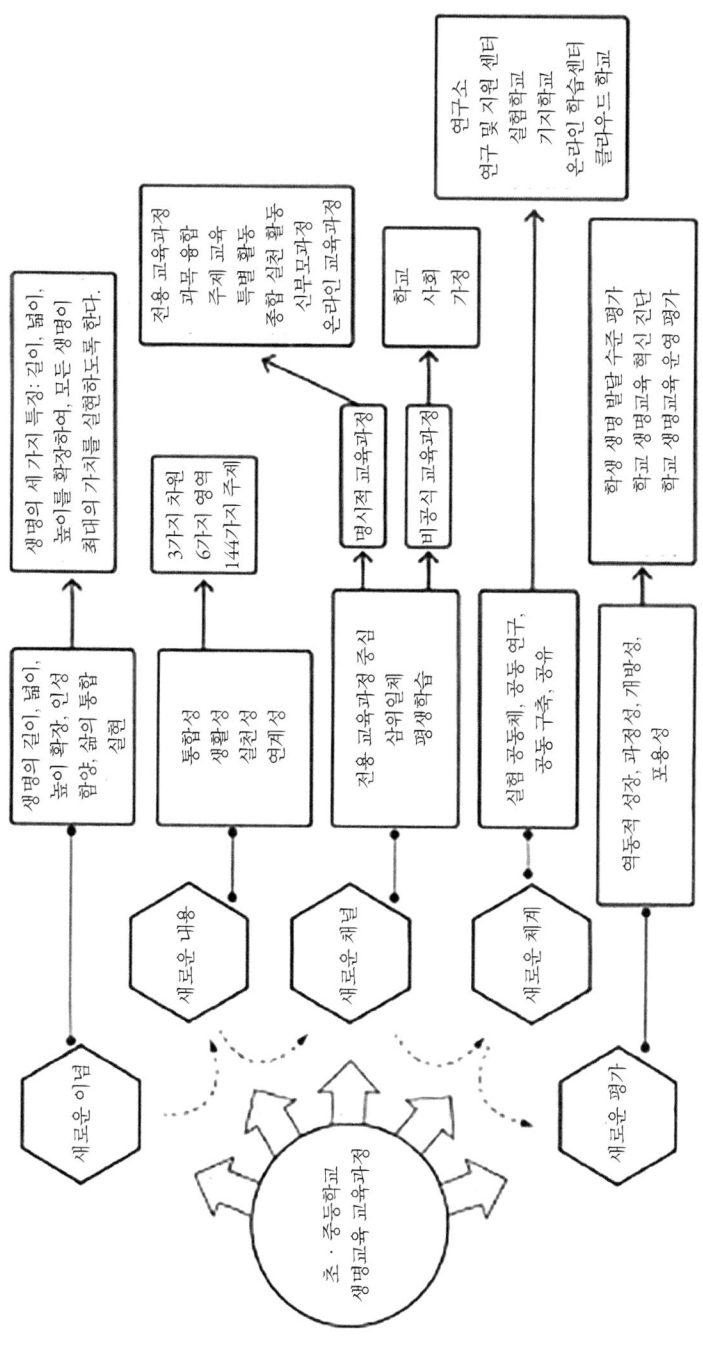

·205·
부록

에 정식 편성되어 정규 수업으로 운영되고 있다. 이 교육과정은 전용 과정을 중심으로 다른 과정 및 다양한 교육 활동과 유기적으로 스며들고 서로 보완하며 함께 추진되는 실행 체계를 형성하고 있다. 이 교육과정은 통합성을 지니며, 안전교육, 심리 건강 교육, 생활 습관 교육, 진로 교육 등에서 단편적으로 다루어지던 생명교육 내용을 하나의 체계로 통합한다. '안전과 건강'(생명의 길이), '생활 습관과 관계'(생명의 넓이), '진로와 신념'(생명의 높이)라는 여섯 가지 핵심 주제를 중심으로 초등학교 1학년부터 고등학교 3학년까지를 아우르는 '3가지 차원, 6가지 영역, 144가지 주제'의 생명교육 내용 및 목표 체계를 구축하였다.

매 학년마다 여섯 가지 핵심 주제 외에 6개의 성장 기록 항목이 함께 운영된다. 교육은 학생들이 일상생활 속에서 마주하는 생명의 다양한 현상을 중심으로 실제 생활 속 실천을 통해 '지식, 감정, 의지, 행동'을 통합한 학습으로 이루어지며 강한 실천성과 체험 중심의 성격을 지닌다. 학생의 연령 및 발달 단계에 따라 맞춤형 주제와 활동을 설계하고 주제가 나선형으로 심화되도록 구성하여 교육의 연계성과 지속성을 확보하였다.

교육과정 실행 이념은 모든 생명이 최고의 자신이 되도록, 행복하고 온전한 교육적 삶을 살아가게 하는 것이다.

교육과정 실행 전략은 의식에서 출발하여 책임으로 귀결된다. 사전의 책임이 사후의 대가보다 중요하다는 철학에 따라 교육과정 목표 중 가장 우선되는 것은 학생이 위험을 인지하고 예방하는 능력이다. 즉, 학생이 경계하고, 예방하며, 주의하고, 회피하고, 요청할 수 있는 능력을 먼저 갖추는 것이 중요하며, 그 다음 단계는 위급 상황에서 스스로를 보호하거나, 타인의 도움을 받을 수 있는 방법을 익히고 관련 지식과 기술을 습득하는 것이다. 우리의 관점에서 보면 책임감이 의식보다 중요하고, 의식은 기술보다, 기술은 지식보다 더 우선시되어야 한다.

교육과정 실행 형태는 놀이 요소, 상호작용, 체험 중심, 그리고 학습자 주도적 형성적 특성을 바탕으로 한다. 수업은 활동 기반으로 구성되며 자기 판단 → 체험 활동 → 일상 적용 → 가족과의 확장 활동으로 이어지는 단계적 구조를 따른다. 예를 들어, '직접 해보기', '상황극 해보기', '말해보기', '비교해보기', '토론해보기' 등의 참여 활동을 통해 학생들이 능동적으로 수업에 몰입할 수 있도록 설계되어 있다. 필수적인 지식과 기술은 핵심 활동을 보조하는 참고 자료 형태로 제공된다. 중요한 것은 외우는 것이 아니라 느끼는 것이며 기억하는 것보다 직접 해보는 경험이다. 이처럼 전 과정을 학생의 체험과 참여로 채워 생명교육이 살아 있는 교육이 되도록 한다.

생명교육의 평가 방식은 종합적 평가, 형성 평가, 개방적 평가, 포용적 평가, 역동적 평가 방식으로 이루어진다. 생명교육의 3단계 총괄 목표를 바탕으로 분류된 세부 목표와 학년별 단계 목표를 설정하며 각 학년 수준의 평가 지표와 내용 기준과 일치하도록 설계하였다. 교육과정의 평가는 학생이 자신의 생명을 드러내고 성찰하는 존재가 되도록 돕는 것을 목표로 하며 교사는 학생의 이야기를 경청하고 조력하는 역할을 수행한다. 평가는 종합적 평가, 형성 평가, 개방적 평가, 포용적 평가, 역동적 평가의 방식을 따르며 관찰, 면담, 서술형 평가, 성장 기록 포트폴리오, 상황 중심 평가 등의 방법을 활용한다. 이는 교육과정 속에서 학생의 참여도를 관찰하고 일상생활 속에서 생명 문제에 대한 관심 수준을 살펴보는 데 중점을 둔다. 평가 방식으로는 교사가 평가자가 되는 전통적 방식 외에도 학생의 자기 발견, 자기 평가, 자기 교정을 더욱 장려하고 중시하며, 자기 평가를 통해 생명의 자기 성장과 자기 초월을 실현할 수 있도록 한다.

교육과정 실행의 핵심 도구는 『신생명 교육』실험 교재이다. '생명, 목표, 영역, 주제'의 체계에 따라 교육과정을 구성하고 초등학교 1학년부터 고등학교 3학년까지 총 22권의 실험 교재를 집필하고 출판하였다. 이 교재는 체계적 완성도를 갖추어 국내 선도 수준에 도달하였으며, 누적 발행 부수는 약 100만 권에 달하고 전국 300여 개 학교에서 활용되고 있다. 특히 선전시 신안중학교新安中學를 포함한 전국 생명교육 기지학교에서 실험 교재를 중심으로 생명교육 교육과정 실천이 유기적으로 스며들며 상호 연계되고 공동으로 추진되고 있다. 교육과정 형태는 유연하고 다양하다. 중국 타오싱즈 연구회 전 회장이자 베이징사범대학교 교수이며 유명한 도덕 교육 전문가인 주샤오만 교수는 이 실험 교재에 대해 다음과 같이 평가하였다. "이 교재는 중국 대륙 생명교육이 새로운 단계로 발전했음을 보여주는 상징이며, 학교 교육, 교과서 개발, 교사 전문성 향상을 이끌 것이다."(출처: 『인민망』, 2016년 9월 20일)

② 학교, 가정, 사회 삼위일체 생명교육 체계 구축

쌍방향 구조화, 내부 확장과 외부 연계를 통해 전용 교육과정과 과목 융합, 주제 교육, 반이나 팀 활동, 통합적 체험 활동 등을 유기적으로 결합한 명시적 교육과정을 운영하며 동시에 '가정, 학교, 사회'의 삼중 책임과 참여를 이끌어낼 수 있는 잠재적 교육과정 자원을 발굴하고 명시적 교육과정과 잠재적 교육과정이 상호 스며들고 같은 방향으로 나아가도록 한다. 캠퍼스 생활, 신부모 학교, 온라인 교육과정 등의 형식을 통해 학교, 가정, 사회가 협력하는 삼위일체 생명교육 체계를 탐색하고 있으며, 사람 중심, 다원적 참여, 교실 내외, 온·오프라인이 함께하는 생명교육 생태계를 조성함으로써 입체적인 생명교육 교육과정 체계를 구축하고 '전 교직원, 전 과정, 전 방면'의 인재 양성을 실현하고자 한다.

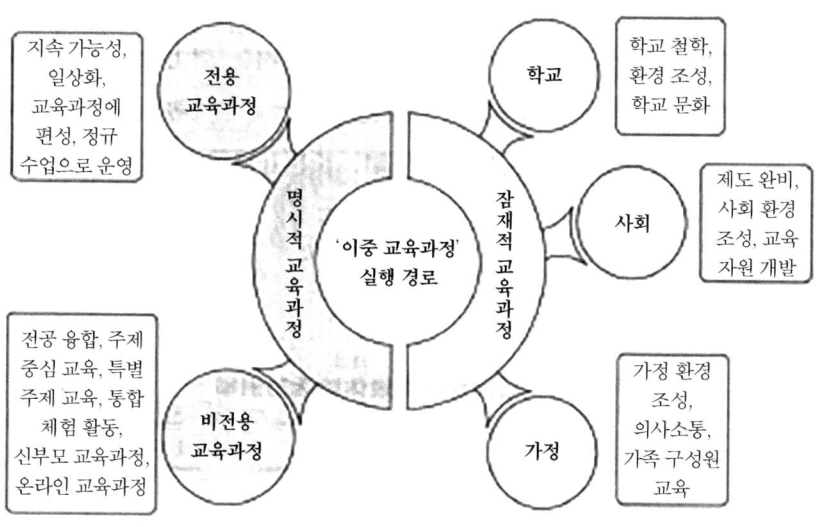

(1) 학교 생활과 연계한 주제 교육 및 통합적 실천 활동 운영

체육 '1+N' 교육과정, 아침 낭독, 점심 독서, 저녁 성찰 수업, 영화 수업,

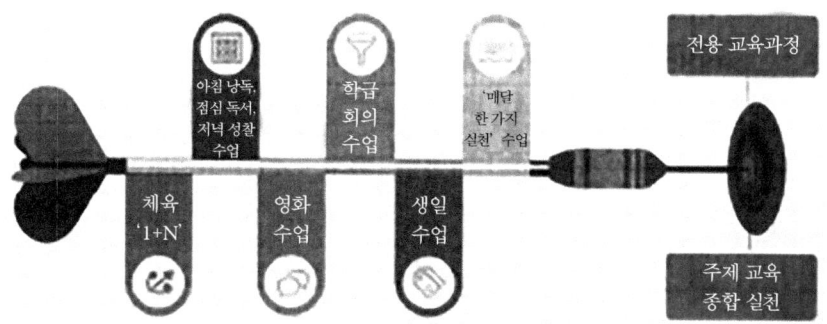

학급 회의 수업, '매달 한 가지 실천' 수업, 생일 수업, 삶과 죽음 수업, 생명서사 수업 등 다양한 주제 교육 활동을 통해 생명교육 교육과정 체계를 보다 완성도 있게 구축하고 있다.

학교를 도서관처럼 운영하며 환경을 통해 교육하는 '환경 속 인성교육'을 실현하고, 생명교육 독서 모임과 같은 활동을 전개하여 교육과정 체계를 보완하고 있다. 생명교육 교육과정 체계를 바탕으로 국기 게양식에서의 '국기 아래 연설' 시리즈를 운영하여, 국기 게양의 교육적 기능을 살리는 동시에, 각종 전통 명절을 계기로 다양한 생명교육 활동을 전개함으로써 학생들이 삶에 대한 동경과 생명에 대한 사랑을 품도록 유도하고 있다.

또한 노동 체험장을 개설해 노동교육과 생명교육을 융합하였으며 학생들에게 '학교 안 동물'을 보호하게 하여 실천적 생명교육을 실행하고 있다. 이러한 활동은 『인민일보』, 공산주의청년단 중앙共產主義青年團中央 공식 계정, 『신경보新京報』, 신화망 등 주요 언론으로부터 '의미 있는 생명교육 수업'이라는 평가를 받았다. 이와 함께, 장기적으로 결손 아동을 위한 생명교육 공익 활동을 꾸준히 실천하고 있으며 '남겨진 아이들과 한 권의 책을 함께 읽기'와 같은 생명교육 사랑 나눔 프로그램을 통해 아이들이 소외계층을 돕고 함께 성장하는 과정에서 자신의 가치와 책임을 발견하고 생명의 넓이와 높이를 확장해 나가도록 이끌고 있다.

생활로 나아가는 통합적 체험 활동 사례 제시

번호	활동 내용
1	보육원과 양로원 방문해 어르신과 아이 돌보기 봉사
2	특수학교 학생들에게 따뜻한 위로와 응원 전하기
3	사랑을 담아 농촌이나 서부 지역에 후원 물품 보내기

4	남겨진 아이들과 함께 책 한 권 읽으며 정서 나누기
5	학교 동물 어떻게 보호할지 아이디어 공모전
6	박사 선생님 다섯 명과 함께하는 특별한 수박 수업
7	선생님의 어린 시절 사진 맞히기! 사제 간 소통 놀이
8	'내 웃는 얼굴 자랑하기' 캠페인
9	남겨진 아이들의 순수한 모습을 사진과 글로 나누기
10	아이들의 순수한 말 한마디 공모 이벤트
11	사랑의 바자회 열어 모은 기금으로 학생 돕기
12	직접 요리해 보는 체험 수업
13	학교 텃밭에서 농작물 심고 가꾸기 체험
14	친구들과 함께 팀워크 게임과 협동 활동
15	미술관 견학 및 작품 감상 활동
16	안전과 과학 주제로 체험 중심 학습
17	소방관과 함께하는 화재 예방과 대피 체험 학습

'매달 한 가지 실천'생명교육 주제

독서, 실천, 탐구, 글쓰기, 발표, 성과 평가로 이어지는 생명교육 연간 활동 예시						
1월	밥 먹기 배우기	절약	7월	공놀이 배우기		건강
2월	걷기 배우기	규칙	8월	웃으며 인사하기 배우기		관계 맺기
3월	나무를 심어보자	공익	9월	독서 습관 들이기		지식 탐구
4월	소풍 떠나기	자연	10월	집에 편지 써보기		감사 표현
5월	대청소 해보기	노동	11월	발표 연습해 보기		자신감
6월	노래 불러보기	예술	12월	일기 꾸준히 쓰기		자기 성찰

　삶은 가장 훌륭한 생명교육의 내용이다. 연구 팀은 이 이념을 바탕으로 학생의 삶과 연결된 모든 기회를 적극적으로 활용하여 적시에 생명교육을 실천하고 있다. 이를 통해 생활 속 생명교육 과정이 실제로 적용 가능하고 모범이 될 수 있는 실천적 교육 모델을 제시하였다.

(2) 학교에서 가정으로 확장하여 생명교육 부모학교 운영

'가정과 학교의 공동 교육'을 실천 방향으로 삼고 생명교육을 내용으로 한 신부모학교를 운영하며 초등학교 1학년부터 중학교 3학년까지에 맞는 주제를 개발하고 있다. 또한 생명교육 영화 수업을 창의적으로 운영하며 학부모와 함께 영화를 감상하고 감상 후 전문가와의 현장 토론을 통해 생명교육의 선진적 이념을 나누고 부모, 자녀, 교사가 함께 성장할 수 있도록 하고 있다. 가정, 학교, 지역사회의 조화로운 발전을 도모한다. 현재는 부모학교에서 '필수과목 + 선택과목' 방식의 프로그램이 형성되어 있으며 부모가 무의식적인 반응에서 벗어나 스스로 자각하고 반응할 수 있도록 돕고 교육에 대한 능력을 키우도록 지원한다.

최근 3년간 신부모학교 과정의 예

강사	주제	학년 별	비고
위안웨이싱袁衛星	오늘 어떻게 부모가 되어야 할까	전 학년	
위안웨이싱	자녀 생명 성장의 수호자가 되기	전 학년	
우슈앙吳爽	이해하니 여유롭게 대응할 수 있다	전 학년	
탕추이어唐翠娥	일상 속 작은 일로 좋은 습관 기르기	1~9학년	
쩡동화이曾東槐	학습 효율을 어떻게 높일 것인가	9학년	
쉬쥐샹徐菊香	중2 시기의 학습 방법과 목표 설정	8학년	
옌위閻嶼	감사한 만남, 함께 성장하기	4~6학년	
뤼쥔呂軍	자녀와 함께 성장하는 부모 되기	1~6학년	필수
두안신환段新煥	지혜롭고 힘 있는 부모가 되기	전 학년	
왕츄잉王秋英	자녀와 함께 숙제를 하는 방법	1~3학년	
투난핑塗南平	자녀의 학습 동기 어떻게 이끌어낼까	4~6학년	
천상바오陳尚寶	아버지 사랑의 힘	전 학년	
왕츄잉	사춘기 자녀의 가정교육 전략	7~9 학년	
톈춘리田春利	생명교육의 가정적 시각	전 학년	
리메이진李玫瑾	생명교육의 가정적 시각	전 학년	

위안웨이싱	영화 수업《은하 보습반》	7학년	
리메이진	리메이진 강연 + 영화《나 바보 아니야2》	7~9 학년	
텐춘리	온라인 특별 강의 제2기	8 학년	
양샤오옌楊曉燕	자녀의 심리 위기, 부모는 어떻게 인식하고 예방할 수 있을까	7~9 학년	
하이란海藍	자신의 감정을 어떻게 발견하고 다룰 것인가	9학년	
요지아닝攸佳寧	자녀의 심리 위기, 어떻게 알아차리고 개입할 것인가	7~9 학년	선택
리우멍劉蒙	'보이지 않는 아버지'라는 시각으로 본 가정교육의 본질	전 학년	
양샤오옌	진로 설계와 가정교육	7~9 학년	
투난핑	중간고사에서 실력을 뛰어넘는 비결 공개	9학년	

(3) 생명교육 온라인 교육과정 구축

생명교육의 지속 가능한 뉴노멀 체계를 완성하기 위해 온라인 교육과정 구축에 힘쓰고 있다. '생명의 길이, 넓이, 높이', '위안웨이싱 연구실' 등 위챗 공식 계정을 개설하여 교육과정 자료를 공유하고, 실험학교 간의 수업 교류에 활용하고 있다. 또한, 전자책 공유를 통해 실험 교재의 온라인 자원 부족을 보완하고 있다. 『신생명 교육(방역판)』을 집필하고, 전자책 형식으로 온라인에 공개하여 아이들이 코로나 상황 속에서 생존을 배우고, 삶을 사랑하는 법을 익힐 수 있도록 효과적인 가이드를 제공하였다. 이 책은 '2020 중국출판협회 아동 독서 추천 도서 — 생명교육 부문'에 선정되었다. 온라인 교육과정을 기획하고 수업 자료를 공유하며, 신안중학교 캠퍼스 다섯 곳의 191개 학급, 9,500여 명 학생을 대상으로 전염병 예방, 생명 존중, 자연에 대한 경외심 등을 주제로 한 생명교육 수업을 개발하고 텐센트 비디오 등 플랫폼을 통해 전면 공개하였다. 또한, 쑨윈샤오孫雲曉, 리전시李鎭西, 하이란 박사 등 전문가를 초청하여, 전국 청소년을 대상으로 '팬데믹 속에서도 용기 있게 성장하기'라는 주제의 생명교육 공익 강좌 23회를 운영하였으며 온라인 누적 학습 인원은 약 300만 명에 달한다. 이외에도 다수의 온라인 강연과 공개 수업을 지속적으로 운영하여, 총 누적 참여 인원은 1,000만 명을 넘었다.

'팬데믹 속에서도 용기 있게 성장하기' 청소년 생명교육 시리즈 공익 강좌

번호	제목	강사
1	생명을 경외하고 책임을 기억하자	위안웨이싱
2	생명은 귀중하고, 사람은 따뜻하다	위궈즈 餘國志
3	이 6명의 '용감한 중국인'을 기억하세요	리전시
4	좋은 습관이 행복한 삶을 만든다	쑨윈사오
5	긍정적인 마음으로 팬데믹을 이겨내기	타오신화 陶新華
6	전염병을 이겨내는 10가지 원칙	리융신 李永鑫
7	화해를 배우고, 자신과 타인 모두를 이해하자	루루이샤 盧瑞霞
8	전염병 시대, 어떻게 좋은 공동체 생활을 할 수 있을까?	펑젠쥔
9	생명을 소중히 여기고 자기 보호법 배우기 (상)	위화 鬱華
10	생명을 소중히 여기고 자기 보호법 배우기 (하)	위화
11	사회에 책임지는 좋은 시민이 되자	리전시
12	그들과 나는 얼마나 다른가? 본받을 수 있는 삶에서 힘을 얻기	세팡칭 謝芳青
13	나는 당신 같은 사람이 되고 싶어요	허이핑 何一萍
14	코로나는 우리에게 생명을 다시 생각하게 했다	탕루핑 唐露萍
15	살아남는 법을 배우고, 관용을 이해하자	위안웨이싱
16	최고의 나로 살아가기	주융신
17	강한 심리 자산이 아름다운 삶을 만든다	천쥔 陳俊
18	분발과 갈망이 있을 때, 진짜 배움이 시작된다	왕딩궁 王定功
19	성장의 여섯 가지 단어: 믿음, 소망, 사랑, 배움, 생각, 인내	주융신
20	생명의 또 다른 가능성	왕이팡 王一方
21	인생은 단 하나뿐이다	저우궈핑 周國平
22	생명의 본질과 행복한 삶	리시순 李西順
23	자신의 감정을 어떻게 발견하고 관리할 것인가	하이란

3) 실천 성과: 생명교육 교육과정 실천 공동체 형성

지난 20년간 학교 기반 탐색에서 지역 확산으로, 지역 확산에서 실천 공동체 구축으로 나아갔으며, 앞으로는 실험 공동체에서 미래 학습센터로 발전해 나갈 것이다.

현재까지 전국 생명교육 기지학교 160여 곳이 지정되었고, 생명교육 관련 연수는 500회 이상, 생명교육과 관련 교사 양성은 500명 이상, 온라인 강연은 100회 이상 개최되었으며, 누적 수강자는 1,000만 명을 넘었다. 또한 장자강시張家港市, 타이창시太倉市, 선전시深圳市 등지에서 제13회, 제14회, 제16회 중화 청소년 생명교육 포럼을 주최하여 전국 여러 성시로 영향력을 확산시켰고 화남사범대학교華南師範大學, 허난사범대학교河南師範大學, 뤄양사범대학교洛陽師範學院 등 대학교에서 생명교육 교목을 개설하였으며 홍콩교육대학교香港教育大學와 함께 실천 활동을 공동 추진함으로써 홍콩과 마카오의 학교에 생명교육이 뿌리내릴 수 있도록 지원하다.

앞으로는 선전 클라우드스쿨深圳雲端學校 입주 학교 등의 우수한 기반을 활용하여, 생명교육 온라인 학습센터를 구축함으로써 실천 공동체를 효과적으로 지원하고 중국 전국 범위의 교사, 학생을 대상으로 서비스를 제공할 계획이다.

4. 효과 및 성찰

1) 학교에서 생명교육을 실천할 수 있는 생생한 사례를 제공한다

프로젝트 책임자가 소속된 학교는 '생명교육 지도센터'와 '교육과정 개발 센터'를 설립하였으며, 지금까지 전국 규모의 포럼을 다섯 차례 주최하였다.

이 학교는 전국 신생명 교육 기지학교, 전국 진로교육 시범학교, 광둥성 심리건강교육 시범학교, 국가급 신교육과정·신교재 시범구 시범학교로 선정되었고, 2019년 중국 진로교육 학술세미나, 제16회 중화 청소년 생명교육 포럼, 2021년 제1회 글로벌 아동발달 및 가족교육 포럼 분과회의 등을 성공적으로 개최하였다. 이를 통해 해당 학교는 점차적으로 광둥성을 대표하여 전국으로 생명교육을 확산하는 시범학교이자 학습 중심지로 발전하고 있으며 그 연구 성과는 광둥성 전역에 확산되고 있다. 이와 같이 학교를 모델로 삼고 선전시를 거점 지역으로 하여 "모범 사례 제시 → 지역 확산 → 사회적 공감대 형성 → 공동 구축과 공유"로 이어지는 선순환 구조의 생명교육 추진 체계가 점차 정착되고 있다.

생명교육의 전개는 실험학교의 교육 내실화와 품질 향상에도 효과를 가져왔다. 각 실험학교는 연구 성과를 도출하고 생명교육은 학교의 핵심 교육 브랜드로 자리 잡았다. 예를 들어, 쑤저우시蘇州市 제5중학교第五中學와 샹청실험중학교相城實驗中學가 수행한 '초·중등학교 학생 생명교육 교육과정화 건설'은 쑤저우시 교육성과상을 수상하였으며, 쑤저우시 제5중학교는 쑹칭링 기금회로부터 '생명의 무지개 훈장'을 수여받았다.

2) 학생의 생명 성장을 북돋우는 내적 활력을 이끌어낸다.

생명교육 교육과정은 현재까지 전국 160여 곳의 기지학교와 여러 지역 실험학교에서 운영되고 있으며 그 효과가 서서히 가시화되고 있다.

예를 들어, 신안중학교 제1실험학교의 사례를 보면 2019년 『국가 의무교육 질 평가 학생 발달 보고서國家義務敎育質量檢測學生發展報告』 분석 결과, 학생들의 우울 성향 비율이 지역 평균보다 4.4% 포인트 낮았으며, 자기관리, 협업 능력, 자기 수용, 가치관 등 여러 영역에서 121개 학교 중 상위권을 차지했다. 생명교육을 통해 학생들은 생명의 소중함을 깨닫고, 삶과 미래에 대한 희망을 키우고 있다. 교사들도 자신의 직무에 대한 만족도와 행복감이 각각 95.1%, 94.46%에 이르는 등 매우 긍정적인 반응을 보였다. 학생과 교사 간의 관계도 보다 조화롭고 상호 촉진하는 방향으로 발전하고 있다. 학교 전체에는 생명을 소중히 여기고, 삶을 적극적으로 살아가며, 의미 있는 인생을 완성하는 교육 문화가 자리잡았고 학부모의 98.95%는 생명교육이 학생의 발달 과정에 적절하게 작용하며 건강하고 긍정적인 삶의 태도를 형성하는 데 실질적인 도움이 되었다고 응답했다. 교육과정이 정착된 이후, 학생들의 종합 역량은 눈에 띄게 향상되었다. 예를 들어, 학교는 4년 연속 선진시 바오안구寶安區 전체 30만 명 중 단 10명에게 수여되는 '햇살 어린이' 상을 받았고, 여러 학생들이 '선전의 가장 아름다운 청소년', '남월南粤의 자랑스러운 청소년' 등 영예를 얻었다. 최근 3년간 교사들은 구급 이상 수상 400여 건, 시급 이상 70여 건, 국가급 이상 20여 건 이상의 우수한 성과를 거두었으며 학생들 역시 구급 이상 500여 건, 시급 이상 100여 건, 국가급 이상 30여 건의 수상 실적을 올렸다. 자폐 스펙트럼을 가진 황훙루이黃泓睿 학생은 생명교육을 통해 마음의 문을 열고 성장하여, '선전시 자강 우수 청소년'에 선정되었으며 선전 페이양飛揚971 라디오 '별들의 음악회' 무대와 CCTV-3『향행복출발向幸福出發』에도 출연하는 등 놀라운 변화의 주인공이 되었다. 이처럼 학교가 추진한 생명교육은 학생 개개인의 고유한 생명 가치를 존중하고, 내면의 자율성과 창의성을 일깨워주었으며 결과적으로 학생들의 생명 질을 향상시키고 생명의 길이, 넓이, 높이를 실질적으로 확장하는 데 기여하였다.

3) 교사의 역량 강화에 내적 동력을 더하다.

연구팀은 여러 개의 성부급 연구 과제를 수행하고 있으며 지금까지 생명교육 실험용 교재 40여 종, 전문 저서 10여 권, 학술 논문 200여 편을 발표하였다.『생명수업』등 일부 저작물은 중국 공산당 중앙선전부와 국가신문출판총서가 주관한 '사회주의 핵심 가치관 출판 프로젝트'에 선정되었으, 국가신문출판총서의 '전국 청소년 권장 도서 100선', '2020 중국출판협회 아동 추천 도서—생명교육 주제'에도 포함되었다.

연구 및 실천 과정에서 위안웨이싱은 특급교사, 정고급교사, 중국 교육개혁 선도교사, 광둥성 초·중등학교 우수 교사 워크숍 책임자로 선정되었고, 펑젠췬은 박사과정 지도교수, 교육부 장강학자長江學者 특별초빙교수, 교육부 기초교육 도덕교육 전문위원회 위원으로 임명되었다. 위안웨이싱과 펑젠췬은 함께 중국 타오싱즈 연구회 생명교육위원회 초대 상무이사로 위촉되었으며, 이들의 성과는 광둥성 '학부모 가족교육 우수 사례', 광둥성 교육성과 대상 특별상, 중국 교육개혁 혁신사례상 2회 수상으로 이어졌다.

4) 교육과정의 운영과 확산을 통해 사회적 공감을 이끌어내다.

이러한 성과는 역대 중화 청소년 생명교육 포럼, 중국 타오싱즈 연구회 생명교육 전문위원회 연례회의, 타이완, 홍콩과 마카오 지역을 중심으로 널리 확산되었다. 연구팀은『중국교육보』, 장쑤방송그룹 등 주요 미디어 플랫폼에서 공개 강의와 특강을 100회 이상 진행하며, 누적 수강자 수는 1천만 명을 돌파하였다. 또한 청소년을 위한 생명교육 공익 강좌 시리즈 23회를 온라인으로 운영해 300만 명 이상의 청소년이 참여하였으며,『인민일보』, '학습강국學習強國', 신화망, 인민망,『인민교육』,『중국교육보』등 언론에서도 지속적으로 보도되어 높은 사회적 공감을 이끌어냈다. 현재까지 선전시 바오안구, 장쑤성 쑤저우시, 타이저우시泰州市, 산둥성 리자오시日照市, 주청시諸城市, 허난성 자오쭤시焦作市, 산시성 윈청시運城市 등 여러 지역에서 생명교육 지역 실험이 진행되고 있으며 연구소는 전국에 생명교육 기지학교 160여 곳을 설립하여 중국 5,000여 개 신교육 실험학교에 영향을 미치고 있다.

2021년 5월, 프로젝트 팀은 본 성과에 대해 전문가 감정을 실시하였다. 전문가팀은 베이징사범대학교의 구밍위안顧明遠 교수를 팀장으로 베이징사범대학교의 린충더林崇德, 화동사범대학교의 위안전궈袁振國, 중국 교육부 기초교육과정교재개발센터의 류시랑柳夕浪, 화난사범대학교의 천쥔陳俊 교수를 위원으로 구성되었다. 이들은 본 성과에 대해 매우 높은 평가를 내렸다. 전문가팀은 연구팀이 지난 20년 동안 생명교육 교육과정의 이론 및 실천 연구에 몰두해 다음과 같은 풍부한 성과를 거두었다고 판단하였다.

첫째, 생명교육 이론을 심화하고 확장하였다. 생명교육과 안전교육, 건강교육(심리 건강 포함), 진로교육, 이상과 신념교육 등 관련 영역 간의 관계를 명확히 하여, "어떤 사람을 기를 것인가"에 대한 교육 철학에 구체적인 방향을 제시하였다.

둘째, 생명교육 교육과정의 상위 설계를 완성하였다. 『초·중학교 학생 생명교육 교육과정 지도요강』은 구성 체계가 완비되어 있고, 요소 간 구조가 합리적이며 지역 여건에 맞게 학교 또는 지역 차원에서 유연하게 적용할 수 있다.

셋째, 생명교육 실험 교재 체계를 구축하였다. 내용이 풍부하고 구조가 유연하며 전문성, 과학성, 표준성을 두루 갖추고 있다.

넷째, 전국적으로 160여 개 학교를 생명교육 기지학교로 선정해 실험을 실시하고 더 많은 학교와 지역의 참여를 유도하며 파급 효과를 창출하였다.

다섯째, 코로나19 팬데믹에서도 탁월한 실천 성과를 보였다.

물론, 실천 과정에서 다음과 같은 과제도 확인되었다.

첫째, 전용 교육과정을 중심으로 다른 과목의 수업이나 교육 활동과 유기적으로 연계되고 상호 보완되는 생명교육 실행 체계가 아직 완전하게 구축되지 않았다.

둘째, 실험학교의 교사들, 특히 담임교사의 생명교육에 대한 인식과 실천 역량이 전반적으로 부족하며 이를 보완하기 위한 교사 연수 및 전문성 강화 노력이 더욱 필요하다.

셋째, 실험용 교재는 수년 동안 사용되었으나 최신 데이터를 반영해 품질을 개선하며 개정하고 출판할 필요가 있으며 교사용 지도서, 수업 사례, 디지털 콘텐츠 등 부속 자료의 개발도 보다 풍부하게 이루어져야 한다.

부록2 신생명 교육 연구소 주요 저서

冯建军：《生命与教育》，教育科学出版社 2020 年版。

펑젠쥔.『생명과 교육』. 교육과학출판사, 2020년판.

冯建军等：《生命化教育》，教育科学出版社 2007 年版。

펑젠쥔 외.『생명화 교육』. 교육과학출판사, 2007년판.

冯建军主编：《生命教育教师手册》，山西教育出版社 2018 年版。

펑젠쥔(주편).『생명 교육 교사 핸드북』. 산시교육출판사, 2018년판.

袁卫星：《生命课——一个教师的教育手记》，天津教育出版社 2006 年版。

위안웨이싱.『생명 수업——한 교사의 교육 수기』. 톈진교육출판사, 2006년판.

袁衛星：《生命課——一個父親的諄諄教誨》，天津教育出版社 2005 年版。

위안웨이싱.『생명 수업——한 아버지의 따뜻한 훈계』. 톈진교육출판사, 2005년판.

袁卫星：《心存敬畏》，福建教育出版社 2013年版。

위안웨이싱.『존경하는 마음을 간직하며』. 푸젠교육출판사, 2013년판.

袁卫星编著：《生命课——一个学生的必修课程》，天津教育出版社 2006 年版。

위안웨이싱(편저).『생명 수업——한 학생의 필수 과목』. 톈진교육출판사, 2006년판.

袁卫星等编著：《情感：像雾像雨又像风》，河北人民出版社 2004 年版。

위안웨이싱 외(편저).『감정: 안개 같고 비 같고 바람 같은』. 허베이인민출판사,

2004년판.

袁卫星主编：《班会 18 课》，外语教学与研究出版社 2013 年版。

위안웨이싱(주편).『학급회의 18과』. 외국어교육연구출판사, 2013년판.

朱永新：《每朵乌云背后都有阳光》，人民文学出版社 2021 年版。

주융신.『모든 먹구름 뒤에는 햇살이 있다』. 인민문학출판사, 2021년판.

朱永新：《讓孩子創造自己》，商務印書館 2017 年版。

주융신.『아이에게 스스로를 창조하게 하라』. 상무인서관, 2017년판.

朱永新：《人生没有最高峰》，商务印书馆 2017 年版。

주융신.『인생에는 최고의 봉우리가 없다』. 상무인서관, 2017년판.

朱永新主编：《生如夏花——生命教育 10 人谈》，山西教育出版社 2020 年版。

주융신(주편).『여름꽃처럼——생명교육 10인담』. 산시교육출판사, 2020년판.

朱永新主编：《守望春天——生命教育 10 日談》，山西教育出版社 2020 年版。

주융신(주편).『봄을 지키며——생명교육 10일담』. 산시교육출판사, 2020년판.

부록3 신생명 교육 연구소 주요 학술지 논문

崔娟:《守望新教育, 綻放新生命之花》,《新閱讀》2018 年第 6 期。

최쥐안,「신교육을 지키며, 새로운 생명의 꽃을 피우다」,『신독서』, 2018년 제6호.

冯建军、姜雪琴:《反思教育 回归生命》,《当代教育论坛》2003年第 4 期。

펑젠쥔, 장쉐친,「교육을 반성하고 생명으로 돌아가다」,『당대 교육 포럼』, 2003년 제4호.

馮建軍、武秀霞:《生命教育:研究與評論》,《中國德育》2008年第 8 期。

펑젠쥔, 우시우샤,「생명 교육: 연구와 평론」,『중국 덕육』, 2008년 제8호.

冯建军、朱永新、袁卫星:《论新生命教育课程的设计》,《课程·教材·教法》2017 年第 10 期。

펑젠쥔, 주융신, 위안웨이싱,「신생명 교육 교과 설계에 대한 논의」,『교과·교재·교수법』, 2017년 제10호.

馮建軍:《從"知識型"教師到"生命型"教師》,《上海教育科硏》2006 年第 7 期。

펑젠쥔,「'지식형' 교사에서 '생명형' 교사로」,『상하이 교육과학연구』, 2006년 제7호.

馮建軍:《從知識課程到生命課程:生命教育視野下課程觀的轉換》,《課程·教材·教法》2013 年第 9 期。

펑젠쥔,「지식 교과에서 생명 교과로: 생명교육 관점에서의 교과관 전환」,『교과·교재·교수법』, 2013년 제9호.

馮建軍：《關注生命 促進生命的和諧發展》,《學前教育研究》2003年 第3期。

펑젠쥔, 「생명에 주목하여 생명의 조화로운 발전을 촉진하다」, 『유아교육연구』, 2003년 제3호.

馮建軍：《回歸生命的教育》,《中國教師》2005年 第2期。

펑젠쥔, 「생명으로 돌아가는 교육」, 『중국교사』, 2005년 제2호.

冯建军：《简论学校教育中的生命关怀》,《教育评论》2003年 第2期。

펑젠쥔, 「학교 교육에서의 생명 돌봄에 대한 간단한 논의」, 『교육평론』, 2003년 제2호.

冯建军：《教育：为了生命的事业》,《教师之友》2004年 第5期。

펑젠쥔, 「교육: 생명을 위한 사업」, 『교사의 벗』, 2004년 冯建军：《教育即生命》,《教育研究与实验》2004年 第1期。

펑젠쥔, 「교육은 곧 생명이다」, 『교육연구와 실험』, 2004년 제1호.

馮建軍：《讓教育與生命同行》,《人民教育》2006年 第9期。

펑젠쥔, 「교육이 생명과 함께 가도록 하자」, 『인민교육』, 2006년 제9호.

冯建军：《生命教育：引导学生走好人生之路》,《思想理论教育》2003年第6期。

펑젠쥔, 「생명교육: 학생이 인생의 길을 잘 걷도록 이끌다」, 『사상이론교육』, 2003년 제6호.

馮建軍：《生命教育的困境與選擇》,《中國教育學刊》2010年 第1期。

펑젠쥔, 「생명교육의 곤경과 선택」, 『중국교육학간』, 2010년 제1호.

馮建軍：《生命教育的內涵與實施》,《思想理論教育》2006年 第11期。

펑젠쥔, 「생명교육의 내용과 실행」, 『사상이론교육』, 2006년 제11호.

馮建軍：《生命教育論綱》，《湖南師範大學教育科學學報》2004年 第5期。

펑젠쥔, 「생명교육 논강」, 『호남사범대학교 교육과학학보』, 2004년 제5호.

馮建軍：《生命教育與生命統整》，《教育理論與實踐》2009年 第22期。

펑젠쥔, 「생명교육과 생명의 통합」, 『교육이론과 실천』, 2009년 제22호.

馮建軍：《我國學校生命教育的經驗、反思與展望》，《中國德育》2020年 第9期。

펑젠쥔, 「중국 학교 생명교육의 경험, 반성 및 전망」, 『중국 덕육』, 2020년 제9호.

冯建军：《中小学生命教育课程及其设计》，《北京教育》（普教版）2007年第Z1期。

펑젠쥔, 「초중등학교 생명교육 교과 및 그 설계」, 『베이징교육(보통교육판)』, 2007년 제Z1호.

馮建軍：《中學生命教育教材內容的比較》，《中小學校長》2008年 第1期。

펑젠쥔, 「중학생 생명교육 교재 내용 비교」, 『중소학교장』, 2008년 제1호.

馮建軍：《走向道德的生命教育》，《教育研究》2014年 第6期。

펑젠쥔, 「도덕을 향한 생명교육」, 『교육연구』, 2014년 제6호.

馮建軍：《做生命型教師》，《中國教育報》2008年 5月 10日。

펑젠쥔, 「생명형 교사가 되자」, 『중국교육보』, 2008년 5월 10일.

侯瑞琴：《新生命教育，為學校立魂》，《教育》2019年 第25期。

허루이친, 「신생명 교육, 학교의 혼을 세우다」, 『교육』, 2019년 제25호.

黃輝：《讓教育回"家"》，《小學教學研究》2020年 第24期。

황후이, 「교육을 '집'으로 되돌리자」, 『초등교학연구』, 2020년 제24호.

季衛：《讓生命在陽剛之美中拔節》，《好家長》2018年 第53期。

지웨이,「생명이 남성미 속에서 성장하도록 하자」,『좋은 학부모』, 2018년 제53호.

劉耀兵:《找尋新生命教育的那畝方塘》,《華夏教師》2018年 第19期。

류야오빙,「신생명 교육의 샘터를 찾아서」,『화하교사』, 2018년 제19호.

盧鋒:《"愛"才能鑄鐵成鋼》,《人民政協報》2019年 7月 31日。

루펑,「'사랑'만이 강철을 단련한다」,『인민정협보』, 2019년 7월 31일.

盧鋒:《孩子的成長內驅力該怎麼培養》,《人民政協報》2021年 12月 22日。

루펑,「아이의 성장 내적 동기를 어떻게 길러야 하는가」,『인민정협보』, 2021년 12월 22일.

盧鋒:《教育其實是一場幫助的行動》,《人民政協報》2019年 4月 10日。

루펑,「교육은 실은 돕는 행위이다」,『인민정협보』, 2019년 4월 10일.

盧鋒:《教育千萬條 安全第一條》,《人民政協報》2019年 7月 17日。

루펑,「교육의 길은 많지만 안전이 최우선이다」,『인민정협보』, 2019년 7월 17일.

盧鋒:《批評的藝術之情緒處理》,《人民政協報》2019年 4月 24日。

루펑,「비판의 기술: 감정 다루기」,『인민정협보』, 2019년 4월 24일.

盧鋒:《請站在孩子這邊——談談教育中的"孩子立場"》,《人民政協報》2021年 6月 23日。

루펑,「아이 편에 서 주세요 — 교육에서의 '아이의 입장' 이야기」,『인민정협보』, 2021년 6월 23일.

盧鋒:《讓孩子認識到"成長才是生命最好的姿態"》,《人民政協報》2021年 7月 14日。

루펑,「아이에게 '성장이 생명의 가장 아름다운 모습'임을 알게 하라」,『인민정협보』, 2021년 7월 14일.

盧鋒：《生命教育：創造生命的無限精彩》，《江蘇教育》2018年 第56期。

루펑,「생명교육: 생명의 무한한 아름다움을 창조하다」,『강소교육』, 2018년 제56호.

盧鋒：《生命——教育的常識與共識》，《教育》2019年 第25期。

루펑,「생명 — 교육의 상식과 공감대」,『교육』, 2019년 제25호.

盧鋒：《為什麼把假期還給孩子很重要》，《人民政協報》2021年 8月 18日。

루펑,「아이에게 방학을 돌려주는 것이 왜 중요한가」,『인민정협보』, 2021년 8월 18일.

盧鋒：《學校生命教育的課程與非課程實施路徑》，《江蘇教育》2018年 第56期。

루펑,「학교 생명교육의 교육과정 및 비교육과정 실행 경로」,『강소교육』, 2018년 제56호.

卢锋：《用爱唤醒孩子的内驱力》，《人民政協報》2021年 12月 29日。

루펑,「사랑으로 아이의 내적 동기를 깨우다」,『인민정협보』, 2021년 12월 29일.

盧鋒：《站在生命的立場上》，《教育》2019年 第25期。

루펑,「생명의 입장에서 서다」,『교육』, 2019년 제25호.

盧鋒：《尊重兒童，要"走近"更要"走進"》，《人民政協報》2021年 11月17日。

루펑,「아이를 존중하려면 '다가가고', 더 나아가 '들어가야 한다'」,『인민정협보』, 2021년 11월 17일.

孫建明：《農村小學創造性開展新生命教育從哪里入手》，《教育》2019年 第25期。

쑨젠밍, 「농촌 초등학교에서 창의적으로 신생명 교육을 시작하려면 어디서부터?」, 『교육』, 2019년 제25호.

王明洲：《新生命教育的哲學思考》, 蘇州大學博士學位論文 2007年。

왕밍저우, 『신생명 교육에 대한 철학적 고찰』, 쑤저우대학교 박사학위 논문, 2007년.

徐超：《從新生命教育角度談"健全人格"教育》,《當代家庭教育》2020年第21期。

쉬차오, 「신생명 교육 관점에서 본 '건전한 인격' 교육」, 『현대가정교육』, 2020년 제21호.

葉水濤、陳國慶：《"新生命教育"：以生命課程綻放兒童多彩生命》,《中小學管理》2015年 第10期。

예슈이타오, 천궈칭, 「'신생명 교육': 생명교육으로 아이들의 다채로운 삶을 피워내다」, 『중소학교관리』, 2015년 제10호.

葉水濤：《新生命教育：潤澤兒童的幸福成長》,《華夏教師》2015年 第7期。

예슈이타오, 「신생명 교육: 아이들의 행복한 성장을 적셔주다」, 『화하교사』, 2015년 제7호.

袁卫星：《给学生真挚的情感关怀》,《河南教育》2006年 第12期。

위앤웨이싱, 「학생에게 진심 어린 감정적 배려를」, 『허난교육』, 2006년 제12호.

袁衛星：《關注孩子們的生命焦慮》,《人民政協報》2007年 9月 26日。

위앤웨이싱, 「아이들의 생명 불안을 주목하라」, 『인민정협보』, 2007년 9월 26일.

袁衛星：《開學第一課：生命教育》,《中國教師報》2020年 3月 4日。

위앤웨이싱,「개학 첫 수업: 생명교육」,『중국교사보』, 2020년 3월 4일.

袁衛星：《開展生命教育應抓住三大關鍵點》,《江蘇教育報》2018年 4月 4日。

위앤웨이싱,「생명교육을 실시하려면 세 가지 핵심을 잡아라」,『강소교육보』, 2018년 4월 4일.

袁衛星：《你怎樣才能更安全》,《初中生世界》2006年 第32期。

위앤웨이싱,「어떻게 하면 더 안전할 수 있을까」,『중학생세계』, 2006년 제32호.

袁衛星：《讓生命在教育中詩意地棲居》,《教育》2017年 第20期。

위앤웨이싱,「교육 속에서 생명이 시적으로 머물게 하라」,『교육』, 2017년 제20호.

袁衛星：《讓生命在教育中詩意地棲居——點擊班主任工作關鍵字》,《班主任》2012年 第1期。

위앤웨이싱,「교육 속 생명의 시적 거처 — 담임교사 업무 키워드 클릭」,『담임교사』, 2012년 제1호.

袁衛星：《生命教育，貴在落地》,《教育》2019年 第25期。

위앤웨이싱,「생명교육, 실천이 핵심이다」,『교육』, 2019년 제25호.

袁衛星：《生命教育，讓教育找到回家的路》,《中國德育》2020年 第18期。

위앤웨이싱,「생명교육, 교육이 본래의 길을 찾게 하다」,『중국덕육』, 2020년 제18호.

袁衛星：《生命教育：讓教育回家》,《內蒙古教育》2005年 第7期。

위앤웨이싱,「생명교육: 교육을 집으로 돌려보내자」,『내몽골교육』, 2005년 제7호.

袁衛星：《生命教育課：學會負責》,《內蒙古教育》2005年 第10期。

위앤웨이싱, 「생명교육 수업: 책임지는 법 배우기」, 『내몽골교육』, 2005년 제10호.

袁衛星：《生命只有一次》,《初中生世界》2006年 第26期。

위앤웨이싱, 「생명은 단 한 번뿐이다」, 『중학생세계』, 2006년 제26호.

袁衛星：《是你管理著自己的健康》,《初中生世界》2006年 第29期。

위앤웨이싱, 「당신의 건강은 당신이 관리한다」, 『중학생세계』, 2006년 제29호.

袁衛星：《一堂課能不能挽救一個學生的生命？》,《教師之友》2003年 第5期。

위앤웨이싱, 「한 수업이 한 학생의 생명을 구할 수 있을까?」, 『교사의 벗』, 2003년 제5호.

袁卫星：《以美育人：将美育与生命教育联结》,《中国德育》2021年 第13期。

위앤웨이싱, 「미를 통해 인재를 기르다: 미적 교육과 생명교육의 연결」, 『중국덕육』, 2021년 제13호.

袁衛星：《疫情當下，讀好生命教育這本大書》,《內蒙古教育》2020年 第2期。

위앤웨이싱, 「코로나 시기, 생명교육이라는 책을 잘 읽자」, 『내몽골교육』, 2020년 제2호.

袁衛星：《用生命喚醒生命》,《新教師》2012年 第1期。

위앤웨이싱, 「생명으로 생명을 깨우다」, 『신교사』, 2012년 제1호.

袁衛星：《在死亡教育中追問生命的意義》,《人民教育》2015年 第7期。

위앤웨이싱, 「죽음교육 속에서 생명의 의미를 되묻다」, 『인민교육』, 2015년 제

7호.

張艾功、袁國超:《生涯規劃視域下的新生命教育》,《教書育人》2018年 第35期。

장아이궁, 위앤궈차오, 「진로 설계 시야에서 본 신생명 교육」, 『교서육인』, 2018년 제35호.

朱永新、冯建军、袁卫星:《新生命教育课程的理念》,《教育》2017年 第20期。

주융신, 펑젠쥔, 위앤웨이싱, 「신생명 교육과정의 이념」, 『교육』, 2017년 제20호.

朱永新:《補上一堂生命教育課》,《北京教育》(普教版)2020年 第4期。

주융신, 「생명교육 수업 한 강을 보완하다」, 『베이징교육(보통교육판)』, 2020년 제4호.

朱永新:《教育應該以生命為原點》,《婚姻與家庭》(家庭教育版)2021年 第2期。

주융신, 「교육은 생명을 출발점으로 삼아야 한다」, 『혼인과 가족(가정교육판)』, 2021년 제2호.

朱永新:《面對危機的教育反思》,《人民教育》2020年 第7期。

주융신, 「위기 앞에서의 교육 성찰」, 『인민교육』, 2020년 제7호.

朱永新:《让每个生命成为最好的自己——新生命教育的三项原则》,《河南教育》(基教版)2015年 第12期。

주융신, 「모든 생명이 최고의 자신이 되게 하자 ― 신생명 교육의 세 가지 원칙」, 『허난교육(기초교육판)』, 2015년 제12호.

朱永新:《生命教育, 讓每個兒童幸福成長》,《新校園》2021年 第1期。

주용신, 「생명교육, 모든 아이가 행복하게 성장하도록」, 『신캠퍼스』, 2021년 제1호.

朱永新：《生命教育：让教育回家》,《新课程》(小学版) 2006年 第1期。

주용신, 「생명교육: 교육을 집으로 돌려보내자」, 『신교과과정(초등판)』, 2006년 제1호.

朱永新：《生命教育：一個嚴肅的話題》,《天津教育》2005年 第5期。

주용신, 「생명교육: 하나의 진지한 주제」, 『톈진교육』, 2005년 제5호.

朱永新：《拓展生命的长宽高》,《父母必读》2021年 第9期。

주용신, 「생명의 길이, 넓이, 높이를 확장하다」, 『부모필독』, 2021년 제9호.

朱永新：《阅读拓展生命的长宽高》,《中国医学人文》2018年 第10期。

주용신, 「독서를 통해 생명의 길이·넓이·높이를 확장하다」, 『중국의학인문』, 2018년 제10호.

朱永新：《真正的教育應為生命而存在》,《江蘇教育》2018年 第56期。

주용신, 「진정한 교육은 생명을 위해 존재해야 한다」, 『강소교육』, 2018년 제56호.

朱永新：《中小學應該系統開展生命教育》,《線上學習》2021年 第4期。

주용신, 「초중등학교는 생명교육을 체계적으로 실시해야 한다」, 『온라인학습』, 2021년 제4호.

부록4 초 중등학교 생명교육 추천 도서 목록

—— 생명교육 추천 도서 목록(초등학생용)

〔韓〕Educomic 著，〔韓〕車賢珍繪，王慰慰譯：《逃離危機總動員：》，湖南出版社 2011 年版。

Educomic 지음, 차현진 그림, 왕위웨이 옮김, 『위기 탈출 넘버원: 압사사고 탈출』, 후난출판사, 2011.

〔美〕M.斯科特·派克著，於海生、嚴冬冬譯：《少有人走的路：心智成熟的旅程》，北京聯合出版有限公司 2020 年版。

M. 스콧 팩 지음, 위하이성, 옌둥둥 옮김, 『사람들이 걷지 않는 길: 성숙한 정신의 여정』, 베이징 연합출판사, 2020.

〔奧〕阿爾弗雷德·阿德勒著，周朗譯：《生命對你意味著什麽》，國際文化出版公司 2007 年版。

알프레드 아들러 지음, 저우랑 옮김, 『삶이 당신에게 의미하는 것은 무엇인가』, 국제문화출판공사, 2007.

阿來：《攀登者》，人民文學出版社 2019 年版。

아라이 지음, 『등반자』, 인민문학출판사, 2019.

阿來：《三只蟲草》，人民文學出版社 2021 年版。

아라이 지음, 『동충하초 세 송이』, 인민문학출판사, 2021.

〔美〕阿曼達·F.多林著，〔美〕梅麗莎·希金斯繪，李凱琳譯：《別讓傷害靠近你》，中信出版社 2018 年版。

아만다 F. 돌린 지음, 멜리사 히긴스 그림, 리카이린 옮김,『상처가 너에게 다가 오지 못하게 해』, 중신출판사, 2018.

〔德〕阿梅麗·弗裏德著, 〔德〕雅基·格萊亞圖繪, 王瑩譯:《爺爺有沒有穿西裝》, 江蘇少年兒童出版社 2016 年版。

아멜리 프리트 지음, 야키 글라이아투 그림, 왕잉 옮김,『할아버지는 정장을 입었을까?』, 장쑤소년아동출판사, 2016.

〔比〕埃裏克·威舒翰著, 〔阿根廷〕埃裏克·威舒翰繪, 春曉譯:《運動探秘》, 青島出版社 2019 年版。

에릭 위슈한 지음·그림, 춘샤오 옮김,『운동 탐험』. 칭다오출판사, 2019.

〔美〕埃米·揚著, 柯倩華譯:《大腳丫跳芭蕾》, 河北教育出版社 2007 年版。

에이미 양 지음, 커첸화 옮김,『큰 발이 발레를 춘다』, 허베이 교육출판사, 2007.

〔美〕埃米尼亞·伊貝拉著, 王臻譯:《能力陷阱》, 北京聯合出版公司 2019 年版。

에미니아 이베라 지음, 왕전 옮김,『능력의 함정』, 베이징 연합출판사, 2019.

〔英〕艾登·錢伯斯著, 容晨陽譯:《你的禮物呢》, 甘肅少年兒童出版社 2016 年版。

에이든 챔버스 지음, 룽천양 옮김,『너의 선물은 어디 있니?』, 간쑤 소년아동출판사, 2016.

〔美〕愛德華·威爾遜著, 金恒鑣譯:《繽紛的生命》, 中信出版社 2021 年版。

에드워드 윌슨 지음, 진헝뱌오 옮김,『다채로운 생명』, 중신출판사, 2021.

〔美〕愛因斯坦著, 方在慶譯:《我的世界觀》, 中信出版社 2018 年版。

알베르트 아인슈타인 지음, 팡자이칭 옮김,『나의 세계관』, 중신출판사, 2018.

〔美〕安德斯·艾利克森、羅伯特·普爾著，王正林譯：《刻意練習：如何從新手到大師》，機械工業出版社 2021 年版。

앤더스 에릭슨, 로버트 풀 지음, 왕정린 옮김,『의도적 연습: 초보자에서 대가가 되는 법』, 기계공업출판사, 2021.

〔英〕安東尼婭·巴伯著，〔英〕妮古拉·貝利繪，任戰譯：《老鼠洞的大姐貓》，湖南美術出版社 2020 年版。

안토니아 바버 지음, 니콜라 베일리 그림, 런잔 옮김,『쥐굴의 큰언니 고양이』. 후난미술출판사, 2020.

〔意〕安琪拉·那涅第著，〔意〕安娜·巴布素、埃爾娜·巴布索繪，徐潔譯：《外公是棵櫻桃樹》，新蕾出版社 2011 年版。

안젤라 난네티 지음, 안나 바부소, 엘나 바부소 그림, 쉬제 옮김,『외할아지는 벚나무』, 신뢰출판사, 2011.

〔法〕安托萬·德·聖埃克蘇佩裏著，李繼宏譯：《小王子》，天津人民出版社 2018 年版。

앙투안 드 생텍쥐페리 지음, 리지훙 옮김,『어린 왕자』. 톈진 인민출판사, 2018.

〔日〕岸見一郎、古賀史健著，渠海霞譯：《被討厭的勇氣》，機械工業出版社 2020 年版。

기시미 이치로, 코가 후미타케 지음, 취하이샤 옮김,『미움받을 용기』, 기계공업출판사, 2020.

〔美〕芭芭拉·庫尼著，方素珍譯：《花婆婆》，河北教育出版社 2019 年版。

바바라 쿠니 지음, 팡수전 옮김,『꽃할머니』, 허베이교육출판사, 2019.

〔美〕保羅·史托茲著，石盼盼譯：《逆商：我們該如何應對壞事件》，中國人民大學出版社 2019 年版。

폴 스톨츠 지음, 스판판 옮김,『역경지수: 나쁜 일을 어떻게 대처할 것인가』, 중국인민대학출판사, 2019.

畢淑敏：《心靈七遊戲》, 湖南文藝出版社 2021 年版。

비슈민 지음,『마음의 7가지 게임』, 후난문예출판사, 2021.

〔德〕博多·舍費爾著, 文燚譯：《小狗錢錢》, 中信出版社 2021 年版。

보도 셰퍼 지음, 원이 옮김,『강아지 차차』, 중신출판사, 2021.

〔加〕布萊恩·費瑟斯通豪著, 蘇健譯：《遠見：如何規劃職業生涯3大階段》, 北京聯合出版有限公司 2018 年版。

브라이언 페더스톤허 지음, 쑤젠 옮김,『선견지명: 커리어 3단계 설계법』, 베이징 연합출판사, 2018.

粲然著, 馬岱姝繪：《旅伴》, 北京聯合出版有限公司 2017 年版。

찬란 지음, 마다이수 그림,『여행 동반자』, 베이징 연합출판사, 2017.

〔美〕查爾斯·都希格著, 吳奕俊等譯：《習慣的力量》, 中信出版社 2017 年版。

찰스 두히그 지음, 우이쥔 외 옮김,『습관의 힘』, 중신출판사, 2017.

〔美〕達恩·葛帕·穆克奇著, 黃勳編譯：《彩虹鴿》, 北京日報出版社 2019 年版。

다른 카파 무크지 지음, 황쉰 편역,『무지개 비둘기』, 베이징일보출판사, 2019.

〔日〕大成由子著, 李奕譯：《如果說出的話能看得見》, 連環畫出版社 2017 年版。

오오나리 유코 지음, 리이 옮김,『말이 보인다면』, 연화출판사, 2017.

〔日〕大津秀一著, 語姸譯：《換個活法：臨終前會後悔的25件事》, 中信出版社 2010 年版。

오오츠 슈이치 지음, 위옌 옮김,『다르게 살아보기: 죽기 전에 후회하는 25가지』, 중신출판사, 2010.

大鵬編著：《求生——戶外生存必備技能》, 化學工業出版社 2017 年版。

다펑 엮음, 『생존: 야외 생존 필수 기술』, 화학공업출판사, 2017.

〔美〕大衛·麥考利、理查德·沃克著, 王啟榮、覃路譯：《人體運轉的秘密——一場不可思議的人體內部旅行》, 現代教育出版社 2018 年版。

데이비드 매컬리, 리처드 워커 지음, 왕치룽, 친루 옮김, 『인체의 비밀: 신비로운 인체 여행』. 현대교육출판사, 2018.

戴劍松、鄭家軒：《無傷跑法2》, 人民郵電出版社 2021 年版。

다이젠쑹, 정자쉔 지음, 『무상 달리기 2』, 인민우전출판사, 2021.

戴芸：《蘇丹的犀角》, 二十一世紀出版社 2019 年版。

다이윈 지음, 『수단의 코뿔소』, 21세기출판사, 2019.

〔日〕稻盛和夫著, 曹寓剛、曹岫雲譯：《心 稻盛和夫的一生囑託》, 人民郵電出版社 2020 年版。

이노모리 가즈오 지음, 차오위강, 차오쉬원 옮김, 『이노모리 가즈오의 인생 유언』, 인민우전출판사, 2020.

鄧湘子、謝長江：《袁隆平：東方"稻神"》, 接力出版社 2020 年版。

덩샹쯔, 셰창장 지음, 『위안룽핑: 동방의 벼신』, 지에리출판사, 2020.

鄧亞萍：《心力》, 中國人民大學出版社 2021 年版。

덩야핑 지음, 『마음의 힘』, 중국인민대학교출판사, 2021.

〔英〕迪安著, 劉勇軍譯：《習慣：改變命運的關鍵力量》, 湖南人民出版社 2014 年版。

딘 지음, 류융쥔 옮김, 『습관: 운명을 바꾸는 핵심 힘』, 후난인민출판사, 2014.

〔法〕迪迪埃·德勒爾著, 楊昆譯：《足球教會了我們什麼》, 廣西科學技術出版社 2015 年版。

디디에 들뢰르 지음, 양쿤 옮김, 『축구가 우리에게 가르쳐준 것』, 광시과학기술출판사, 2015.

〔美〕迪洛絲‧喬丹、蘿絲琳‧M.喬丹著，〔美〕卡迪爾‧尼爾森繪，柯倩華譯：《鞋子裏的鹽：邁克爾‧喬丹》，北京聯合出版公司 2020 年版。

델로리스 조던, 로슬린 M. 조던 지음, 카디르 닐슨 그림, 커첸화 옮김, 『신발 속의 소금: 마이클 조던』, 베이징 연합출판사, 2020.

〔英〕東尼‧博贊著，劉豔譯：《思維導圖（全彩少兒版）：學習力訓練》，化學工業出版社 2018 年版。

토니 부잔 지음, 류옌 옮김, 『마인드맵 (컬러 어린이판): 학습력 훈련』, 화학공업출판사, 2018.

〔日〕東野圭吾著，李盈春譯：《解憂雜貨店》，南海出版公司 2020 年版。

히가시노 게이고 지음, 리잉춘 옮김, 『걱정 해결 잡화점』, 난하이출판사, 2020.

方素珍著，徐開雲繪：《募捐時間》，接力出版社 2019 年版。

팡쑤전 지음, 쉬카이윈 그림, 『모금 시간』, 지에리출판사, 2019.

〔德〕菲利普‧韋希特爾著，趙遠虹譯：《我》，新蕾出版社 2009 年版。

필리프 베히터 지음, 자오위안홍 옮김, 『나』, 신뢰출판사, 2009.

〔奧〕費利克斯‧薩爾登著，楊曦紅譯：《小鹿斑比》，安徽教育出版社 2018 年版。

펠릭스 잘텐 지음, 양시훙 옮김, 『사슴 밤비』, 안후이교육출판사, 2018.

馮驥才：《萬物生靈：馮驥才給孩子的散文》，四川文藝出版社 2019 年版。

펑지차이 지음, 『만물 생령: 펑지차이가 아이들에게 쓴 산문』, 쓰촨문예출판사, 2019.

格日勒其木格·黑鶴著,九兒繪:《鄂溫克的駝鹿》,接力出版社2018年版。

거르러치무거 헤이허 지음, 지우얼 그림,『어윈크족의 무스』. 지에리출판사, 2018.

〔澳〕葛瑞米·貝斯、陳穎著:《龍月》,長江少年兒童出版社2017年版。

그레임 베이스, 천잉 지음,『용의 달』, 창장소년아동출판사, 2017.

古典:《拆掉思維裏的牆》,中信出版社2021年版。

구뎬 지음,『생각 속 벽을 허물다』, 중신출판사, 2021.

郭翔:《我的第一本垃圾分類書》,北京聯合出版有限公司2019年版。

궈샹 지음,『내 첫 번째 쓰레기 분리수거 책』, 베이징연합출판사, 2019.

〔日〕國際運動醫學研究所主編,曲岩松譯:《體能訓練基礎理論》(全彩圖解版),人民郵電出版社2020年版。

국제운동의학연구소 편저, 취옌쑹 옮김,『기초 체력 훈련 이론(전면 컬러도해판)』, 인민우전출판사, 2020.

國家體育總局青少年體育司、國家體育總局體育科學研究所主編:《兒童青少年科學鍛煉手賬》,人民郵電出版社2020年版。

국가체육총국 청소년체육사, 체육과학연구소 편,『아동 청소년 과학 운동 수첩』, 인민우전출판사, 2020.

國家體育總局青少年體育司、國家體育總局體育科學研究所主編:《兒童青少年科學健身指南》,人民郵電出版社2020年版。

국가체육총국 청소년체육사, 체육과학연구소 편,『아동 청소년 과학 피트니스 가이드』, 인민우전출판사, 2020.

國家體育總局青少年體育司、國家體育總局體育科學研究所主編:《兒童青少年運動健康促進科普問答》,人民郵電出版社2020年版。

국가체육총국 청소년체육사, 체육과학연구소 편,『아동 청소년 운동 건강 증진 Q&A』, 인민우전출판사, 2020.

國家體育總局青少年體育司、國家體育總局體育科學研究所主編：《夏季奧運會小百科》，人民郵電出版社 2021 年版。

국가체육총국 청소년체육사, 체육과학연구소 편,『하계 올림픽 소백과』, 인민우전출판사, 2021.

〔美〕哈爾·埃爾羅德著，易伊譯：《早起的奇跡》，廣東人民出版社 2017 年版。

할 엘로드 지음, 이이 옮김,『기적의 아침』, 광둥인민출판사, 2017.

〔美〕海倫·凱勒著，葉敏等譯：《假如給我三天光明》，商務印書館 2018 年版。

헬렌 켈러 지음, 예민 외 옮김,『사흘만 볼 수 있다면』, 상무인서관, 2018.

韓青辰：《因爲爸爸》，江蘇鳳凰少年兒童出版社 2019 年版。

한칭천 지음,『아빠 덕분에』, 장쑤봉황소년아동출판사, 2019.

何國偉、阿丁編著，芝麻羔繪，葉碩譯：《擁抱大夢想》，九州出版社 2015 年版。

허궈웨이, 아딩 편저, 즈마가오 그림, 예쉬 옮김,『위대한 꿈을 품다』, 구저우출판사, 2015.

〔葡〕何塞·雷迪亞著，〔葡〕安德烈·雷迪亞繪，肖曉、劉超倫譯：《戰爭》，二十一世紀出版社 2020 年版。

호세 레디아 지음, 안드레 레디아 그림, 샤오샤오, 류차오룬 옮김,『전쟁』, 21세기출판사, 2020.

〔日〕河合隼雄著，蔡鳴雁译：《爱哭鬼小隼》，浙江人民出版社 2012 年版。

가와이 하야오 지음, 차이밍옌 옮김,『울보 작은 하야오』, 저장인민출판사, 2012.

〔德〕赫立本攝影,〔德〕赫爾姆斯著, 鄧光遠譯:《男孩女孩的第一本身體書》, 廣東教育出版社2015年版.

헬리벤 사진, 헬름스 지음, 덩광위안 옮김,『남자아이 여자아이의 첫 신체책』, 광둥교육출판사, 2015.

〔日〕橫濱市運動醫學中心編, 韓諾譯:《運動訓練基礎理論》, 人民郵電出版社 2020 年版.

요코하마시운동의학센터 편, 한뤄 옮김,『운동 훈련 기초 이론』, 인민우전출판사, 2020.

〔美〕吉姆·維斯著, 劉暢譯:《科學有意思:體育高手是怎麼煉成的》. 晨光出版社 2020 年版.

짐 웨이스 지음, 류창 옮김,『과학이 재미있다: 스포츠 고수는 어떻게 탄생하는가』, 천광출판사, 2020.

幾米:《我不是完美小孩》, 九州出版社2018年版.

지미 지음,『나는 완벽한 아이가 아니야』, 구저우출판사, 2018.

賈弘禔:《生命簡史》, 中國大百科全書出版社 2020 年版.

자훙티 지음,『생명의 간략한 역사』, 중국대백과사전출판사, 2020.

〔丹〕金·弗珀茲·艾克松著,〔瑞典〕愛娃·艾瑞克松圖, 彭懿譯:《爺爺變成了幽靈》, 長江少年兒童出版社2018年版.

킴 포브츠 아이크손 지음, 에바 에릭손 그림, 펑이 옮김,『할아버지가 유령이 되었어요』. 창장소년아동출판사, 2018.

〔韓〕金旦枇著,〔韓〕洪元杓繪, 穆秋月譯:《不讓消防員傷腦筋》, 中信出版社

2020 年版.

김단비 지음, 홍원표 그림, 무추위에 옮김, 『소방관을 걱정시키지 않아요』, 중신출판사, 2020.

〔韓〕金旦枇著, 〔韓〕洪元杓繪, 穆秋月譯:《不讓醫生傷腦筋》, 中信出版社 2020 年版.

김단비 지음, 홍원표 그림, 무추위에 옮김, 『의사 선생님을 걱정시키지 않아요』, 중신출판사, 2020.

金惟純:《人生只有一件事》, 中信出版社 2021 年版.

진웨이춘 지음, 『인생에는 단 하나의 일이 있다』, 중신출판사, 2021.

金冶、呂佳芮主編:《綠色環保從我做起——低碳生活》, 化學工業出版社 2020 年版.

진예, 뤼자루이 주편, 『녹색 환경은 나부터 - 저탄소 생활』, 화학공업출판사, 2020.

〔美〕卡勒德·胡賽尼著, 李繼宏譯:《追風箏的人》, 上海人民出版社 2021 年版.

할레드 호세이니 지음, 리지홍 옮김, 『연을 쫓는 아이』, 상하이인민출판사, 2021.

〔美〕卡洛琳·亞當斯·米勒著, 王正林譯:《堅毅:培養熱情、毅力和設立目標的實用方法》, 機械工業出版社 2019 年版.

캐롤린 애덤스 밀러 지음, 왕정린 옮김, 『끈기: 열정과 목표 달성력을 기르는 실용 방법』, 기계공업출판사, 2019.

〔美〕卡耐基著, 袁玲譯:《人性的弱點全集》, 中國發展出版社 2008 年版.

카네기 지음, 위안링 옮김, 『인간관계론 전집』, 중국발전출판사, 2008.

〔美〕凱利‧麥格尼格爾著,王岑卉譯:《自控力》,北京聯合出版有限公司 2021
年版。

켈리 맥고니걸 지음, 왕천후이 옮김, 『자기조절력』, 베이징연합출판사, 2021.

〔英〕凱特‧戴維斯著,〔意〕卡諾維斯凱工作室繪,陳宇飛譯:《探秘人體》,中
信出版社 2018 年版。

케이트 데이비스 지음, 카노비스케이 스튜디오 그림, 천위페이 옮김, 『인체 탐
험』, 중신출판사, 2018.

〔美〕克萊兒‧麥克福爾著,付強譯:《擺渡人》,百花洲文藝出版社 2015 年
版。

클레어 맥폴 지음, 푸창 옮김, 『페리맨』, 바이화저우문예출판사, 2015.

〔挪〕克莉絲汀‧羅希夫特著,鄒雯燕譯:《每個人都重要》,明天出版社 2020
年版。

크리스틴 로시프트 지음, 주원옌 옮김, 『모든 사람은 소중하다』, 밍텐출판사,
2020.

〔美〕蕾切爾‧卡遜著,曹越譯:《寂靜的春天》,長江文藝出版社 2017 年版。

레이첼 카슨 지음, 차오위에 옮김, 『침묵의 봄』, 창장문예출판사, 2017.

李健:《"故事中國"圖畫書:花公雞》,新疆青少年出版社 2019 年版。

리젠 지음, 『"이야기 중국" 그림책: 꽃 수탉』, 신장청소년출판사, 2019.

李瑾倫:《怪叔叔》,明天出版社 2018 年版。

리진룬 지음, 『이상한 아저씨』, 밍텐출판사, 2018.

李秋沅:《鐘南山:生命的衛士》,接力出版社 2020 年版。

리추위안 지음, 『중난산: 생명의 수호자』, 지에리출판사, 2020.

〔美〕理查德‧尼爾森‧鮑利斯著,李春雨等譯:《你的降落傘是什麼顏色》,中

國華僑出版社 2014 年版。

리처드 닐슨 볼리스 지음, 리춘위 외 옮김, 『당신의 낙하산은 무슨 색입니까』, 중국화교출판사, 2014.

〔美〕理查德·斯凱瑞著, 李曉平譯:《忙忙碌碌鎮》, 貴州人民出版社 2014 年版。

리처드 스캐리 지음, 리샤오핑 옮김, 『분주한 마을』, 구이저우인민출판사, 2014.

〔澳〕力克·胡哲著, 彭蕙仙譯:《人生不設限》, 湖北教育出版社 2018 年版。

닉 부이치치 지음, 펑후이셴 옮김, 『한계를 넘는 삶』, 후베이교육출판사, 2018.

〔美〕利奧·巴斯卡利亞著, 任溶溶譯:《一片葉子落下來》, 南海出版公司 2019 年版。

레오 버스카글리아 지음, 런룽룽 옮김, 『한 잎의 나뭇잎이 떨어질 때』, 난하이출판사, 2019.

梁曉聲:《奇異的松鼠》, 山東教育出版社 2019 年版。

량샤오성 지음, 『기묘한 다람쥐』, 산둥교육출판사, 2019.

林良:《我是一只狐狸狗》, 福建少年兒童出版社 2017 年版。

린량 지음, 『나는 여우개입니다』, 푸젠소년아동출판사, 2017.

林十之:《生命之美:奇異植物的生存智慧》, 湖南科學技術出版社 2019 年版。

린스즈 지음, 『생명의 아름다움: 기이한 식물들의 생존 지혜』, 후난과학기술출판사, 2019.

林世仁著, 唐唐繪:《地球的筆記》, 廣西師範大學出版社 2018 年版。

린스런 지음, 탕탕 그림, 『지구의 노트』, 광시사범대학출판사, 2018.

劉海棲：《有鴿子的夏天》，山東教育出版社 2018 年版。

리우하이치 지음, 『비둘기가 있는 여름』, 산둥교육출판사, 2018.

劉清彥著，蔡兆倫圖：《小喜鵲和岩石山》，河北教育出版社 2016 年版。

리우칭옌 지음, 차이자오룬 그림, 『작은 까치와 바위산』, 허베이교육출판사, 2016.

留白工作室著：《你好價值》，中信出版社 2021 年版。

리우바이워크스튜디오 지음, 『안녕 가치』, 중신출판사, 2021.

陸梅：《無盡夏》，青島出版社2019年版。

루메이 지음, 『끝없는 여름』, 칭다오출판사, 2019.

陸曉婭：《影像中的生死課》，北京師範大學出版社 2016 年版。

루샤오야 지음, 『영상 속 생사 수업』, 베이징사범대학출판사, 2016.

路桂軍：《見證生命，見證愛》，廣西師範大學出版社 2020 年版。

루구이쥔 지음, 『생명을 증언하고, 사랑을 증언하다』, 광시사범대학출판사, 2020.

路遙：《平凡的世界》，北京十月文藝出版社 2021 年版。

루야오 지음, 『평범한 세계』, 베이징시월문예출판사, 2021.

〔美〕露易絲·海著，張國儀譯：《鏡子練習：21天創造生命的奇跡》，當代中國出版社 2018 年版。

루이즈 헤이 지음, 장귀이 옮김, 『거울 연습: 21일간 생명의 기적을 창조하다』, 당대중국출판사, 2018.

〔英〕羅伯特·戴博德著，陳贏譯：《蛤蟆先生去看心理醫生》，天津人民出版社 2020 年版。

로버트 데보드 지음, 천잉 옮김, 『두꺼비 씨, 심리상담사를 만나다』, 톈진인민출판사, 2020.

〔美〕羅伊・鮑邁斯特、約翰・蒂爾尼著，丁丹譯：《意志力：關於自控、專注和效率的心理學》，中信出版社 2017 年版。

로이 바우마이스터, 존 티어니 지음, 딩단 옮김, 『의지력: 자제력, 집중력과 효율성에 대한 심리학』, 중신출판사, 2017.

馬波：《科學跑步：實用體能訓練方法》，吉林科學技術出版社 2021 年版。

마보 지음, 『과학적 러닝: 실용적인 체력 훈련 방법』, 지린과학기술출판사, 2021.

馬傳思：《奇跡之夏》，大連出版社 2018 年版。

마촨쓰 지음, 『기적의 여름』, 다롄출판사, 2018.

〔美〕馬丁・塞利格曼著，洪蘭譯：《活出最樂觀的自己》，浙江教育出版社 2021 年版。

마틴 셀리그먼 지음, 홍란 옮김, 『가장 낙관적인 나로 살기』, 저장교육출판사, 2021.

〔美〕馬歇爾・盧森堡著，劉軼譯：《非暴力溝通》(修訂版)，華夏出版社 2021 年版。

마셜 로젠버그 지음, 류이 옮김, 『비폭력 대화 (개정판)』, 화샤출판사, 2021.

〔美〕瑪麗・C.拉米亞著，左右媽譯：《我要瞭解自己：青少年情緒管理手冊》，化學工業出版社 2012 年版。

메리 C. 라미아 지음, 쭈오요우마 옮김, 『나를 알고 싶어: 청소년 감정 관리 핸드북』, 화학공업출판사, 2012.

〔英〕瑪莎・福爾摩斯、邁克爾・高頓著，叢言等譯：《生命：非常的世界》，江蘇鳳凰科學技術出版社 2020 年版。

마사 홈스, 마이클 고든 지음, 총옌 외 옮김, 『생명: 특별한 세계』, 장쑤봉황과 학기술출판사, 2020.

〔英〕米莉・瑪洛塔著, 孫依靜譯：《地球上最孤單的動物》, 四川美術出版社 2019 年版。

밀리 말로타 지음, 쑨이징 옮김, 『지구에서 가장 외로운 동물』, 쓰촨미술출판사, 2019.

〔德〕米切爾・恩德著, 〔德〕曼弗德雷・施呂特繪, 何珊譯：《強龜》, 二十一世紀出版社 2017 年版。

미하엘 엔데 지음, 만프레드레 슐뤼터 그림, 허산 옮김, 『고집쟁이 거북이』, 21세기출판사, 2017.

〔美〕米莎・布萊斯著, 陳灼譯：《生命, 萬物不可思議的連接方式》, 江蘇鳳凰美術出版社 2017 年版。

미샤 브라이스 지음, 천줘 옮김, 『생명, 만물의 신비로운 연결 방식』, 장쑤봉황미술출판사, 2017.

〔美〕納塔莉・薩維奇・卡爾森著, 〔美〕蓋斯・威廉姆斯繪, 王宗文譯：《橋下一家人》, 新蕾出版社 2021 年版。

나탈리 사비지 칼슨 지음, 가이스 윌리엄스 그림, 왕쭝원 옮김, 『다리 아래 가족』, 신뢰출판사, 2021.

〔加〕尼爾・帕斯理查著, 趙燕飛譯：《生命中最美好的事都是免費的》, 江蘇文藝出版社 2014 年版。

닐 파스리차 지음, 자오옌페이 옮김, 『인생에서 가장 좋은 것들은 모두 공짜다』, 장쑤문예출판사, 2014.

〔美〕尼古拉斯・艾倫著, 漆仰平譯：《小威向前沖》, 貴州人民出版社 2018 年版。

니콜라스 앨런 지음, 치양핑 옮김, 『꼬마 위가 앞으로 달린다』, 구이저우인민출판사, 2018.

彭凯平：《活出心花怒放的人生》，中信出版社 2020 年版。

펑카이핑 지음, 『마음이 만개하는 인생을 살아라』, 중신출판사, 2020.

彭懿：《山溪唱歌》，接力出版社 2017 年版。

펑이 지음, 『산골짜기의 노래』, 지에리출판사, 2017.

平平：《我想你了，爸爸》，廣西師範大學出版社 2014 年版。

핑핑 지음, 『아빠, 보고 싶어요』, 광시사범대학출판사, 2014.

〔美〕喬治·克拉森著，陳瑋編譯，劉蘭峰繪：《我的第一本財富啟蒙書》，新世界出版社 2019 年版。

조지 클래슨 지음, 천웨이 편역, 류란펑 그림, 『나의 첫 번째 부의 입문서』, 신세계출판사, 2019.

秦文君：《雲三彩》，天天出版社 2019 年版。

친원쥔 지음, 『구름 삼채』, 톈톈출판사, 2019.

〔美〕瓊·穆特著，阿甲譯：《石頭湯》，南海出版公司 2013 年版。

존 무트 지음, 아자 옮김, 『돌수프』, 난하이출판사, 2013.

邱承宗：《池上池下》，希望出版社 2015 年版。

추청쭝 지음, 『못 위, 못 아래』, 시왕출판사, 2015.

裘山山：《雪山上的達娃》，明天出版社 2019 年版。

추산산 지음, 『눈 덮인 산 위의 다와』, 밍톈출판사, 2019.

〔韓〕權正生著，〔韓〕鄭升珏繪，孫淇譯：《小狗便便》，二十一世紀出版社 2011 年版。

권정생 지음, 정승혁 그림, 쑨치 옮김,『강아지 똥』, 21세기출판사, 2011.

任眾:《大自然筆記:與神奇自然的四季約會》, 貴州教育出版社 2019 年版.

런중 지음,『자연 노트: 신비한 자연과의 사계절 만남』, 구이저우교육출판사, 2019.

〔英〕薩莉·尼科爾斯著, 向麗娟譯:《薩姆的八個願望》, 譯林出版社 2021 年版.

샐리 니콜스 지음, 샹리쥐안 옮김,『샘의 여덟 가지 소원』, 이린출판사, 2021.

〔美〕莎朗·德蕾珀著, 盧寧譯:《聽見顏色的女孩》, 接力出版社 2012 年版.

셜런 드레이퍼 지음, 루닝 옮김,『색깔을 듣는 소녀』, 지에리출판사, 2012.

〔英〕山姆·麥克佈雷尼著,〔英〕安妮塔·婕朗繪, 梅子涵譯:《猜猜我有多愛你》, 明天出版社 2020 年版.

샘 맥브래트니 지음, 아니타 제롱 그림, 메이쯔한 옮김,『내가 너를 얼마나 사랑하는지 맞혀봐』, 밍텐출판사, 2020.

沈家宏:《根本停不下來》, 人民郵電出版社 2020 年版.

선자홍 지음,『절대 멈출 수 없어』, 인민우전출판사, 2020.

── **생명교육 추천 도서 목록 (중학생용)**

〔英〕史蒂芬·約瑟夫著, 青塗譯:《殺不死我的必使我強大》, 北京聯合出版公司 2016 年版.

스티븐 조셉 지음, 칭투 옮김,『나를 죽이지 못한 것은 나를 더 강하게 만든다』, 베이징연합출판사, 2016.

〔德〕叔本華著, 韋啟昌譯:《人生的智慧》, 上海人民出版社 2018 年版.

쇼펜하우어 지음, 웨이치창 옮김, 『인생의 지혜』, 상하이인민출판사, 2018.

〔美〕斯賓塞 · 詹森著, 魏平譯：《誰動了我的乳酪》, 中信出版社 2020 年版。

스펜서 존슨 지음, 웨이핑 옮김, 『누가 내 치즈를 옮겼을까』, 중신출판사, 2020.

〔奧〕斯蒂芬 · 茨威格著, 舒昌善譯：《人類的群星閃耀時》, 生活 · 讀書 · 新知 三聯書店 2017 年版。

슈테판 츠바이크 지음, 슈창산 옮김, 『인류의 별이 빛난 순간』, 생활 · 독서 · 신지 삼련서점, 2017.

〔澳〕蘇菲 · 布萊科爾著, 範曉星譯：《你好燈塔》, 中信出版社2019年版。

소피 블랙올 지음, 판샤오싱 옮김, 『안녕, 등대』, 중신출판사, 2019.

蘇梅著, 莊申菲繪：《噴泉猴》, 浙江人民美術出版社 2017 年版。

쑤메이 지음, 장선페이 그림, 『분수 원숭이』, 저장인민미술출판사, 2017.

〔英〕蘇珊 · 華萊著, 楊玲玲、彭懿譯：《獾的禮物》, 明天出版社 2017 年版。

수잔 발레 지음, 양링링 · 펑이 옮김, 『오소리의 선물』, 밍톈출판사, 2017.

孫曉飛：《用心：神經外科醫生沉思錄》, 商務印書館 2019 年版。

쑨샤오페이 지음, 『진심으로: 신경외과 의사의 사색록』, 상무인서관, 2019.

孫效智等：《打開生命的16封信》, 中國青年出版社 2011 年版。

쑨샤오즈 외 지음, 『생명을 여는 16통의 편지』, 중국청년출판사, 2011.

孫雲曉、張引墨：《藏在書包裏的玫瑰》, 新星出版社 2018 年版。

쑨윈샤오 · 장인모 지음, 『가방 속에 숨겨진 장미』, 신성출판사, 2018.

〔美〕梭羅著, 王家湘譯：《瓦爾登湖》, 北京十月文藝出版社 2019 年版。

소로 지음, 왕자샹 옮김, 『월든』, 베이징시월문예출판사, 2019.

〔美〕塔拉 · 韋斯特弗著, 任愛紅譯：《你當像鳥飛往你的山》, 南海出版公司 2019 年版。

타라 웨스트오버 지음, 런아이훙 옮김,『산을 향해 날아가라』, 남해출판사, 2019.

湯素蘭:《阿蓮》, 湖南少年兒童出版社 2017 年版。

탕쑤란 지음,『아롄』, 후난 소년아동출판사, 2017.

陶林、張玲主編:《中小學性健康教育》(小學), 高等教育出版社 2015 年版。

타오린·장링 주편,『초등학생 성 건강 교육(초등학교)』, 고등교육출판사, 2015.

陶林、張玲主編:《中小學性健康教育》(初中), 高等教育出版社 2016 年版。

타오린·장링 주편,『중학생 성 건강 교육(중학교)』, 고등교육출판사, 2016.

陶林、張玲主編:《中小學性健康教育》(高中), 高等教育出版社 2015 年版。

타오린·장링 주편,『고등학생 성 건강 교육(고등학교)』, 고등교육출판사, 2015.

〔美〕特裏·範、埃裏克·範著, 朱墨譯:《大海遇見天空》, 晨光出版社 2019 年版。

테리 판·에릭 판 지음, 주모 옮김,『바다가 하늘을 만날 때』, 천광출판사, 2019.

〔日〕田島征彦著, 李秀芬譯:《不可思議的朋友》, 北京聯合出版公司 2017 年版。

다지마 유키히코 지음, 리슈펀 옮김,『신비로운 친구』, 베이징연합출판사, 2017.

佟麗華主編:《反校園欺淩手冊》(學生讀本), 北京少年兒童出版社 2017 年版。

퉁리화 주편,『학교폭력 예방 핸드북(학생용)』, 베이징소년아동출판사, 2017.

王貴強、王立祥、張文宏主編：《活出健康——免疫力就是好醫生》，人民衛生出版社 2020 年版。

왕구이창·왕리샹·장원홍 주편,『건강하게 살자——면역력이 최고의 의사다』, 인민위생출판사, 2020.

王甲：《人生沒有假如》，化學工業出版社 2012 年版。

왕자 지음,『인생에는 만약이 없다』, 화학공업출판사, 2012.

王開嶺：《精神明亮的人》，山西教育出版社 2020 年版。

왕카이링 지음,『정신이 맑은 사람』, 산시교육출판사, 2020.

王立銘：《生命是什麽》，人民郵電出版社 2018 年版。

왕리밍 지음,『생명이란 무엇인가』, 인민우전출판사, 2018.

王麗麗：《鄧稼先：騰空而起的蘑菇雲》，接力出版社 2020 年版。

왕리리 지음,『덩자셴: 하늘로 솟은 버섯구름』, 지에리출판사, 2020.

王雄主編：《青少年身體訓練動作手冊·徒手訓練》，人民郵電出版社 2020 年版。

왕슝 주편,『청소년 신체 훈련 동작 매뉴얼·맨손 훈련편』, 인민우전출판사, 2020.

〔英〕威廉·格利爾著，鄧逗逗譯：《極地重生》，長江少年兒童出版社 2018 年版。

윌리엄 글리어 지음, 덩도우도우 옮김,『극지에서의 재생』., 창장소년아동출판사, 2018.

〔塞爾〕維奧萊塔·巴比奇著，〔塞爾〕安娜·格裏格傑夫繪，高倩譯：《青春期男孩完美攻略》，天天出版社 2015 年版。

비올레타 바비치 지음, 안나 그리그제프 그림, 가오첸 옮김,『사춘기 소년 완벽 가이드』, 톈톈출판사, 2015.

〔塞爾〕維奧萊塔·巴比奇著,〔塞爾〕安娜·格裏格傑夫繪, 高倩譯:《青春期女孩完美攻略》, 天天出版社 2015 年版。

비올레타 바비치 지음, 안나 그리그제프 그림, 가오첸 옮김,『사춘기 소녀 완벽 가이드』, 톈톈출판사, 2015.

〔美〕維克多·弗蘭克爾著, 呂娜譯:《活出生命的意義》, 華夏出版社 2018 年版。

빅터 프랭클 지음, 뤼나 옮김,『삶의 의미를 찾아서』, 화샤출판사, 2018.

〔美〕溫迪·L.莫斯、唐納德·A.莫塞斯著, 王堯譯:《我的青春期:青少年心靈成長指南》, 化學工業出版社 2017 年版。

웬디 L. 모스·도널드 A. 모세스 지음, 왕야오 옮김,『나의 사춘기: 청소년 마음 성장 가이드』, 화학공업출판사, 2017.

〔美〕溫迪·L.莫斯著, 王堯譯:《我要更堅韌:青少年韌性培養手冊》, 化學工業出版社 2017 年版。

웬디 L. 모스 지음, 왕야오 옮김,『나는 더욱 단단해질 거야: 청소년 회복탄력성 훈련서』, 화학공업출판사, 2017.

〔加〕西德尼·史密斯著, 範曉星譯:《大大的城市, 小小的你》, 二十一世紀出版社 2021 年版。

시드니 스미스 지음, 판샤오싱 옮김,『커다란 도시, 작은 너』, 21세기출판사, 2021.

〔美〕肖恩·柯維著, 陳允明等譯:《傑出青少年的7個習慣》(成長版), 中國青年出版社 2015 年版。

션 코비 지음, 천원밍 외 옮김, 『성공하는 청소년들의 7가지 습관(성장판)』, 중국 청년출판사, 2015.

小禾心理研究所:《小學生心理學漫畫3:情緒自控力》, 江蘇鳳凰文藝出版社 2019 年版。

샤오허심리연구소 지음, 『초등학생 심리학 만화 3: 감정 조절력』, 장쑤봉황문예출판사, 2019.

謝泳、王宇編:《人與社會》, 四川教育出版社 2003 年版。

셰융·왕위 편, 『인간과 사회』, 쓰촨교육출판사, 2003.

徐魯:《致未來的你──給男孩的十五封信》, 青島出版社 2016 年版。

쉬루 지음, 『미래의 너에게──소년을 위한 열다섯 통의 편지』, 칭다오출판사, 2016.

薛濤:《我和樹的一年》, 青島出版社 2010 年版。

쉐타오 지음, 『나와 나무의 1년』, 칭다오출판사, 2010.

〔美〕亞伯拉罕·馬斯洛著, 許金聲等譯:《動機與人格》(第三版), 中國人民大學出版社 2013 年版。

아브라함 매슬로우 지음, 쉬진성 외 옮김, 『동기와 인격』(제3판), 중국인민대학교출판사, 2013.

〔英〕亞當·尼科爾森著,〔英〕凱特·博克瑟繪, 木草草譯:《海鳥的哭泣:人們看不到的鳥類愛情與生活》, 湖南文藝出版社 2020 年版。

애덤 니콜슨 지음, 케이트 복서 그림, 무차오차오 옮김, 『바다새의 울음소리: 인간이 보지 못한 새들의 사랑과 삶』, 후난문예출판사, 2020.

〔英〕亞曆克斯·希勒著, 呂良忠譯:《天藍色的彼岸》, 北京聯合出版有限公司 2019 年版。

알렉스 쉬어러 지음, 뤼량중 옮김,『하늘빛 저편』, 베이징연합출판유한회사, 2019.

〔荷〕揚·保羅·舒騰著,〔荷〕弗洛爾·李德繪, 王奕瑤譯:《生命的秘密:從草履蟲到達爾文》, 人民文學出版社 2019 年版。

얀 파울 수턴 지음, 플로르 리더 그림, 왕이야오 옮김,『생명의 비밀: 짚신벌레에서 다윈까지』, 인민문학출판사, 2019.

楊青敏主編:《南丁格爾志願者日誌》, 上海交通大學出版社 2017 年版。

양칭민 주편,『나이팅게일 자원봉사자 일지』, 상하이교통대학교출판사, 2017.

楊芮:《別碰, 這是我的高中》, 浙江大學出版社 2017 年版。

양루이 지음,『손대지 마, 여긴 내 고등학교야』, 저장대학교출판사, 2017.

葉修:《學習的邏輯》, 中信出版社 2020 年版。

예슈 지음,『학습의 논리』, 중신출판사, 2020.

葉永烈:《走近錢學森》, 天地出版社 2019 年版。

예융례 지음,『첸쉐썬에 다가가기』, 톈디출판사, 2019.

〔英〕伊莉娜·埃利斯著, 張弘譯:《我的爺爺奶奶超級酷》, 二十一世紀出版社 2020 年版。

일리나 엘리스 지음, 장훙 옮김,『우리 할아버지 할머니는 너무 멋져』, 21세기출판사, 2020.

醫路向前巍子:《醫路向前巍子給中國人的救護指南》, 北京聯合出版公司 2020 年版。

이루샹첸 웨이쯔 지음,『중국인을 위한 응급처치 안내서』, 베이징연합출판사, 2020.

殷健靈:《致成長中的你——十五封青春書簡》, 長江文藝出版社 2015 年版。

인젠링 지음,『성장 중인 너에게──열다섯 통의 청춘 편지』, 창장문예출판사, 2015.

殷健靈：《致未來的你──給女孩的十五封信》, 青島出版社 2013 年版。

인젠링 지음,『미래의 너에게──소녀를 위한 열다섯 통의 편지』, 칭다오출판사, 2013.

殷融：《從猿性到人性：生命史上最完美的劇本》, 上海科技教育出版社 2020 年版。

인룽 지음,『원숭이 본능에서 인간성으로: 생명의 역사상 가장 완벽한 각본』, 상하이과기교육출판사, 2020.

銀頁編著：《城市生存自救寶典》, 商務印書館國際有限公司 2013 年版。

인예 편저,『도시 생존 자구 매뉴얼』, 상무인서관국제유한공사, 2013.

〔以色列〕尤瓦爾·赫拉利著，林俊宏譯：《未來簡史》, 中信出版社 2017 年版。

유발 하라리 지음, 린쥔훙 옮김,『미래의 역사』, 중신출판사, 2017.

餘世存：《時間之書：餘世存說二十四節氣》, 中國友誼出版公司 2019 年版。

위스춘 지음,『시간의 책: 24절기에 담긴 삶의 지혜』, 중국우의출판사, 2019.

俞敏洪：《願你的青春不負夢想》, 湖南文藝出版社 2021 年版。

위민훙 지음,『너의 청춘이 꿈을 저버리지 않기를』., 후난문예출판사, 2021.

袁淩：《生死課》, 上海譯文出版社 2020 年版。

위안링 지음,『삶과 죽음의 수업』, 상하이역문출판사, 2020.

袁卫星：《守望春天──生命教育 10 日谈》, 山西教育出版社 2020 年版。

위안웨이싱 지음,『봄을 지키며: 생명 교육 10일 담화』, 산시교육출판사, 2020.

〔澳〕约瑟夫·V. 西阿若奇等著，杜素俊等译：《走出心灵的误区》（青少年版）, 上海社会科学院出版社 2017 年版。

조셉 V. 시아로치 외 지음, 두쑤쥔 외 옮김,『마음의 덫에서 벗어나기(청소년판)』, 상하이사회과학원출판사, 2017.

张海迪:《生命的追问》, 作家出版社 2009 年版。

장하이디 지음,『생명에 대한 물음』, 작가출판사, 2009.

张蕙芬:《自然老师没教的事: 100堂都市自然课》, 商务印书馆 2015 年版。

장후이펀 지음,『자연 선생님이 가르쳐주지 않은 것들: 도심 속 100가지 자연 수업』, 상무인서관, 2015.

張樂:《池塘》, 中國中福會出版社 2020 年版。

장러 지음,『연못』, 중국중푸회출판사, 2020.

張泉靈等:《成長, 請帶上這封信》, 人民文學出版社 2014 年版。

장취안링 외 지음,『성장, 이 편지를 들고 떠나세요』, 인민문학출판사, 2014.

張衛東、陶紅亮主編:《中小學生健康手冊·體育鍛煉與遊戲》, 人民衛生出版社 2012 年版。

장웨이동, 타오훙량 주편,『초중학생 건강 수첩·체육운동과 놀이』, 인민위생출판사, 2012.

張之路、孫晴峰著,〔阿根廷〕耶爾·弗蘭克爾圖:《小黑和小白》, 明天出版社 2017 年版。

장즈루, 쑨칭펑 지음, 예르 프랑클 그림,『꼬마 검둥이와 꼬마 하양이』, 밍톈출판사, 2017.

赵丽宏:《黑木头》, 天天出版社 2018 年版。

자오리훙 지음,『검은 나무토막』, 톈톈출판사, 2018.

〔美〕珍·戴維斯·沖本著,〔美〕耶利米·崔梅爾圖, 張婷婷譯:《北極熊拯救家園》, 未來出版社 2015 年版。

제인 데이비스 총번 지음, 예레미 트레이멀 그림, 장팅팅 옮김, 『북극곰, 집을 구하다』, 웨이라이출판사, 2015.

郑贞铭、丁士轩：《大师巨匠》，北京联合出版有限公司 2019 年版。

정정밍, 딩스쉬안 지음, 『대가와 거장들』, 베이징연합출판사, 2019.

周国平：《从容面对人生》，湖南少年儿童出版社 2019 年版。

저우궈핑 지음, 『차분하게 인생을 마주하다』, 후난소년아동출판사, 2019.

周国平：《妞妞——一个父亲的札记》，北京十月文艺出版社 2018 年版。

저우궈핑 지음, 『뉴뉴—아버지의 수첩』, 베이징10월문예출판사, 2018.

周岭：《认知觉醒：开启自我改变的原动力》，人民邮电出版社2020年版。

저우링 지음, 『인지 각성: 자아 변화의 원동력 열기』, 인민우전출판사, 2020.

朱光潜：《給青年的十二封信》，商務印書館2018年版。

주광첸 지음, 『청년에게 보내는 12통의 편지』, 상무인서관, 2018.

朱光潜：《談美·談美書簡》，浙江工商大學出版社2017年版。

주광첸 지음, 『미에 대하여 · 미에 대한 서신』, 저장공상대학출판사, 2017.

朱自强：《老糖夫婦去旅行》，中國少年兒童出版社 2014 年版。

주쯔창 지음, 『노당 부부의 여행』, 중국소년아동출판사, 2014.

〔日〕佐野洋子著，唐亞明譯：《活了一百萬次的貓》，接力出版社 2017 年版。

사노 요코 지음, 탕야밍 옮김, 『백만 번 살아난 고양이』, 지에리출판사, 2017.

── **생명교육 추천 도서(교사용)**

〔美〕A.J. 赫舍爾著，隗仁蓮等譯：《人是誰》，貴州人民出版社 2019 年版。

A.J. 허셸 지음, 괴런렌 외 옮김, 『인간이란 누구인가』, 구이저우인민출판사,

2019.

〔英〕H.魯道夫·謝弗著, 王莉譯:《兒童心理學》, 電子工業出版社 2016 年版。

H. 루돌프 셰퍼 지음, 왕리 옮김,『아동심리학』, 전자공업출판사, 2016.

〔奧〕阿德勒著, 王童童譯:《兒童教育心理學》, 中華工商聯合出版社 2017 年版。

아들러 지음, 왕퉁퉁 옮김,『아동교육심리학』, 중화공상연합출판사, 2017.

〔法〕埃德加·莫蘭著, 陳一壯譯:《迷失的範式:人性研究》, 北京大學出版社 1999 年版。

에드가 모랭 지음, 천이쫭 옮김,『잃어버린 패러다임: 인간성 연구』, 베이징대학출판사, 1999.

〔德〕埃爾弗麗達·米勒－凱因茨、黑德維希·哈耶都著, 李婧譯:《什麼是生命原理》, 上海三聯書店 2015 年版。

엘프리다 밀러-카인츠, 헤드비히 하예두 지음, 리징 옮김,『생명이란 무엇인가의 원리』, 상하이삼련서점, 2015.

〔德〕埃克哈特·托利著, 曹植譯:《當下的力量》, 中信出版社 2013 年版。

에크하르트 톨레 지음, 차오즈 옮김,『지금 이 순간의 힘』, 중신출판사, 2013.

〔美〕艾裏希·弗洛姆著, 劉福堂譯:《愛的藝術》, 上海譯文出版社 2018 年版。

에리히 프롬 지음, 류푸탕 옮김,『사랑의 기술』, 상하이역문출판사, 2018.

〔瑞典〕安德斯·漢森著, 張雪瑩譯:《大腦健身房》, 中國友誼出版公司 2019 年版。

안데르스 한센 지음, 장쉐잉 옮김,『두뇌 피트니스』, 중국우의출판공사, 2019.

薄世寧：《薄世寧醫學通識講義》，中信出版社2019年版。

보스닝, 『보스닝 의학 교양 강의』, 중신출판사, 2019.

〔加〕保羅·布盧姆著，徐卓人譯：《擺脫共情》，浙江人民出版社2019年版。

폴 블룸 지음, 쉬쥐런 옮김, 『공감을 넘어서』, 저장인민출판사, 2019.

北辰：《提升幸福力：改變你一生的30個心理學效應》，青島出版社2020年版。

베이천, 『행복력을 높여라: 당신 인생을 바꾸는 30가지 심리 효과』, 칭다오출판사, 2020.

〔英〕比爾·布萊森著，閻佳譯：《人體簡史》，文匯出版社2020年版。

빌 브라이슨 지음, 뤼자 옮김, 『인체 간략사』, 문회출판사, 2020.

陳嵐：《我們為什麼被霸淩？》，江蘇鳳凰文藝出版社2017年版。

천란, 『우리는 왜 괴롭힘을 당하는가?』, 장쑤펑황문예출판사, 2017.

〔日〕村上春树著，施小炜译：《当我谈跑步时，我谈些什么》，南海出版公司2015年版。

무라카미 하루키 지음, 스샤오웨이 옮김, 『내가 달릴 때 말하는 것들』, 난하이출판사, 2015.

〔美〕戴維·邁爾斯著，侯玉波等譯：《社會心理學》，人民郵電出版社2016年版。

데이비드 마이어스 지음, 허위보 외 옮김, 『사회심리학』, 인민우전출판사, 2016.

〔美〕丹尼爾·平克著，龔怡屏譯：《驅動力》，浙江人民出版社2018年版。

대니얼 핑크 지음, 궁이핑 옮김, 『드라이브』, 저장인민출판사, 2018.

〔日〕稻盛和夫著，曹岫雲譯：《活法》，東方出版社2019年版。

이나모리 가즈오 지음, 차오쉬원 옮김,『살아가는 방법』, 동방출판사, 2019.

〔德〕卡西爾著, 甘陽譯:《人論》, 上海譯文出版社 2004 年版。

에른스트 카시러 지음, 간양 옮김,『인간론』, 상하이역문출판사, 2004.

〔德〕費迪南·費爾曼著, 李健鳴譯:《生命哲學》, 華夏出版社 2000 年版。

페르디난트 펠르만 지음, 리젠밍 옮김,『생명 철학』, 화샤출판사, 2000.

馮建軍:《生命與教育》, 教育科學出版社 2020 年版。

펑젠쥔,『생명과 교육』, 교육과학출판사, 2020.

馮建軍主編:《生命教育教師手冊》, 山西教育出版社 2018 年版。

펑젠쥔 주편,『생명교육 교사용 핸드북』, 산시교육출판사, 2018.

馮契:《馮契文集第三卷:人的自由和真善美》, 華東師範大學出版社 2016 年版。

펑치,『펑치 문집 제3권: 인간의 자유와 진선미』, 화동사범대학교출판사, 2016.

馮友蘭:《中國哲學簡史》, 民主與建設出版社 2021 年版。

펑여우란,『중국철학약사』, 민주와건설출판사, 2021.

〔德〕弗蘭茨·貝克勒著, 張念東等譯:《哲言集:向死而生》, 生活·讀書·新知三聯書店 1993 年版。

프란츠 베클러 지음, 장녠둥 외 옮김,『철학어록: 죽음을 향해 삶을 살다』, 생활·독서·신지 삼연서점, 1993.

古典:《你的生命有什麼可能》, 湖南文藝出版社 2014 年版。

구디엔,『당신의 생명은 어떤 가능성이 있는가』, 후난문예출판사, 2014.

〔法〕古斯塔夫·勒龐著, 馮克利譯:《烏合之眾》, 中央編譯出版社 2019 年版。

귀스타브 르 봉 지음, 펑커리 옮김,『군중 심리』, 중앙번역출판사, 2019.

海藍博士：《不完美，才美》，北京聯合出版有限公司 2019 年版。

하이란 박사,『불완전해서 더 아름답다』, 베이징연합출판사, 2019.

韓啟德：《醫學的溫度》，商務印書館 2020 年版。

한치더,『의학의 온도』, 상무인서관, 2020.

何仁富、汪麗華：《生命教育十五講：儒學生命教育取向》，中國廣播影視出版社 2018 年版。

허런푸, 왕리화,『생명교육 15강: 유가 생명교육의 방향』, 중국방송영상출판사, 2018.

〔日〕河合隼雄著，李靜譯：《榮格心理學入門》，東方出版中心 2020 年版。

가와이 하야오 지음, 리징 옮김,『융 심리학 입문』, 동방출판센터, 2020.

〔美〕亨利·克勞德著，鄒東譯：《他人的力量》，機械工業出版社 2021 年版。

헨리 클라우드 지음, 조우둥 옮김,『타인의 힘』, 기계공업출판사, 2021.

〔美〕霍華德·加德納著，沈致隆譯：《多元智能新視野》，浙江教育出版社 2021 年版。

하워드 가드너 지음, 선즈룽 옮김,『다중지능의 새로운 시야』, 저장교육출판사, 2021.

〔美〕吉姆·柯林斯著，俞利軍譯：《從優秀到卓越》，中信出版社 2019 年版。

짐 콜린스 지음, 위리쥔 옮김,『좋은 기업을 넘어 위대한 기업으로』, 중신출판사, 2019.

紀潔芳等：《生命教育教學》，中國廣播影視出版社 2014 年版。

지제팡 외,『생명교육 교수법』, 중국방송영상출판사, 2014.

賈大成：《急救，比醫生快一步》，天津科學技術出版社 2019 年版。

지아다청,『응급처치, 의사보다 한발 빠르게』, 톈진과학기술출판사, 2019.

〔美〕傑·唐納·華特士著，林鶯譯：《生命教育：與孩子一同迎向人生挑戰》，四川大學出版社 2006 年版。

제이 도너 왓츠 지음, 린잉 옮김, 『생명교육: 아이와 함께 인생의 도전에 맞서다』, 쓰촨대학교출판사, 2006.

〔日〕津端英子、津端修一著，朝陽譯：《明天也是小春日和》，新星出版社 2016 年版。

쓰바타 에이코, 쓰바타 슈이치 지음, 자오양 옮김, 『내일도 따뜻한 봄날처럼』, 신성출판사, 2016.

〔美〕卡爾·羅傑斯著，石孟磊等譯：《論人的成長》(第二版)，世界圖書出版公司 2018 年版。

칼 로저스 지음, 스멍레이 외 옮김, 『인간의 성장에 관하여』(제2판), 세계도서출판사, 2018.

〔印〕克裏希那穆提著，若水譯：《重新認識你自己》，群言出版社 2004 年版。

크리슈나무르티 지음, 루어수이 옮김, 『너 자신을 다시 인식하라』, 군옌출판사, 2004.

〔英〕肯·羅賓遜、盧·阿羅尼卡著，李慧中譯：《讓天賦自由》，浙江人民出版社 2017 年版。

켄 로빈슨, 루 애로니카 지음, 리후이중 옮김, 『재능을 자유롭게 하라』, 저장인민출판사, 2017.

李家成：《關懷生命：當代中國學校教育價值取向探》，教育科學出版社 2006 年版。

리자청, 『생명을 돌보다: 현대 중국 학교 교육의 가치 지향 탐구』, 교육과학출판사, 2006.

李玫瑾：《心理撫養》，上海三聯書店 2021 年版。

리메이진,『심리적 양육』, 상하이삼련서점, 2021.

李鎮西：《教育的 100 個可能》，灘江出版社 2020 年版。

리전시,『교육의 100가지 가능성』, 리장출판사, 2020.

〔美〕理查德·格裏格、菲利普·津巴多著，王壘等譯：《心理學與生活》，人民郵電出版社 2003 年版。

리처드 그리그, 필립 짐바도 지음, 왕레이 외 옮김,『심리학과 생활』, 인민우전출판사, 2003.

梁冬：《處處見生機》，中國友誼出版社 2016 年版。

량둥,『어디서나 생명을 보다』, 중국우의출판사, 2016.

劉慧：《生命教育導論》，人民教育出版社 2015 年版。

리우후이,『생명교육 개론』, 인민교육출판사, 2015.

劉濟良：《生命教育論》，中國社會科學出版社 2004 年版。

리우지량,『생명교육론』, 중국사회과학출판사, 2004.

劉鐵芳：《追尋生命的整全——個體成人的教育哲學闡釋》，高等教育出版社 2017 年版。

리우톄팡,『생명의 전체성을 추구하다: 개인 성인의 교육 철학 해석』, 고등교육출판사, 2017.

盧家楣等主編：《青少年心理十萬個為什麼》，科學出版社 2018 年版。

루자메이 외 편,『청소년 심리 10만 가지 왜』, 과학출판사, 2018.

〔德〕魯道夫·奧伊肯著，趙月瑟譯：《生活的意義與價值》，上海譯文出版社 2018 年版。

루돌프 오이켄 지음, 자오웨이쯔 옮김,『삶의 의미와 가치』, 상하이역문출판사,

2018.

〔美〕露易絲・海著,徐克茹譯:《生命的重建》,中國宇航出版社 2008 年版。

루이스 헤이 지음, 쉬커루 옮김,『생명의 재건』, 중국우항출판사, 2008.

〔美〕羅伯特・費爾德曼著,蘇彥捷譯:《發展心理學——人的畢生發展》(第六版),世界圖書出版公司 2013 年版。

로버트 펠드먼 지음, 쑤옌제 옮김,『발달심리학: 인간의 평생 발달』(제6판), 세계도서출판사, 2013.

〔美〕羅伯特・斯萊文著,呂紅梅等譯:《教育心理學:理論與實踐》(第10版),人民郵電出版社 2016 年版。

로버트 슬래빈 지음, 뤼훙메이 외 옮김,『교육심리학: 이론과 실제』(제10판), 인민우전출판사, 2016.

羅點點:《選擇與尊嚴:遇見生命與死亡》,生活・讀書・新知三聯書店 2021 年版。

뤄디앤디앤,『선택과 존엄: 삶과 죽음을 만나다』, 생활・독서・신지 삼련서점, 2021.

〔美〕馬丁・塞利格曼著,洪蘭譯:《真實的幸福》,浙江教育出版社 2020 年版。

마틴 셀리그먼 지음, 홍란 옮김,『진정한 행복』, 저장교육출판사, 2020.

〔加〕馬克斯・範梅南著,李樹英譯:《教育的情調》,教育科學出版社 2019 年版。

막스 반매넌 지음, 리수잉 옮김,『교육의 정조』, 교육과학출판사, 2019.

〔澳〕馬修・約翰斯通等著,康太一譯:《我有一只叫抑鬱症的黑狗》,廣西科學技術出版社 2017 年版。

매튜 존스턴 외 지음, 캉타이이 옮김, 『나는 우울증이라는 검은 개를 키운다』, 광시과학기술출판사, 2017.

﹝美﹞米哈裏‧契克森米哈賴著, 張定綺譯：《心流：最優體驗心理學》, 中信出版社 2017 年版.

미하이 칙센트미하이 지음, 장딩치 옮김, 『몰입: 최상의 경험 심리학』, 중신출판사, 2017.

﹝美﹞米奇‧阿爾博姆著, 吳洪譯：《相約星期二》, 上海譯文出版社 2021 年版.

미치 앨봄 지음, 우훙 옮김, 『화요일의 모임』, 상하이역문출판사, 2021.

莫非：《風吹草木動》, 北京大學出版社 2018 年版.

모페이, 『바람이 풀잎을 흔들다』, 베이징대학출판사, 2018.

﹝美﹞內爾‧諾丁斯著, 龍寶新譯：《幸福與教育》, 教育科學出版社 2014 年版.

넬 노딩스 지음, 룽바오신 옮김, 『행복과 교육』, 교육과학출판사, 2014.

﹝美﹞歐文‧亞隆著, 李敏等譯：《團體心理治療》, 中國輕工業出版社 2010 年版.

어빈 얄롬 지음, 리민 외 옮김, 『집단 심리치료』, 중국경공업출판사, 2010.

彭凱平：《孩子的品格——寫給父母的積極心理學》, 中信出版社 2021 年版.

펑카이핑, 『아이의 품성: 부모에게 전하는 긍정심리학』, 중신출판사, 2021.

芮東莉：《自然筆記：開啟奇妙的自然探索之旅》, 湖南科學技術出版社 2020 年版.

뤄둥리, 『자연 노트: 신비한 자연 탐험을 시작하다』, 후난과학기술출판사, 2020.

〔美〕瑞·達利歐著，劉波等譯：《原則》，中信出版社 2018 年版。

레이 달리오 지음, 리우보 외 옮김,『원칙』, 중신출판사, 2018.

〔美〕史蒂芬·柯維著，陳允明等譯：《實踐 7個習慣》，中國青年出版社 2010 年版。

스티븐 코비 지음, 천원밍 외 옮김,『실천하는 7가지 습관』, 중국청년출판사, 2010.

〔德〕史懷哲著，趙燕飛譯：《生命的思索：史懷哲自傳》，長江文藝出版社 2013 年版。

알베르트 슈바이처 지음, 자오옌페이 옮김,『생명을 향한 사색: 슈바이처 자서전』, 창장문예출판사, 2013.

〔美〕苏拉·哈特著，杨洁译：《教室里的非暴力沟通》，华夏出版社 2015 年版。

수라 하트 지음, 양제 옮김,『교실 속의 비폭력 대화』, 화하출판사, 2015.

孙利天：《死亡意识》，吉林教育出版社 2001 年版。

쑨리톈,『죽음 의식』, 지린교육출판사, 2001.

孙瑞雪：《完整的成长：儿童生命的自我创造》，中国妇女出版社 2018 年版。

쑨루이쉐,『온전한 성장: 아동 생명의 자기 창조』, 중국부녀출판사, 2018.

孙正聿：《超越意识》，吉林教育出版社 2001 年版。

쑨정위,『의식을 초월하다』, 지린교육출판사, 2001.

陶行知：《生活即教育》，长江文艺出版社 2021 年版。

타오싱즈,『삶이 곧 교육이다』, 창장문예출판사, 2021.

〔美〕托德·卡什丹著，谭秀敏译：《好奇心》，浙江人民出版社 2021 年版。

토드 캐시던 지음, 탄시우민 옮김,『호기심』, 저장인민출판사, 2021.

王定功：《生命教育國際觀察》，上海交通大學出版社 2011 年版。

왕딩궁,『생명교육 국제 관찰』, 상하이교통대학출판사, 2011.

吴清忠：《人体使用手册》，北京科学技术出版社 2019 年版。

우칭중,『인체 사용 설명서』, 베이징과학기술출판사, 2019.

武志红：《为何家会伤人》，北京联合出版有限公司 2018 年版。

우즈훙,『왜 가족은 상처를 줄까』, 베이징연합출판사, 2018.

夏甄陶：《人是什么》，商务印书馆2002年版。

샤전타오,『인간이란 무엇인가』, 상무인서관, 2002.

肖川：《教育：让生命更美好》，北京师范大学出版社 2015 年版。

샤오촨,『교육: 생명을 더 아름답게 하다』, 베이징사범대학출판사, 2015.

〔奥〕薛定谔著，张卜天译：《生命是什么？》，商务印书馆 2018 年版。

에르빈 슈뢰딩거 지음, 장부톈 옮김,『생명이란 무엇인가?』, 상무인서관, 2018.

薛仁明、王肖：《我们太缺一门叫生命的学问》，中华书局 2018 年版。

쉐런밍, 왕샤오,『우리는 '생명'이라는 학문이 너무 부족하다』, 중화서국, 2018.

〔美〕亚伯拉罕·马斯洛著，曹晓慧等译：《人性能达到的境界》，世界图书 出版公司 2019 年版。

에이브러햄 매슬로우 지음, 차오샤오후이 외 옮김,『인간성의 궁극적 경지』, 세계도서출판사, 2019.

〔美〕亚隆著，张亚译：《直视骄阳》，中国轻工业出版社 2015 年版。

어빈 얄롬 지음, 장야 옮김,『태양을 직시하며』, 중국경공업출판사, 2015.

杨绛：《我们仨》，生活·读书·新知三联书店 2018 年版。

양장,『우리 셋』, 생활·독서·신지 삼연서점, 2018.

袁卫星：《生命课——一个教师的教育手记》，天津教育出版社 2006 年版。

위안웨이싱,『생명 수업: 한 교사의 교육 수기』, 텐진교육출판사, 2006.

〔美〕约翰·华生著, 刘霞译：《行为心理学》, 现代出版社2016年版。

존 왓슨 지음, 류샤 옮김,『행동 심리학』, 현대출판사, 2016.

〔美〕约翰·瑞迪、埃里克·哈格曼著, 浦溶译：《运动改造大脑》, 浙江人民出版社 2013 年版。

존 레이티, 에릭 해그먼 지음, 푸룽 옮김,『운동이 뇌를 바꾼다』, 저장인민출판사, 2013.

张德芬：《遇见未知的自己》, 湖南文艺出版社 2019 年版。

장더펀,『미지의 나를 만나다』, 후난문예출판사, 2019.

张文质：《教育的勇气》, 长江文艺出版社2018年版。

장원즈,『교육의 용기』, 창장문예출판사, 2018.

郑晓江：《生命教育演讲录》, 江西人民出版社 2008 年版。

정샤오장,『생명교육 강연록』, 장시인민출판사, 2008.

〔日〕中村恒子、奥田弘美著, 范宏涛译：《人间值得》, 北京日报出版社 2019 年版。

나카무라 츠네코, 오쿠다 히로미 지음, 판훙타오 옮김,『살아갈 만한 세상』, 베이징일보출판사, 2019.

中國紅十字總會編：《學生生命安全讀本》（教師用書修訂本）, 社會科學文獻出版社 2016 年版。

중국홍십자총회 편,『학생 생명 안전 독본』(교사용 개정본), 사회과학문헌출판사, 2016.

中國營養學會編著：《中國居民膳食指南》（2016科普版）, 人民衛生出版社 2016 年版。

중국영양학회 편저, 『중국 주민 식단 지침』(2016년 대중판), 인민위생출판사, 2016.

鐘敏：《青少年生涯教育的 33 個關鍵字》, 重慶大學出版社 2018 年版。
중민, 『청소년 진로 교육의 33가지 핵심 키워드』, 충칭대학출판사, 2018.

鐘南山：《鐘南山談健康》, 廣東教育出版社 2008 年版。
중난산, 『중난산의 건강 이야기』, 광동교육출판사, 2008.

周國平：《人與永恆》, 北嶽文藝出版社 2006 年版。
저우궈핑, 『인간과 영원』, 베이위에문예출판사, 2006.

朱小蔓：《情感教育論綱》（第 3 版）, 南京師範大學出版社 2019 年版。
주샤오만, 『정서교육론 강요』(제3판), 난징사범대학출판사, 2019.

朱永新主編：《生如夏花——生命教育10人談》, 山西教育出版社 2021年版。
주융신(주편), 『여름꽃처럼 – 생명 교육 10인 담』, 산시교육출판사, 2021.

참고문헌

1. 전문 저서

〔法〕阿爾貝特·施韋澤著, 陳澤環譯:《敬畏生命——五十年來的基本論述》, 上海社會科學院出版社 2003 年版。

알베르트 슈바이처 지음, 천쩌환 옮김, 『생명을 경외하라 - 50년간의 기본 논설』, 상하이사회과학원출판사, 2003.

〔奧〕埃爾溫·薛定諤著, 羅來鷗、羅遼複譯:《生命是什麽》, 湖南科學技術出版社 2007 年版。

에르빈 슈뢰딩거 지음, 뤄라이어우, 뤄랴오푸 옮김, 『생명이란 무엇인가』, 후난과학기술출판사, 2007.

〔美〕埃裏希·弗羅姆著, 王大鵬譯:《生命之愛》, 國際文化出版公司 2001 年版。

에리히 프롬 지음, 왕다펑 옮김, 『삶의 사랑』, 국제문화출판공사, 2001.

包利民:《生命與邏各斯》, 東方出版社 1996 年版。

바오리민, 『생명과 로고스』, 둥팡출판사, 1996.

〔德〕貝克勒等著, 張念東等譯:《向死而生》, 生活·讀書·新知三聯書店 1993 年版。

베클러 외 지음, 장녠둥 외 옮김, 『죽음을 향해 삶을 살다』, 생화·독서·신지삼련서점, 1993.

畢義星:《中小學生命教育論》, 天津教育出版社 2006 年版。

비이싱, 『초중학생 생명교육론』, 톈진교육출판사, 2006.

〔澳〕布拉德裏·特雷弗格裏夫著, 曹化銀譯:《生命的意義》, 中信出版社 1999 年版。

브래들리 트레버 그리브 지음, 차오화인 옮김, 『생명의 의미』, 중신출판사, 1999.

〔英〕伯特蘭·羅素著, 楊漢麟譯:《教育與美好生活》, 河北人民出版社、遼寧教育出版社 2002 年版。

버트런드 러셀 지음, 양한린 옮김, 『교육과 아름다운 삶』, 허베이인민출판사, 랴오닝교육출판사, 2002.

车玉玲：《总体性与人的存在》，黑龙江人民出版社 2001 年版。

처위링,『총체성과 인간 존재』, 헤이룽장인민출판사, 2001.

陈卫平、施志伟：《生命的冲动——柏格森和他的哲学》，上海三联书店 1988 年版。

천웨이핑, 스즈웨이,『생명의 충동——베르그송과 그의 철학』, 상하이삼련서점, 1988.

陈小鸿：《论人的自由全面发展》，人民出版社 2004 年版。

천샤오훙,『인간의 자유롭고 전면적인 발전에 관한 논의』, 인민출판사, 2004.

〔美〕德博拉·A.韦斯特等著，刘卫东等译：《体育基础：教学、锻炼和竞技》，江苏教育出版社 2007 年版。

데보라 A. 웨스트 외 지음, 류웨이둥 외 옮김,『체육 기초: 교수, 훈련 및 경기』, 장쑤교육출판사, 2007.

樊富珉、贾烜 主编：《生命教育与自杀预防》，清华大学出版社 2013 年版。

판푸민, 지아쉬앤 (주편),『생명교육과 자살 예방』, 칭화대학교출판사, 2013.

方东美：《生生之德》，中华书局 2013 年版。

팡둥메이,『생명의 덕』, 중화서국, 2013.

冯沪祥：《中西生死哲学》，北京大学出版社 2002 年版。

펑후샹,『중서 생사 철학』, 베이징대학교출판사, 2002.

冯建军：《当代主体教育论》，江苏教育出版社 2001 年版。

펑젠쥔,『현대 주체 교육론』, 장쑤교육출판사, 2001.

冯建军：《生命与教育》，教育科学出版社 2020 年版。

펑젠쥔,『생명과 교육』, 교육과학출판사, 2020.

冯契：《人的自由和真善美》，华东师范大学出版社 1996 年版。

펑치,『인간의 자유와 진선미』, 화동사범대학교출판사, 1996.

高秉江：《胡塞爾與西方主體主義哲學》，武漢大學出版社 2005 年版。

가오빙쟝,『후설과 서구 주체주의 철학』, 우한대학교출판사, 2005.

高清海：《人就是"人"》，遼寧人民出版社 2001 年版。

가오칭하이,『인간은 바로 "인간"이다』, 랴오닝인민출판사, 2001.

高偉：《生存論教育哲學》，教育科學出版社 2006 年版。

가오웨이,『실존론 교육 철학』, 교육과학출판사, 2006.

庚鎭誠：《生命本質的探索》，上海科學技術出版社 2004 年版。

경전청,『생명의 본질 탐구』, 상하이과학기술출판사, 2004.

郭元祥：《生命與教育：回歸生活世界的基礎教育論綱》，華中師範大學出版社 2002 年版。

귀위안샹,『생명과 교육: 생활 세계로의 회귀를 위한 기초교육 논강』, 화중사범대학교 출판사, 2002.

郭湛：《主體性哲學——人的存在及其意義》，雲南人民出版社 2002 年版。

궈잔,『주체성 철학——인간의 존재와 그 의미』, 윈난인민출판사, 2002.

韓慶祥、鄒詩鵬：《人學——人的問題的當代闡釋》，雲南人民出版社 2002 年版。

한칭샹, 조스펑,『인간학——인간 문제의 현대적 해석』, 윈난인민출판사, 2002.

何懷宏：《生命的沉思》，中國文聯出版公司 1988 年版。

허화이훙,『생명의 사색』, 중국문련출판공사, 1988.

何仁富、劉福州 主編：《大學生命教育的課程與教學》，中國廣播影視出版社 2015 年版。

허런푸, 류푸저우 (주편),『대학 생명교육의 교육과정과 교수』, 중국방송영상출판사, 2015.

賀來：《現實生活世界》，吉林教育出版社 1998 年版。

허라이,『현실 생활 세계』, 지린교육출판사, 1998.

〔美〕赫舍爾著，隗仁蓮等譯：《人是誰》，貴州人民出版社 1994 年版。

허셜 지음, 쿠이런롄 외 옮김,『인간은 누구인가』, 구이저우인민출판사, 1994.

黄济:《教育哲学通论》,山西教育出版社 2002 年版。

황지,『교육 철학 통론』, 산시교육출판사, 2002.

黄克剑:《人韵:一种对马克思的读解》,东方出版社 1996 年版。

황커젠,『인운: 마르크스에 대한 하나의 해석』, 동방출판사, 1996.

纪洁芳等:《生命教育教学》,中国广播影视出版社 2014 年版。

지제팡 외,『생명교육 교수』, 중국방송영상출판사, 2014.

金生鈜:《德性与教化》,湖南大学出版社 2003 年版。

진성홍,『덕성과 교화』, 후난대학교출판사, 2003.

〔德〕卡西爾著,甘陽譯:《人論》,上海譯文出版社 2004 年版。

카시러 지음, 간양 옮김,『인간론』, 상하이역문출판사, 2004.

〔印〕克里希那穆提著,王晓霞译:《生命的所有可能》,长江文艺出版社 2015 年版。

크리슈나무르티 지음, 왕샤오샤 옮김,『생명의 모든 가능성』, 창장문예출판사, 2015.

雷体沛:《存在与超越——生命美学导论》,广东人民出版社 2001 年版。

레이티페이,『존재와 초월——생명미학 개론』, 광동인민출판사, 2001.

李家成:《關懷生命:當代中國學校教育價值取向探》,教育科學出版社 2006 年版。

리자청,『생명을 돌보다: 현대 중국 학교 교육의 가치 지향 탐구』, 교육과학출판사, 2006.

李文阁:《回归现实生活世界》,中国社会科学出版社 2002 年版。

리원거,『현실 생활 세계로의 회귀』, 중국사회과학출판사, 2002.

李远哲等:《享受生命——生命的教育》,华夏出版社 2009 年版。

리위안저 외,『생명을 누리다——생명의 교육』, 화하출판사, 2009.

联合国教科文组织编:《教育——财富蕴藏其中》,教育科学出版社 2014 年版。

유네스코 편,『교육——그 안에 감춰진 보물』, 교육과학출판사, 2014.

联合国教科文组织编:《学会生存——教育世界的今天和明天》, 教育科学出版社 1996 年版。

유네스코 편,『생존을 배우다——오늘과 내일의 교육 세계』, 교육과학출판사, 1996.

刘次林:《幸福教育论》, 人民教育出版社 2003 年版。

류츠린,『행복 교육론』, 인민교육출판사, 2003.

劉濟良、王定功主編:《呵護生命——生命教育的人文關懷》, 中國社會科學出版社 2018 年版。

류지량, 왕딩궁 편저,『생명을 돌보다——생명 교육의 인문적 배려』, 중국사회과학출판사, 2018.

劉濟良、王定功主編:《提升生命——生命教育的溫情守望》, 中國社會科學出版社 2017 年版。

류지량, 왕딩궁 편저,『생명을 고양하다——생명 교육의 따뜻한 지킴』, 중국사회과학출판사, 2017.

劉濟良:《生命教育論》, 中國社會科學出版社 2004 年版。

류지량,『생명 교육론』, 중국사회과학출판사, 2004.

劉濟良等:《生命的深思》, 中國社會科學出版社 2007 年版。

류지량 외,『생명의 깊은 사유』, 중국사회과학출판사, 2007.

劉敬魯:《海德格爾人學思想研究》, 中國人民大學出版社 2001 年版。

류징루,『하이데거의 인간학 사상 연구』, 중국인민대학출판사, 2001.

刘宪华:《激发生命的力量》, 吉林人民出版社 2002 年版。

류셴화,『생명의 힘을 일깨우다』, 지린인민출판사, 2002.

刘翔平:《寻找生命的意义》, 湖北教育出版社 2001 年版。

류샹핑,『생명의 의미를 찾다』, 후베이교육출판사, 2001.

〔德〕鲁道夫・奥伊肯著, 万以译:《生活的意义与价值》, 上海译文出版社 1997 年版。

루돌프 오이켄 지음, 완이 옮김, 『삶의 의미와 가치』, 상하이역문출판사, 1997.

牟宗三：《心体与性体》，上海古籍出版社 1999 年版。

무쭝산, 『심체와 성체』, 상하이고적출판사, 1999.

邱少全主编：《人及其世界》，上海人民出版社 2000 年版。

추샤오취안 편저, 『인간과 그 세계』, 상하이인민출판사, 2000.

冉乃彦：《生命教育课：探索教育的根本之道》，同心出版社 2007 年版。

란나이옌, 『생명 교육 수업: 교육의 근본적 길을 탐구하다』, 퉁신출판사, 2007.

〔德〕叔本华著、陈晓南译：《爱与生的苦恼》，中国和平出版社 1986 年版。

쇼펜하우어 지음, 천샤오난 옮김, 『사랑과 삶의 고뇌』, 중국평화출판사, 1986.

孙正聿：《超越意识》，吉林教育出版社 2001 年版。

쑨정위, 『의식을 초월하다』, 지린교육출판사, 2001.

唐文明：《与命与仁》，河北大学出版社 2002 年版。

탕원밍, 『명과 인과 함께』, 허베이대학교출판사, 2002.

汪丽华：《身心灵全人生命教育》，中国广播影视出版社 2014 年版。

왕리화, 『신체·마음·영혼의 전인 생명 교육』, 중국방송영상출판사, 2014.

王北生等：《生命的畅想》，中国社会科学出版社 2007 年版。

왕베이셩 외, 『생명의 상상』, 중국사회과학출판사, 2007.

王曉虹：《生命教育論綱》，知識產權出版社 2009 年版。

왕샤오훙, 『생명 교육 개요』, 지식재산권출판사, 2009.

王晓华：《个体哲学》，上海三联书店 2002 年版。

왕샤오화, 『개체 철학』, 상하이산롄서점, 2002.

〔美〕维克多·弗兰克尔著，吕娜译：《活出生命的意义》，华夏出版社 2010 年版。

빅터 프랭클 지음, 뤼나 옮김, 『삶의 의미를 찾아서』, 화샤출판사, 2010.

夏基松、段小光：《存在主义哲学评述》，江苏人民出版社 1987 年版。

샤지쑹, 둔샤오광,『실존주의 철학 평론』, 장쑤인민출판사, 1987.

夏甄陶：《人是什么》，商务印书馆 2000 年版。

샤전타오,『인간이란 무엇인가』, 상무인서관, 2000.

肖川：《潤澤生命的教育》，北京師範大學出版社 2012 年版。

샤오촨,『생명을 적시는 교육』, 베이징사범대학출판사, 2012.

〔美〕小威廉·E.多爾著，王紅宇譯：《後現代課程觀》，教育科學出版社 2000 年版。

윌리엄 E. 돌 지음, 왕훙위 옮김,『포스트모던 교육과정관』, 교육과학출판사, 2000.

徐崇溫主編：《存在主義哲學》，中國社會科學出版社 1986 年版。

쉬충원 편저,『실존주의 철학』, 중국사회과학출판사, 1986.

薛克誠等主編：《人的哲學》，中國人民大學出版社 1992 年版。

쉐커청 외 편저,『인간의 철학』, 중국인민대학출판사, 1992.

〔德〕雅斯貝爾斯著，王德峰譯：《時代的精神狀況》，上海譯文出版社 1997 年版。

카를 야스퍼스 지음, 왕더펑 옮김,『시대의 정신적 상황』, 상하이역문출판사, 1997.

〔德〕雅斯貝爾斯著，鄒進譯：《什麼是教育》，生活·讀書·新知三聯書店 1991 年版。

카를 야스퍼스 지음, 조진 옮김,『교육이란 무엇인가』, 생활·독서·신지 삼련서점, 1991.

易連雲：《重建學校的精神家園》，教育科學出版社 2003年版。

이롄윈,『학교의 정신적 안식처 재건』, 교육과학출판사, 2003.

袁貴仁：《馬克思的人學思想》，北京師範大學出版社 1996 年版。

위안구이런,『마르크스의 인간학 사상』, 베이징사범대학출판사, 1996.

張曙光：《生存哲學》，雲南人民出版社 2001 年版。

장슈광,『존재 철학』, 윈난인민출판사, 2001.

張曙光：《生存哲學—-走向本真的存在》，雲南人民出版社 2001 年版。

장슈광,『존재 철학 - 진정한 존재로 나아가기』, 윈난인민출판사, 2001.

張舜清：《儒家生命倫理思想研究》，人民出版社 2018 年版。

장쉰칭,『유가 생명 윤리 사상 연구』, 인민출판사, 2018.

張文質等：《生命化教育的責任與夢想》，華東師範大學出版社 2006 年版。

장원즈 외,『생명화 교육의 책임과 꿈』, 화동사범대학출판사, 2006.

張應杭：《人生哲學論》，浙江大學出版社 2000 年版。

장잉항,『인생 철학론』, 저장대학교출판사, 2000.

趙汀陽：《論可能生活》，中國人民大學出版社 2010 年版。

자오팅양,『가능한 삶에 대하여』, 중국인민대학교출판사, 2010.

鄭曉江：《生命教育演講錄》，江西人民出版社 2008 年版。

정샤오장,『생명 교육 강연록』, 장시인민출판사, 2008.

鄭曉江：《生命憂思錄》，福建教育出版社 2012 年版。

정샤오장,『생명에 대한 근심의 기록』, 푸젠교육출판사, 2012.

周浩波：《教育哲學》，人民教育出版社 2001 年版。

저우하오보,『교육 철학』, 인민교육출판사, 2001.

朱漢民：《儒家人文教育的審思》，湖北教育出版社 1999 年版。

주한민,『유가 인문 교육의 성찰』, 후베이교육출판사, 1999.

朱永新編著：《新教育年度主報告（2014—2018）》，山西教育出版社 2018 年版。

주융신 편저,『신교육 연간 주보고서(2014-2018)』, 산시교육출판사, 2018.

朱永新編著：《新教育年度主報告》，湖北教育出版社 2014 年版。

주융신 편저,『신교육 연간 주보고서』, 후베이교육출판사, 2014.

2. 학술지 논문

安桂清、劉宇、張靜靜：《中小學生命教育課程指導綱要的構建理路》，《課程·教材·教法》2020年 第4期。

안구이칭, 류위, 장징징,「초·중학생 생명교육 교육과정 지침의 구성 경로」,『교육과정·교재·교법』, 2020년 제4호.

陳晶：《關於大學生生命教育的意義、內容和方法的新探究》，《廣東工業大學學報》(社會科學版) 2004年 第4期。

천징,「대학생 생명교육의 의미, 내용 및 방법에 대한 새로운 탐구」,『광동공업대학교 학보(사회과학판)』, 2004년 제4호.

陳緯、馬震越：《意義情境的營造：大學生種子教師生命教育模式的探討》，《教育發展研究》2017年 第S1期。

천웨이, 마전웨,「의미 있는 상황 창출: 대학생 씨앗 교사의 생명교육 모형에 대한 탐구」,『교육발전연구』, 2017년 S1호.

程紅豔：《教育的起點是人的生命》，《教育理論與實踐》2002年 第8期。

청훙옌,「교육의 출발점은 인간의 생명이다」,『교육이론과 실천』, 2002년 제8호.

儲昌樓：《讓生命教育為融合教育立魂紮根》，《現代特殊教育》2021年 第23期。

추창러우,「생명교육이 통합교육의 정신을 세우고 뿌리내리게 하자」,『현대특수교육』, 2021년 제23호.

但漢國：《昇華生命教育的三個層面，為學生的幸福成長全面發展奠基》，《中國教育學刊》2020年 第S2期。

단한궈,「생명교육의 세 가지 차원 승화로 학생의 행복한 성장과 전면적 발전의 기초를 다지다」,『중국교육학간』, 2020년 S2호.

樊立三：《生命關懷視野下的高校生命教育芻議》，《西北工業大學學報》(社會科學版) 2009年 第1期。

판리산,「생명돌봄 관점에서 본 대학의 생명교육에 대한 단상」,『서북공업대학교 학보(사회과학판)』, 2009년 제1호.

馮建軍、武秀霞:《生命教育：研究與評論》,《中國德育》2008年 第8期。

펑젠쥔, 우시우샤,「생명교육: 연구와 평론」,『중국덕육』, 2008년 제8호.

馮建軍:《論教育學的生命立場》,《教育研究》2006年 第3期。

펑젠쥔,「교육학의 생명적 입장에 대한 논의」,『교육연구』, 2006년 제3호.

馮建軍:《生命教育論綱》,《湖南師範大學教育科學學報》2004年 第5期。

펑젠쥔,「생명교육 개요에 관한 논의」,『후난사범대학교 교육과학학보』, 2004년 제5호.

馮建軍:《生命教育實踐的困境與選擇》,《中國教育學刊》2010年 第1期。

펑젠쥔,「생명교육 실천의 곤경과 선택」,『중국교육학간』, 2010년 제1호.

馮建軍:《生命教育與生命統整》,《教育理論與實踐》2009年 第22期。

펑젠쥔,「생명교육과 생명의 통합」,『교육이론과 실천』, 2009년 제22호.

馮建軍:《走向道德的生命教育》,《教育研究》2014年 第6期。

펑젠쥔,「도덕으로 향하는 생명교육」,『교육연구』, 2014년 제6호.

付粉鴿、同雪麗:《道家生命哲學對生命教育的啟迪》,《教育評論》2011年 第3期。

푸펀거, 퉁쉐리,「도교 생명철학이 생명교육에 주는 계시」,『교육평론』, 2011년 제3호.

顧高燕、張姝玥:《論生命教育的價值、屬性及其實踐路徑》,《中國教育科學》(中英文) 2021年 第1期。

구가오옌, 장슈위에,「생명교육의 가치, 속성 및 실천 경로에 대한 논의」,『중국교육과학(중영문)』, 2021년 제1호.

郭思樂:《經典科學對教育的影響及其與教育生命機制的衝突》,《教育研究》2003年 第2期。

궈쓰러,「고전 과학이 교육에 미친 영향과 교육 생명 메커니즘과의 충돌」,『교육연구』, 2003년 제2호.

何芳:《論生命視角下的幸福教育》,《中國德育》2008年 第1期。

허팡,「생명 관점에서 본 행복교육에 대한 고찰」,『중국덕육』, 2008년 제1호.

何懷宏、高德勝、馬國川:《疫情下的思考:生命原則與生命教育》,《華東師範大學學報》(敎育科學版) 2020年 第6期。

허화이훙, 가오더성, 마궈촨,「팬데믹 속에서의 성찰: 생명의 원칙과 생명교육」,『화동사범대학교 학보(교육과학판)』, 2020년 제6호.

何仁富、汪麗華:《生命教育與意義建構──試論生命敎育的現實依據和價値取向及其落實》,《昆明學院學報》2009年 第2期。

허런푸, 왕리화,「생명교육과 의미구성—생명교육의 현실적 근거와 가치 지향 및 실천 방안에 대한 시론」,『쿤밍학원 학보』, 2009년 제2호.

賀豔潔:《後現代主義視域下的生命教育》,《瀋陽敎育學院學報》2010年 第6期。

허옌제,「포스트모더니즘 시각에서 본 생명교육」,『선양교육대학 학보』, 2010년 제6호.

胡宜安:《後疫情時代生命教育的新轉向》,《中國德育》2021年第17期。

후이안,「포스트 코로나 시대 생명교육의 새로운 전환」,『중국덕육』, 2021년 제17호.

胡宜安:《論生命教育的內涵及本質》,《敎育評論》2010年 第6期。

후이안,「생명교육의 내포와 본질에 대한 논의」,『교육평론』, 2010년 제6호.

金生鈜:《生命教育:使敎育成爲善業》,《思想理論敎育》2006年 第21期。

진성훙,「생명교육: 교육을 선업으로 만들다」,『사상이론교육』, 2006년 제21호.

晉銀峰、胡海霞、陳亞茹:《我國大學生生命敎育硏究十六年》,《黑龍江高敎研究》2018年 第11期。

진인펑, 후하이샤, 천야루,「중국 대학생 생명교육 16년 연구」,『흑룡강 고등교육연구』, 2018년 제11호.

賴雪芬:《在大學生中開展生命敎育的途徑》,《敎育評論》2005年 第1期。

라이쉐펀,「대학생을 대상으로 한 생명교육의 실천 방안」,『교육평론』, 2005년 제1호.

樂毅、王霞：《簡論生命教育的迫切性及實施模式》，《教育理論與實踐》2013年 第28期。

러이, 왕샤, 「생명교육의 시급성과 실행 모델에 대한 간략한 논의」, 『교육이론과 실천』, 2013년 제28호.

李斌、程衛波：《學校體育生命教育的現實消解及其價值主張》，《中國教育學刊》2017年 第2期。

리빈, 청웨이보, 「학교 체육 생명교육의 현실적 해체와 그 가치 주장」, 『중국교육학간』, 2017년 제2호.

李高峰：《國內生命教育研究述評》，《河北師範大學學報》（教育科學版）2009年 第6期。

리가오펑, 「국내 생명교육 연구에 대한 서평」, 『허베이사범대학교 학보(교육과학판)』, 2009년 제6호.

李建紅：《生態文明背景下的生命教育理念創新與課程建設探析》，《課程·教材·教法》2013年 第7期。

리젠훙, 「생태문명 배경에서의 생명교육 이념 혁신과 교육과정 구축 탐색」, 『교육과정·교재·교법』, 2013년 제7호.

李靖茂：《現代道德教育應重視生命教育》，《學校黨建與思想教育》2006年 第7期。

리징마오, 「현대 도덕교육은 생명교육을 중시해야 한다」, 『학교당건설 및 사상이론교육』, 2006년 제7호.

李曦、徐傑玲：《和諧社會視閾下的青少年生命教育》，《教育探索》2010年 第12期。

리시, 쉬제링, 「조화로운 사회 시각에서 본 청소년 생명교육」, 『교육탐색』, 2010년 제12호.

李藝：《生命教育的現實需要與價值回歸》，《中國教育學刊》2014年 第9期。

리이, 「생명교육의 현실적 필요성과 가치 회귀」, 『중국교육학간』, 2014년 제9호.

李穎：《生命教育理念的前提反思》，《東北師大學報》（哲學社會科學版）2011年 第6期。

리잉, 「생명교육 이념의 전제에 대한 반성」, 『동북사범대학교 학보(철학사회과학판)』, 2011년 제6호.

李政濤：《教育學的生命之維》,《教育研究》2004年 第4期。

리정타오, 「교육학의 생명적 차원」, 『교육연구』, 2004년 제4호.

林曼：《以積極力量為中小學生的心理健康護航》,《班主任》2014年 第5期。

린만, 「긍정의 힘으로 초·중학생의 심리 건강을 지키다」, 『반장』, 2014년 제5호.

劉次林：《英雄·生命·道德——兼議生命教育的誤區》,《教育發展研究》2009年 第6期。

류츠린, 「영웅·생명·도덕 — 생명교육의 오해에 대한 논의」, 『교육발전연구』, 2009년 제6호.

劉慧：《讓生命回到教育的主場》,《人民教育》2020年 第7期。

류후이, 「생명을 교육의 중심 무대로 되돌리자」, 『인민교육』, 2020년 제7호.

劉慧：《生命教育內涵解析》,《課程·教材·教法》2013年 第9期。

류후이, 「생명교육의 내포 분석」, 『교육과정·교재·교법』, 2013년 제9호.

劉慧：《生命之美：生命教育的至臻境界》,《教育研究》2017年 第9期。

류후이, 「생명의 아름다움: 생명교육의 궁극적 경지」, 『교육연구』, 2017년 제9호.

劉慧：《學校生命教育關涉面與著力點》,《中國德育》2020年 第23期。

류후이, 「학교 생명교육의 관련 범위와 중점」, 『중국덕육』, 2020년 제23호.

劉濟良、李晗：《論香港的生命教育》,《江西教育科研》2000年 第12期。

류지량, 리한, 「홍콩의 생명교육에 대한 논의」, 『장시교육과학연구』, 2000년 제12호.

劉濟良、馬苗苗：《智能時代下教育的困境與堅守——基於生命哲學的視角》,《教育發展研究》2021年 第20期。

류지량, 마먀오먀오, 「지능시대 교육의 곤경과 지향 — 생명철학 시각에서」, 『교육발전연구』, 2021년 제20호.

劉濟良、趙榮：《生命教育：道德教育的核心》，《課程‧教材‧教法》2013年 第9期。

류지량, 자오룽,「생명교육: 도덕교육의 핵심」,『교육과정‧교재‧교법』, 2013년 제9호.

劉宣文、琚曉燕：《生命教育與課程設計探索》，《課程‧教材‧教法》2004年 第8期。

류쉔원, 쥐샤오옌,「생명교육과 교육과정 설계 탐색」,『교육과정‧교재‧교법』, 2004년 제8호.

劉長城：《生命教育的內容與實施策略芻議》，《當代教育科學》2009年 第10期。

류창청,「생명교육의 내용 및 실행 전략에 대한 단견」,『당대교육과학』, 2009년 제10호.

路日亮：《人的生命價值與人的全面發展》，《中國特色社會主義研究》2012年 第5期。

루르량,「인간 생명의 가치와 인간의 전면적 발전」,『중국특색사회주의연구』, 2012년 제5호.

路秀蘭：《讓生命教育在教育中綻放異彩》，《中國教育學刊》2020年 第8期。

루쇼우란,「교육에서 생명교육이 빛나게 하자」,『중국교육학간』, 2020년 제8호.

羅楚春：《生命教育的研究與探索》，《中國教育學刊》2004年 第12期。

뤄추춘,「생명교육의 연구와 탐색」,『중국교육학간』, 2004년 제12호.

羅祖兵、周俊良：《中小學生命安全教育的泛化及其矯正》，《教育科學研究》2021年 第12期。

뤄주빙, 저우쥔량,「초‧중학생 생명안전교육의 범람과 그 교정」,『교육과학연구』, 2021년 제12호.

馬亞麗：《生命教育 急需關注》，《教學與管理》2004年 第7期。

마야리,「생명교육, 시급히 주목해야 한다」,『교학과 관리』, 2004년 제7호.

梅萍、吳芍炎：《後疫情時代生命敘事在生命教育中的價值及應用》，《思想政治教育研究》2020年 第6期。

메이핑, 우샤오옌, 「포스트 팬데믹 시대 생명 서사의 가치와 생명교육에서의 활용」, 『사상정치교육연구』, 2020년 제6호.

苗睿嵐、薛曉陽：《生命教育的轉向與教育定位》，《教育發展研究》2016年 第24期。

먀오루이란, 쉐샤오양, 「생명교육의 전환과 교육의 위치 설정」, 『교육발전연구』, 2016년 제24호.

鈕則誠：《從臺灣生命教育到華人生命教育》，《江西師範大學學報》（哲學社會科學版）2006年第2期。

뉴쩌청: 「대만 생명교육에서 중화권 생명교육으로」, 『장시사범대학교 학보(철학사회과학판)』, 2006년 제2호.

歐陽康：《生命教育應當直面生存困惑》，《廣東社會科學》2011年 第1期。

오양캉, 「생명교육은 생존의 혼란을 직면해야 한다」, 『광동사회과학』, 2011년 제1호.

裴娣娜、柯愛紅、朱克美：《生命教育課堂教學有效性的幾點思考》，《中國德育》2008年 第1期。

페이디나, 커아이훙, 주커메이, 「생명교육 수업의 효과성에 대한 몇 가지 고찰」, 『중국덕육』, 2008년 제1호.

錢永鎮：《校園推動生命教育的具體做法》，《上海教育科研》2002年 第10期。

첸융전, 「학교에서 생명교육을 추진하는 구체적 방안」, 『상하이교육과학연구』, 2002년 제10호.

任麗平：《論大學生生命教育》，《綿陽師範學院學報》2004年 第4期。

런리핑, 「대학생 생명교육에 대한 논의」, 『몐양사범학원 학보』, 2004년 제4호.

任澤：《存在主義哲學的生命教育思想》，《求索》2013年 第11期。

런저, 「실존주의 철학의 생명교육 사상」, 『구삭』, 2013년 제11호.

盛天和：《港臺地區中小學生命教育及其啟示》，《思想理論教育》2005年 第17期。

성톈허:「홍콩·대만 지역 초중학생의 생명교육 및 그 시사점」,『사상이론교육』, 2005년 제17호.

石麗娜、王小英:《為了生命之初的本真——兼論中美生命教育之差異》,《外國教育研究》2013年 第12期。

스리나, 왕샤오잉,「생명의 시작을 위한 진정성 — 중미 생명교육의 차이 논의」,『외국교육연구』, 2013년 제12호.

宋兵波:《生命教育中的學生與教師——兼論生命教育向人的教育的回歸》,《思想理論教育》2006年 第21期。

쑹빙보,「생명교육 속의 학생과 교사 — 생명교육에서 인간교육으로의 회귀 논의」,『사상이론교육』, 2006년 제21호.

孫衛華、許慶豫:《生命教育研究進展述評》,《中國教育學刊》2017年 第3期。

쑨웨이화, 쉬칭위,「생명교육 연구의 진전 개요」,『중국교육학간』, 2017년 제3호.

檀傳寶:《論人生信仰的生命意義與生命教育》,《天津師範大學學報》(社會科學版) 2009年 第2期。

탄촨바오,「인생 신앙의 생명적 의미와 생명교육에 대한 논의」,『톈진사범대학교 학보(사회과학판)』, 2009년 제2호.

萬國華、楊小勇、王碧怡:《生命——體育教育的本真回歸》,《南京體育學院學報》(社會科學版) 2011年 第3期。

완궈화, 양샤오융, 왕비이,「생명 — 체육교육의 진정성 회귀」,『난징체육학원 학보(사회과학판)』, 2011년 제3호.

王北生:《論教育的生命意識及生命教育的四重構建》,《教育研究》2004年 第5期。

왕베이성,「교육의 생명 의식 및 생명교육의 네 가지 구성에 대한 논의」,『교육연구』, 2004년 제5호.

王定功、齊彦磊:《生命課堂研究二十年:回顧與前瞻》,《課程·教材·教法》2016年第12期。

왕딩궁, 치옌레이,「생명수업 연구 20년: 회고와 전망」,『교육과정·교재·교법』, 2016년 제12호.

王定功:《生命教育的淵源流變》,《中國德育》2019年 第11期。

왕딩궁,「생명교육의 연원과 변화」,『중국덕육』, 2019년 제11호.

王定功:《生命課堂的基本特徵和建構路徑》,《教育研究》2015年 第10期。

왕딩궁,「생명수업의 기본 특성과 구성 경로」,『교육연구』, 2015년 제10호.

王健:《生命教育發展與研究綜述》,《中國德育》2012年 第8期。

왕젠,「생명교육의 발전과 연구 개관」,『중국덕육』, 2012년 제8호.

王學風:《國外中小學的生命教育》,《人民教育》2007年 第7期。

왕쉐펑,「해외 초중등학교의 생명교육」,『인민교육』, 2007년 제7호.

王學風:《臺灣中小學的生命教育》,《現代中小學教育》2002年 第7期。

왕쉐펑,「대만 초중등학교의 생명교육」,『현대 초중등교육』, 2002년 제7호.

王豔娟:《生命教育視域下校本課程的創設與實施——以鄭州市鄭東新區眾意路小學為例》,《中國教育學刊》2018年 第S1期。

왕옌쥐안,「생명교육 관점에서의 학교기반 교육과정 창설과 실행 — 정저우시 정동신구 종이로 초등학교 사례를 중심으로」,『중국교육학간』, 2018년 S1호.

王雲峰、馮維:《論幼兒生命教育的可行性及實現途徑》,《幼稚教育》(教育科學版) 2006年 第6期。

왕윈펑, 펑웨이,「유아 생명교육의 실현 가능성과 실천 방안에 대한 논의」,『유아교육(교육과학판)』, 2006년 제6호.

魏平、劉曉萍:《試論大眾媒介語境下的生命教育——從生命美育的視角出發》,《教育理論與實踐》2018年 第35期。

웨이핑, 류샤오핑,「대중매체 맥락에서의 생명교육에 대한 시론 — 생명미학의 시각에서」,『교육이론과 실천』, 2018년 제35호.

吳增強:《生命教育的歷史追尋及其啟示》,《思想理論教育》2005年 第17期。

우쩌창,「생명교육의 역사적 추구와 그 시사점」,『사상이론교육』, 2005년 제17호.

肖川、陳黎明:《生命教育:內涵與旨趣》,《湖南師範大學教育科學學報》2013年第4期。

샤오환, 천리밍,「생명교육: 내포와 지향」,『후난사범대학교 교육과학학보』, 2013년 제4호.

肖川、馬朝陽、曹專：《生命教育的內涵、價值與實施路徑》,《人民教育》2013年 第24期。

샤오환, 마차오양, 차오좐,「생명교육의 의미, 가치 및 실행 경로」,『인민교육』, 2013년 제24호.

肖川：《生命教育的三個層次》,《中國教師》2006年 第5期。

샤오환,「생명교육의 세 가지 수준」,『중국교사』, 2006년 제5호.

徐秉國：《臺灣中小學生命教育的實施特點》,《教育評論》2006年 第4期。

쉬빙궈,「대만 초중학생 생명교육의 실행 특징」,『교육평론』, 2006년 제4호.

徐嵐、宋宸儀：《追問生命的意義——臺灣生命教育發展之經驗與啟示》,《教育發展研究》2013年 第12期。

쉬란, 쑹천이,「생명의 의미를 묻다 — 대만 생명교육 발전의 경험과 시사점」,『교육발전연구』, 2013년 제12호.

許世平：《生命教育及層次分析》,《中國教育學刊》2002年 第4期。

쉬스핑,「생명교육과 그 계층적 분석」,『중국교육학간』, 2002년 제4호.

薛繼紅、王愛玲：《試論生命教育視角下的課程評價及其價值取向》,《教育理論與實踐》2017年 第28期。

쉐지훙, 왕아이링,「생명교육 관점에서 본 교육과정 평가와 가치지향」,『교육이론과 실천』, 2017년 제28호.

閆守軒、曾佑來：《生命教育：可為、難為與何為》,《教育學術月刊》2003年 第4期。

옌서우쉬안, 쩡유라이,「생명교육: 할 수 있는 것, 하기 어려운 것, 그리고 무엇을 할 것인가」,『교육학술월간』, 2003년 제4호.

閻光才：《走向日常生活的生命教育》,《教育科學研究》2005年 第5期。

옌광차이,「일상으로 향하는 생명교육」,『교육과학연구』, 2005년 제5호.

楊漢春：《體育教育中生命教育的訴求、融合及路徑研究》,《南京體育學院學報》（自然科學版）2014年 第5期。

양한춘,「체육교육 속 생명교육의 요구, 융합과 실천 경로 연구」,『난징체육학원 학보(자연과학판)』, 2014년 제5호.

葉瀾：《讓課堂煥發生命的活力》,《教育研究》1997年 第9期。

예란,「교실에 생명의 활력을 불어넣자」,『교육연구』, 1997년 제9호.

葉平枝：《生命教育視野下的教師素質建構》,《教育科學》2004年 第2期。

예핑즈,「생명교육 시야에서 본 교사 자질의 형성」,『교육과학』, 2004년 제2호.

於文思：《從"有限之途"到"無限之境"——談生命教育的三重維度》,《東北師大學報》（哲學社會科學版）2016年 第1期。

위원쓰,「'제한된 길'에서 '무한한 경지'로 — 생명교육의 세 가지 차원에 대한 고찰」,『동북사범대학교 학보(철학사회과학판)』, 2016년 제1호.

張鵬：《儒家生死觀對生命教育的意義》,《教育評論》2011年 第3期。

장펑,「유가의 생사관이 생명교육에 주는 의미」,『교육평론』, 2011년 제3호.

張文質：《可實踐的生命教育》,《上海教育科研》2016年 第5期。

장원즈,「실천 가능한 생명교육」,『상하이교육과학연구』, 2016년 제5호.

張振成：《生命教育的本質與實施》,《上海教育科研》2002年 第10期。

장전청,「생명교육의 본질과 실행」,『상하이교육과학연구』, 2002년 제10호.

張震：《身體教育：生命教育的本質形式》,《廣西社會科學》2016年 第8期。

장전,「신체교육: 생명교육의 본질적 형식」,『광시사회과학』, 2016년 제8호.

趙丹妮：《生命教育視域下的"知行卓越教師"培育實踐》,《中國高等教育》2018年 第8期。

자오단니,「생명교육 시각에서의 '지행겸비 우수 교사' 양성 실천」,『중국고등교육』, 2018년 제8호.

鄭崇珍：《生命教育的目標與策略》，《上海教育科研》2002年 第10期。

정충전,「생명교육의 목표와 전략」,『상하이교육과학연구』, 2002년 제10호.

鄭曉江：《關於"生命教育"中幾個問題的思考》，《福建論壇》（社科教育版）2005年 第9期。

정샤오장,「'생명교육'에서 몇 가지 문제에 대한 고찰」,『푸젠포럼(사회과학 교육판)』, 2005년 제9호.

鄭曉江：《生命困頓與生命教育》，《南昌大學學報》（人文社會科學版）2012年 第2期。

정샤오장,「생명의 곤경과 생명교육」,『남창대학교 학보(인문사회과학판)』, 2012년 제2호.

鄭曉江：《以文化傳統為內核開展生命教育》，《南昌大學學報》（人文社會科學版）2009年 第2期。

정샤오장,「문화 전통을 핵심으로 생명교육을 전개하자」,『남창대학교 학보(인문사회과학판)』, 2009년 제2호.

周洪宇、齊彥磊：《教聯網時代的生命教育：智能與生命的雙和諧》，《現代教育管理》2020年 第8期。

저우훙위, 치엔레이,「교육인터넷 시대의 생명교육: 지능과 생명의 이중 조화」,『현대교육관리』, 2020년 제8호.

朱耀華、汪玉豐：《由青少年生命意識現狀引發的生命教育思考》，《當代青年研究》2016年 第5期。

주야오화, 왕위펑,「청소년의 생명인식 현황에서 출발한 생명교육 고찰」,『당대청년연구』, 2016년 제5호.

후기

2015년 7월, 신교육인들이 한자리에 모이고 10여 년간 삶을 통해 체득한 교육의 본질을 되새기며 신생명 교육의 불꽃을 다시 피워 올렸다. '지식을 생명의 온도로 채우고', '생명의 길이, 넓이, 높이를 확장하며', '모든 사람이 행복하고 온전하게 자신이 되도록 돕는 것'을 중심 주제로 한 편의 생명교육 연회가 펼쳐졌다. 필자는 연회에서 『생명의 길이, 넓이, 높이를 확장한다 - 신교육 실험 생명교육의 이론과 실천』이라는 제목으로 기조 강연을 진행하였으며 이 책은 바로 그 강연을 토대로 보완하고 수정한 결과물이다. 이번 개정 작업은 신생명 교육연구소 소장인 펑젠쥔 교수가 총괄을 맡고 집행소장執行所長 위안웨이싱 교장과 부소장 루펑盧鋒 박사가 함께 참여하였다.

기조 강연의 기본 구상과 틀은 필자가 마련하였고 위안웨이싱 선생, 퉁시시童喜喜 여사, 루펑 박사, 위궈즈餘國志 박사, 쑨웨이화孫衛華 박사와 함께 집필팀을 구성하여 자료 조사와 연구를 바탕으로 초고를 작성한 후 서로 피드백과 수정을 반복하였다.

그 과정에서 우리는 다음과 같은 전문가들과 여러 차례 자문하고 토론을 거쳤다.

난징사범대학교 펑젠쥔馮建軍 교수, 신교육연구센터 옌원판嚴文蕃 소장 겸 미국 매사추세츠대학교 보스턴 캠퍼스 종신교수, 소주대학교 신교육연구원 쉬칭위許慶豫 원장, 후난사범대학교湖南師範大學 류톄팡劉鐵芳 교수, 복건사범대학교福建師範大學 장룽웨이張榮偉 교수, 강소사범대학교江西師範大學 허샤오중何小忠 박사, 신교육연구원 쉬신하이許海新 박사, 리칭밍李慶明 박사, 그리고 청샹룽成尚榮 선생, 예수이타오葉水濤 선생, 리전시李鎭西 박사, 왕슝王雄 선생, 황밍위黃明雨 선생, 쉬웨이궈許衛國 선생, 주시祝禧 교장 등 많은 분들의 귀중한 의견과 조언을 받았다. 이외에도 쑤저우 신교육연구원과 하이먼海門 신교육 실험구에서 신생명 교육 주제 세미나와 공개 주간을 개최하여 다양한 현장의 의견을 반영하였고 총 20여 차례의 수정 끝에 최종 원고가 완성되었다.

　2015년에 이 책을 처음 출간할 당시, 단지 신생명 교육의 가능성에 대한 희망을 담았을 뿐이었다. 그러나 이후 펑젠쥔, 위안웨이싱, 루펑 등 신생명 교육연구소 연구자들의 끊임없는 노력 덕분에 그 희망은 현실로 옮겨지고 있다. 2016년에는 신생명 교육연구소는 초등학교부터 전 학년을 아우르는『신생명 교육』실험 교재 22권을 편찬하였으며, 전국에 걸쳐 신생명 교육 실험학교와 실험지역을 다수 설립하였다. 신생명 교육의 성과는 국내외 교육계의 주목을 받기 시작하였으며, 2021년에는 연구소가 제출한 "생명의 길이, 넓이, 높이를 확장한다 - 초·중등학교 학생 생명교육 교육과정 탐색과 실천"이 광둥성 교육성과상(기초교육 부문) 특별상을 수상하였다. 이제 신생명 교육의 연구와 실천은 전국적으로 퍼져 나가며 하나의 거대한 교육 흐름으로 자리잡고 있다.

　비록 이 책은 필자의 개인 명의로 출간되었지만 실은 신생명 교육연구소 모든 연구자들과 전국 신교육 동료들의 지혜와 노력이 깃든 공동의 결실이다. 이 자리를 빌려 신생명 교육에 함께해 주신 모든 전문가, 실천가, 동료들에게 깊이 감사드린다.

　마지막으로, 이 책의 출판을 위해 아낌없이 지원해주신 상무인서관商務印書館의 구칭顧青 선생님, 왕루쥔王陸軍 선생님, 책임 편집자 스후이민史慧敏 선생님께 진심으로 감사드린다.

2022년 1월 8일
베이징 적석재滴石齋에서 주융신

지은이

주융신朱永新

1958년 중국 장쑤성江蘇省 옌청시鹽城市 출생
중국 쑤저우대학蘇州大學 신교육연구원 교수
중국 교육과 사회발전 연구원 부원장 역임
현재 중국 타오싱즈陶行知 연구회 회장

저서
『나의 교육이상我的教育理想』
『신교육실험新教育實驗』
『주융신 교육문선朱永新教育文集』
『교육의 사명教育的使命』
『교육의 방향教育的方向』
『신교육新教育』 외 다수

옮긴이

왕미자王美子

한국 전남대학교 인문대학 국어국문학과 국어학 석·박사 졸업
중국 산동공상대학교 외국어대학 조선어학과 강사

저서
『한국어 다의어 교육을 위한 의미망 구축 연구』
『중국인 학습자를 위한 한국어 의성·의태어에 대한 고찰』

중국학총서
21

아이의 세상을
확장하는 교육
신생명 교육의 방향

초판 1쇄 발행 2025년 9월 30일

지은이 주융신朱永新
옮긴이 왕미자王美子

주간 조승연
편집·디자인 오경희 · 조정화 · 오성현
　　　　　　신나래 · 박선주 · 정성희
관리 박정대

펴낸이 홍종화
펴낸곳 민속원
창업 홍기원
출판등록 제1990-000045호
주소 서울시 마포구 토정로 25길 41(대흥동 337-25)
전화 02) 804-3320, 805-3320, 806-3320(代)
팩스 02) 802-3346
이메일 minsokwon@naver.com
홈페이지 www.minsokwon.com

ISBN 978-89-285-2169-2　94820
S E T　978-89-285-1595-0

ⓒ 왕미자, 2025
ⓒ 민속원, 2025, Printed in Seoul, Korea

이 책은 저작권법에 따라 보호를 받는 저작물이므로 무단전재와 복제를 금지하며,
이 책의 전부 또는 일부를 이용하려면 반드시 저작권자와 출판사의 서면동의를 받아야 합니다.